C000080633

1 MONTH OF
FREE
READING

at
www.ForgottenBooks.com

By purchasing this book you are eligible for one month membership to ForgottenBooks.com, giving you unlimited access to our entire collection of over 1,000,000 titles via our web site and mobile apps.

To claim your free month visit:
www.forgottenbooks.com/free479715

* Offer is valid for 45 days from date of purchase. Terms and conditions apply.

ISBN 978-0-666-15839-0
PIBN 10479715

This book is a reproduction of an important historical work. Forgotten Books uses
state-of-the-art technology to digitally reconstruct the work, preserving the original format
whilst repairing imperfections present in the aged copy. In rare cases, an imperfection in
the original, such as a blemish or missing page, may be replicated in our edition. We do,
however, repair the vast majority of imperfections successfully; any imperfections that
remain are intentionally left to preserve the state of such historical works.

Forgotten Books is a registered trademark of FB &c Ltd.
Copyright © 2018 FB &c Ltd.
FB &c Ltd, Dalton House, 60 Windsor Avenue, London, SW19 2RR.
Company number 08720141. Registered in England and Wales.

For support please visit www.forgottenbooks.com

Dichtungen

in

alemannischer Mundart

aus

Vorarlberg

von

Caspar Hagen.

Erste Sammlung.

Zweite vermehrte Auflage.

Innsbruck.

Verlag der Wagner'schen Universitäts-Buchhandlung.

1878.

Ger L 1022.447.30

Harvard College Library
Von Maurer Collection
Gift of A. C. Coolidge
July 14, 1904

797

Druck der Wagner'schen Universitäts-Buchdruckerei.

Liedle, Liedle, froh und trüeb,
Fluderet us mina Händ',
Grüeßet mer reächt schö und lieb,
Weär mi Volk und 's Ländle kennt!

Wo a Herz voll Jugedmueth
Yndelwohl duer 's Leäbe zicht,
Kehret a bim frohe Bluet,
Und ihr find det Gaſt viellicht.

Wo oas briegget, fliget hi,
Tröſtet's i der Hoamathſproch:
„Laß, o laß di Trure ſy;
Denn der alt' Gott leäbt jo noch!“

Liedle, Liedle, Gott mit eu!
Gott mit eu i Wohl und Weh!
Flatteret voll Lieb' und Treu'
Fort vum blaue Bodeſee!

Das Leben am Bodensee.

Am Bodesee, am Bodesee
Do ist a lustigs Leäbe!
Ma hot a wack're Husmaskost,
Hot Hereleäble, Bier und Most,
A munters Zottele Kaffee,
De Susar vu der Reäbe.

Wo ist der Früehling o so nett?
A so a gottvolls Blüeihe?
Ma gärtlet froh um Hus und Stal,
Und b'stellt de Bode-n-überal,
Ma sait und setzt und ackeret,
Lot wachse und lot trüeihe.

Im Summer ist ma zitle wach,
Ma bloacht und trücknet b' Wöscha.
As zitnet b' Frucht a Halm und Ast,
Ma maiht und schnid't und haltet Rast,
Ma löscht de Durst us Krueg und Bach,
Und schwimmt im See wie b' Fröscha.

Hagen. Dichtungen I.   1

Der Herbst, a Zit, fidel' und reg',
Lot breäche, schwinge, simmle.
Ma schüttlet Obß, ma prüglet Nuss',
Drescht noch 'em Takt im Stadel duss',
Füllt Kammer, Mahreneäst und Trög',
De Torkel noch 'em Wimmle.

Der Winter, sus a ruha Ma,
Dreiht b' Spindel, trillet's Räble,
Macht, daß ma gern be-n-Ofe mag,
Bringt Stubat, Schlittbah, Klosetag,
's lieb' Krippele und Maschkera
Und Freud' für Bue und Mädle.

A jede Johrszit, Bluest und Schnee,
Wie 's golde Korn und b' Reäbe
Freut Dorf und Stadt, freut Hof und Hus;
Drum rüef' i kurlemusper us:
Am Bodesee, am Bodesee
Do ist a lustigs Leäbe!

An die Heimath.

O Hoamathle, o Hoamathle
Am himmelblaue Bodesee
   Geg' Obedsunneschi!
Det ist mi goldes Paradis,
Bi warm und kalt, bi Blüest und Is,
   Min Kinderhimmel g'sy.

Ihr grüene Berg' im Hoamathland,
Ruina, Wälder, Felsewand,
   Ihr Bühel, lieb und nett!
Kornfeälder, Wiberg', Güeter all',
Waldkappele und Wasserfall,
   O wär' i wieder det!

O Hoamathle, o Hoamathle
Am himmelblaue Bodesee,
   Det wär' i wieder froh!
Wie wär' mer det bim Hirteg'johl
So licht um's Herz, so engelwohl,
   Wie nienameh a so!

Doch, ka-n-as nimma, nimma sy,
Und kummi ninna, ninna hi
   Zum liebe Hoamathle:
So ninn ni'n letschte Grueß derfüer,
So ninn be letschte Kuß vu mir,
   Du schöna Bodesee!

An die alten Tage.

———

Ist mer wohl und ist mehr weh,
　　Oder under beida,
Denk' i gern a'n Bodesee,
　　Und a-n-alte Freuda.

Alte Freuda sind verbei,
　　Sind so bald verschwunde,
Und mengs Herz, so lieb, so treu,
　　Honi ninna g'funde.

Kunnst noch Johre wieder hi
　　A dieseälle Plätzle,
Wo d' amol so froh bist g'sy,
　　Wie a gouppigs Kätzle;

Wo Viöle g'suecht als Kind,
　　Badet hoft im See dinn,
Wo mer denn i b' Brobeer' sind,
　　G'schlittet hond im Schnee dinn:

O denn siehst es frile erst,
   Was du host verlore!
Ubekannte siehst und hörst,
   Dir so fremd wie Mohre.

Was de g'freut hot, des ist tod.
   Uvergeäßli's G'wimmel! —
D'rum so b'hüet' de, b'hüet' de Gott,
   Schöna Kinderhimmel!

Das Ringlein im See.

Im See dinn lit a Ringle,
    A Ringle lit im See.
Was hot it g'brocht des Dingle
    So nameloses Weh!

Zwoa schöne, junge Lütle, —
    I denk' no allab d'ra, —
Sind lustig g'sy wie Büttle,
    Vergnüegt wie Flitterscha.

O wär', was z'sämmetg'hört hot,
    Nu z'sämmetg'ku so froh!
Doch wil ihr Vatter g'wehrt hot,
    Wehrt sine Muetter o.

Koa Briegge hilft, koa Bitte;
    Denn arm ist halt der Bue.
Ihr Vatter hot's it g'litte,
    Si' Muetter git's it zue.

Mi Bürschle goht i's Kloster,
　Stubiert voll Schmerz und Noth,
Treit Strick und Paternoster,
　Und 's Meäbbele ist tod.

Verbei ist Tanz und Küsse,
　Vergrabe Freud' und Weh,
All's usananderg'risse, —
　Und 's Ringle lit im See.

Vom armen Mühlburschen.

———

A Mühle stoht im Grabe dinn,
  A Mühle neäb' 'er Hoad'.
Z' verzellet wüßtet d' Lütle d'rinn
  So mengs du Weh und Load;
Doch d' Mühle goht no allad.

An Mühlbursch ist det dinna g'si,
  A pudeltreue Hut,
Und g'sunge hot ar us und i
  Mengs Liedle heäll und lut;
Doch d' Mühle goht no allad.

Gern g'seähe hot ar 's Töchterle,
  Doch 's Töchterle ihn nit.
Bald fahrt derheär an Richere,
  Und nimmt's als Wible mit;
Doch d' Mühle goht no allad.

Mi gueta Tschole wird so blaß,
　　Und stirbt wie 's Blüemle ab,
Koa Menschenoug' wird um e naß,
　　Vergeässe ist si Grab;
Doch b' Mühle goht no allad.

Die Flöte im Bergsee.

———

A-n-öb's, a düsters Wasser lit
   In Berge mitta-n-inn,
As schwimmt a schwarze Flöte sit
   Ueralta Tage dinn.

Voar Johre kunnt bim Vollmoglanz
   An Wanderbursch derthi
Us wita Lande, seh so ganz
   Betrüebt und trurig g'sy.

Stoht müeda vor 'em G'wässer da,
   Ar louft sit allar Früeh.
An Schmerz, a Schwermueth kunnt en a,
   A Hoamweh, wie no nie.

Der Mo verschlift, der Nachtsturm brüllt
   Dumpf über Berg und Ried.
Der Bursch nimnt d' Flöte, spielt und trillt
   Dem Schatz si Lieblingslied.

Wie 's Liebte us ist, springt ar gschneäll
   In 'n dunkelschwarze See,
Und bald vergoht im hohe G'weäll
   Si nameloses Weh.

Z' Nacht hört ma, wenn as zwölfe schlöcht,
   Des Flöte mengmol groat.
Weär's hört und 's Hoamweh hot, der möcht'
   Vergoh voar Schmerz und Load.

O nimm mer all's!

O ninn mer all's, du böfe Zit,
  Nimm gär all's, was i ho,
Nu eppas, o nu eppas nit,
  Nu eppas laff' mer no!

I bi i d' Frembe uffe g'tu
  Mit taufeb Hoffnunga.
Arm, gottverlaffe kmm' i nu
  In Dörfle wieber a.

So nenga lieba Kammerat,
  An Felfe i der Noth,
Finb'ft nimma wieber, ift Solbat,
  Ift witer ober tob.

Min Schatz, a Mäble, lieb unb trout,
  Schö wie der Maiemo, —
I hätt' a Kirche uff fe g'bout, —
  Sie hot a'n Anb're g'no.

Und mag ma fäge, was na will,
  Sie denkt no viel a mi.
Verlaffes Herz, feh ftill, feh ftill!
  I woaß, wie arm i bi.

O ninn mer all's, du böfe Zit,
  Us Tage frifch und jung!
Nu eppas, o nu eppas nit, —
  Die lieb' Erinnerung!

Troſt.

———

Zum Hochg'richt füehrt na juſt amol
A'n arme Sündar us.
All's tropfnet uff 'em Weäg zum Pfohl
G'rad wie a naſſe Mus.

An Stoub, a Hitz' ſey eäbe det
Faſt zum Verſchmochte g'ſy.
Ma ſtoßt und druckt, ſchreit, jommeret,
Schlenzt b' Buebe heär und hi.

Der Galgepater, ſchwer und dick,
Schwitzt erger als an Dachs,
Wiſcht Hals und G'ſicht ab, Ohr und Nick,
De Bart, ſo dünn wie Flachs.

Ar ſpricht dem Deliquente zue,
Und red't vu'r Himmelsfreud'.
Der Sündar briegget wie an Bue,
Ar tröſtet e und ſeit:

„Gang, briegg' it, briegg' it, Koluba,
Louf' wacker, laff' it luck!
Seh still! Mir, mir sind übel b'ra;
Mir müesset wieder z'ruck."

Großmütterliche Warnung.

Boar Blindschlich, Eggoaß, Muche, Krott,
Boar Wald= und Wasserotera,
Was krist und kreäbelt wist und hott,
Dücht, kricht und schlicht an 'n Gräbe da,
Boar Allem, was se gern versteckt, —
Sit je mi'n g'höriga Respect!

Boar Sperbar, Nachtül', Fleädermus,
Stoßvogel, Hennehack und Falk,
Boar Hornus, Weäps um's Imbehus,
Boar Müs' und Ratze, Schelm und Schalk,
Boar Spinnegarn a Thüer' und Thoar, —
Mi'n g'höriga Respect dervoar!

Boar Moasehütte, Klobe, Schläg',
Kleäbruetha, Schloufta a be Klötz',
Boar Masche, G'richtle i be Häg',
Boar Trappel, Falle, Angel, Netz,
Boar allem, was uff's Fange goht, —
Der Himmel b'hüet' be mit si'm Roth!

Mi Kind, b'halt' nu bi Herz a'n Hag!
Mi Meäbbele, sey wach, gieb Acht,
Was nu bi fluderet an Tag,
Was um bi surret bi der Nacht!
O b'halt' bi Herz und G'wisse ganz!
Ih kenn' ni us und woaß, was Land's.

Biß brav und folg', so lang du leäbst,
Vergiß, vergiß mer 's Beäte nit!
Io, denn bist g'borge und du weäbst
Di Hochzighemmed mit der Zit.
Denk', dine Ahna hei der's g'seit,
Vergiß es nit in Ewigkeit!

Aus der Schäferpraxis.

Amol kunnt a na Nommittag
J's Thal zum Schäfar uff 'em Roa
An Lehebur mit Noth und Klag',
Mit Klag' und Noth und Jommerg'schroa:
„Mi lieba Scheäck, die stolzest' Kueh
Im ganze Dorf, ist krank sit hüt.
Sie schout der gottserbärmle zue,
Und frißt der it und suft der it.
O hilf', Pankraze, hilf' und thuer,
Was mögle ist, as lit mer b'ra,
Und richt' mer wieder b' Sach' i b' Schnuer!
Sus wär' i doch an g'schlag'na Ma."
Der Schäfar thuet a Schachtel uf,
Und nimmt zwo tüchtig' Hampfla voll
Dür' Wurzla ussar, git em's b'ruf
Und b' Wisung, wie-n-ar's mache soll.
Do seit der Bur: „G'rad' fallt mer i:
's Wiß b'hebt se o scho bobe lang.
Gang, richt' er o a Medeci!
As thuet's viellicht denn uff a'n Gang."

Der Schofhirt frogt benandernoh
Um des und diefas, fummet it,
Und got in 'n Gabe, git em bo
A Stuck a hundert Bolle mit.
Jok zahlt und goht. Pankraze fieht, —
Mithalb noch circa vierzeh Täg,' —
De Lehebur in Scholleried
Und rüeft: „Wie ift as g'gange? fäg!"
„As hot fe", lachet Jok, „des Ding
It übel g'fchüfflet, ehrbar gnoth.
J ka der fäge: Mir ift ring!
Der Scheäck ift g'fund und 's Wib ift tod."

Das Mißverständniß.

Amol ist bi 'ma Syndicus
's Professarle Simplicius
Mit Frouevolk vu Stadt und Land,
Mit Herre vum Beamtestand,
Vu Landwirthschaft und Klerisei
Ig'lade bi-n-ar Gasterei.
Ma ißt und trinkt und musiciert,
Trillt Liedle heär und declamiert,
Git Räthsle uf, verzellt und lacht
Schier allbereits bis elfe z' Nacht.
Hauptmäßig guete, fremde Wi
Setz korbwis' uff 'er Tafel g'sy.
Ganz kreuzfidel wird bie und beär;
D' Frou Syndicussin treit derheär,
Was nu der Tisch verträge na,
Vertummlet se, so gnoth sie ka,
Füllt nochamole Glas für Glas.
's Professarle rüeft: „Was ist das?"
Und schmöllelet, hebt über 's Si
Zwä g'spalt'ne Finger pfiffig hi.

Sie lachet, woaßt scho, was sie soll,
Und füllt em 's Kelchglas ebevoll.
Mi Herrle wehrt se: „It! it! it!
Genug, Frau Wirthin! Sufficit!"
„A gond Se!" meant b' Frou Enna do.
„A gond Se mer! Sie sufet 's scho!"

Das alte Regendach.

———

In Städtle dinna ist a Gant,
    A Licitatio.
Kouflustigs Volk kunnt allarhand,
Und Lüt' vu wit und noh.

Viel Züg goht um a'n Pfifferling,
    Und sündthür ab mengs Stuck,
Und Mengar ließt bi mengam Ding
    Um all's und all's it luck.

Ma licitiert us vollem Hals,
    Rüeft oas um 's ander us.
Wie brächtet bueranander all's!
    As tönt in ganze Hus.

Jetz kunnt a-n-ueralts Reägedach,
    A fuchsigroths, uff b' Bah.
Ma bietet's als a-n-alte Sach'
    Um zehe Krüzar a.

Uſinnig ſchlöcht a Wib uff 's Bott,
   Und iſt it multhür g'ſy.
Ma leit er 's Dächle um a'n Spott,
   Um achtzeh Batze, hi.

Sie goht zum Schribar ane, zahlt,
   Spannt 's Dach uf bode hoch,
Und heälluf lachet Jung und Alt; —
   In Züg iſt Loch a Loch.

Sie lornet's g'müethle an a Wand
   Und ſchmöllelet voll Rueh:
„A was! In Hus dinn umanand
   Do iſt as no guet g'nue!"

Vorstehers Hut.

———

An G'moandsvoarstehar kriegt amol
    A Wisung vu si'm G'richt,
Ar soll vu Tobelhag und Pfohl
    Erstatte schleunigst B'richt.

Des Ding ist guet. Mit etle Lüt'
    Nimmt Hannes Ougeschi.
As ist waldiwärts bobe wit
    Und bläsig Weätter g'sy.

Nu, wie se bi der Schatzung sind
    Mit Stock und Reägebach,
Nimmt Hannesse der Wirbelwind
    De Huet in 'n Tobelbach.

Der Filz ist hi, de frohe Mueth
    Verliert doch it der Ma,
Erstattet B'richt und füehrt de Huet
    I sinar Reächnung a.

In Landg'richt wird die Foaderung
    Koa Bitzle ästimiert,
Die ander mit Befriedigung
    Willfährig liquidiert.

Der G'moandsvoarstehar denkt: Geduld!
    Der Huet ist no nit hi!
Und brocket dene Filzhuetschuld
    In neue Cunte-n-i.

Ar kunnt i 's Amt mit ringem Sinn,
    Bringt sine Reächnung mit
Und seit vergnüegt: „Der Huet ist dinn;
    Ma find't e aber nit.“

Stadtherr und Landmädchen.

Du holdes Kind im schmucken Mieder,
　　Du Frühlingsröschen, wie ich nie
Geschaut in Landen auf und nieder,
　　Mit deinem Korb wohin so früh?

„I bi koa Kind und bi koa Rösle,
　　Do finder uff 'em Holzweäg ganz,
Hoaß' Hannele, mi' Muetter Nesle,
　　Min Vatter ist der Gärtnar Franz."

O würdest du mein Lebensengel,
　　Mein eigen werden für und für!
Möcht' wallen durch dies Thal der Mängel,
　　Geliebtes Hannchen, nur mit dir!

„Ma woaßt, wie fettig Vögel singet,
　　Ma kennt s' a'n Feädera, an Flug.
As ist nu Uhoal, was sie bringet,
　　Und was sie säget, Lug und Trug."

Die reine Wahrheit, was ich sage,
    Du herrlich Mädchen, wärst du mein!
Verstummet wär' jedwede Klage,
    Ich würd' auf ewig glücklich seyn!

„A Larifari, euer Gnade,
    Und fule Fisch', Kumödig'schwätz!
I gäb' derfüer koa'n Näbling Fade;
    Ma kennt bie Sprüng', ma kennt bie Sätz'!"

Nun, soll ich dich denn nimmer sehen? —
    „Im Kirchele binn allemol."
Nie einen Blick von bir erstehen? —
    „A, schämmet ne voar benam Pfohl!"

Zu ernsthaft ist mir biese Stunde, —
    „A, Lumparei und Schabernack!"
Gieß' Balsam in die Herzenswunde! —
    „O schwätzet mer koa Loch in 'n Sack!"

Ich schwöre bir an biesem Orte,
    Wo frieblich alles keimt und grünt:
Ich habe biese herben Worte,
    Und biesen Korb wohl nicht verbient.

„Deä Korb? Na, ka-n-i nit verschenke,
    Was fallt ene, biguttlat, i?
Was thät benn b' Muetter bu mer benke?
    Do thuer i 's Mangelkrütle b'ri."

O kaltes Herz, das keinen Funken
   Unwandelbarer Liebe kennt!
Mein letztes Luftschloß ist versunken
   Vom Giebel bis zum Fundament.

„A, gond aweäk! I mag nint höre;
   Des G'lafer hot koa Händ' und Füeß'.
Ihr könnet beättle oder schwöre;
   I geähr' koa'n Stadtherr, na, abies!"

Vom Straßenräuber.

———

Amole wird an fremde Strolch,
    An Stroßeräubar, attrapiert.
Ma hei si'n Blick, ma hei si'n Dolch
    Uff zwoanz'g, driß'g Stunda respectiert.

Ar lit in Mura, wüethig dick,
    In Thurn bi Wasser und bi Brot.
„A'n Galge mit deäm Galgestrick!“
    So lutet 's Urthel. Heälf' der Gott!

In seälle Städtle, — wie-n-as goht, —
    Hot b' Buergarschaft koa'n Galge g'hett.
Ma dischputiert, ma haltet Roth,
    Bu nint wird als vum Henke g'red't.

Koan Murar nimmt, koan Zimmerma
    Notiz vum g'richtliche Begeähr.
Koan Schrinar will um 's Leäbe d'ra,
    Und richtet 'na be Galge heär.

Jetz ist mi Amt in enga Räth'!
   As lot ena koa Rast, koa Rueh',
Ma rothet früeh, ma rothet spät:
   Was soll ma mit deäm Kerle thue?

 Uff oamol streckt an Herr de Kopf,
   Und stoht im schwarze Mantel uf,
Verschüttlet wild de lange Zopf,
   Schlöcht uff 'e Tisch und lärmet d'ruf:

„Do macht ma's kuerz und guet. Ma git
   Dem Lumpe siebe Gulde, do!
Jetz pack' be, kaft be, g'rad wo b' witt,
   Uffknüpfe ober köpfe lo."

Aus der Knabenwelt.

An g'niglet volle Nußbomm stoht,
  Amole i 'ma Güetle.
A g'rollets Schuelarbüeble goht
  Verbei und suecht a Rüethle.

As pfift a G'sätzle, lueget uf,
  Sieht b' Bilza-n-abarlälle.
Do päckst a paar! denkt Peter b'ruf;
  I hätt' scho lang gern wölle.

Zicht ussem Hag a Brügele
  Und wirft, — so houb's bie Krotta. —
D' Nuss' bruselet buer b' Est', je, je!
  Und fallet noch 'e Notta.

Und wie-n-as ufliest, was as ka,
  So sieht as volla Schreäcke
Scho allbereits hert uff em da
  De Bure mit 'am Steäcke.

Und uf, flink duer 'e Hag, fort, fort
Grad' wie der Blitz fahrt Peter.
„Pst, Büeble, los', nu uff a Wort!" —
Mi Büeble louft all' gnöther.

Der Ma rüeft fründle: „Du, los', du!"
Und winkt em uff 'e Häge:
„He, Büeble, los', so wart' doch nu!
I mueß der eppas säge."

Mi Bürschle lachet geg' em hi: —
(Der Buckel hot's it g'bisse) —
„A so a Büeble, wie-n-ih bi,
Des brucht no nit all's z' wisse!"

———

Marienfäden.

s Loub,

Hus,

hr;

Ma lueget's a und denkt derbei,
Was denn du-n-allem Hoffe
Woll in Erfüllung g'gange sey,
Und was is all's hei troffe.

Do ka mengs Herz und mengar Blick
Vu leerar Hoffnung rede.
O Erdefreuda, Erdeglück,
Ihr sind Mariafäde!

———————

Bettelbube und Hofdame.

———

Amol lit ama Bosche zue
In Schatte dinn an Beättelbue.
As ist Johanne, grausam warm,
Mi Bürschle schwitzt, daß Gott erbarm'!
Do schwänzlet mit der Kammerzof'
De Fueßweäg heär a Dam' vu Hof.
Wie ruscht ihr Kleid, sponagelneu!
Ma fächlet se und goht verbei.
Der Bue springt uf und hebt si Kni,
Und streckt der Dam' de Schihuet hi,
Und blickt se a so seelefroh:
„O schenket mer a'n Pfenig o!"
D' Frou schüttlet ietz ihr Nick, ihr dicks,
Und schnoutzet wild: „Ich gebe nix."
Do rüeft der Kampel hinbab'ri:
„Du hättest solle b' Eva sy!"
Jetz kehrt se b' Hofbam' zornig um,
Und mißt de Strolch und frogt: „Warum?"

„J moan' nu," schmöllelet voll Rueh'
Min guraschierta Beättelbue,
„Jhr hättet schwerle z'sämmetg'füegt;
Der Adam hätt' denn oh nint g'kriegt.
As gäb' koa Hundstäg' und koa Js, —
Ma wär' halt no im Paradis."

Vom verschwundenen Mägdlein.

————

Wo sine Est' der Widebomm
  In 'n Mühleweihar henkt,
Voar viela Johre hot det bomm
  A Makd ihr Kind vertränkt.

As ist des hübschest' Mädle g'sy,
  Schö, wie a-n-Engelg'sicht,
Ihr Oug' so lieb, wie Sunneschi,
  Blau, wie 's Vergißmeinnicht.

As wird, so wit ma rundum goht, —
  Ma red't it gern derbu, —
Viellicht so lang des Dörfle stoht,
  Koa Nettere meh ku!

Verschwunde ist b'ruff b' Annemei,
  G'suecht hond se spät und früeh.
Weär ihrem Kind der Vatter sey, —
  Verfroget hot ma's nie.

' s arm' Kindle hot am anb're Tag
  I spätar Obedstund'
Der Fischar g'funde hert am Hag
  Bim Mühlereäche dund.

Rumoret as und weätteret
  I dunklar Früehlingsnacht,
So zitteret mengs Liechtle det
  Und haltet Todtewacht.

Hört menge Seel' beä Wirbelwind
  In lunische Aprill,
So beätet se für Makd und Kind
  A Vatterunser still.

Hans in der Curatie.

An Wittling kunnt zum Herr Curat,
Macht a Lavette bobe wichtig,
Ar seh Hochzitar, kumm' ietz g'rad
Bu sinar Brut und b' Sach' seh richtig.
As seh a Rohweär und a G'frett,
Mit fremda Lüte all's verhunde!
Drei Schwestera, nu, hei ar g'hett,
Und wöll' bie viert', wöll' Kunigunde.

Der Geistle loset, schout en a,
Und will be-n-Ohre fast it troue:
„Was? Ist der Ernst? — Drei Schwestera
Host g'hett und bist a so verschroue?
Und hot ma g'seit Thal i, Thal us:
„Der Hans trifft's oh nie mit dem Wibe!
As ist koa Glück im seälle Hus;
Sie thoand nint anders det als kibe.‘“

„'s ist wohr, Herr Pfarar! D' Lüt' hond reächt,"
Moant Hans und nickt. „Mit alla Dreia
Jo honi g'huset ehrbar schleächt,
Viel Zorn g'hett, Noth und Plogareia.
Du liebar Himmel, was sind des
Füer Stückle g'sy! Ih woaß es z' schätze!
Usrichtig, nidig, mulig, bös
Und dumm wie b' Nacht! — I möcht' it schwätze!"

„Und was, und du witt no die Viert'?
Witt noch a Schwester, witt die jünger?
Bist tripelsinnig?" resoniert
Der Herr Curat und macht a'n Finger:
„Nei, nomol nei, i sieh koa'n Zweäck; —
Des ka und ka, bigoft! it hotte!"
Hans seit: „I nimm se rund aweäk;
Blos um be ganze Stamm usz'rotte."

Im Junkerschloße.

A rabeschwarze Reägenacht
   Deckt Berg und Thal. Wie thuet` as?
Wie horneret as über b' Macht,
   Rumoret g'rab wie 's Wuethas!
Vu'n Bämme wirft as Est' und Broff',
Wild giret uff 'em Junkarschloß
   Der rostig' Weätterfahne.

In Erkar uff si'm Schrage lit
   Der lebig', stoarich' Kampel,
Verwachet just zuer reächte Zit,
   Ganz düster brennt no b' Ampel.
Wie zwölfe rafflet b' Stubenuhr,
So hört ma vu der Ofenur
   A ganz verdächtigs Rusche.

Ar richtet se vum Pfulbe-n-uf,
   Und lüsterlet a Wile.
As polderet im Ofe b'ruf,
   Und ist it richtig frile.

Ar stricht um G'sicht 's verzuslet Hoor,
Und loset i si'm Bett fürwohr
   Mit Ohre, Mul und Nase.

Ar luret, hebt de-n-Otham a,
   Do schnellt a-n-Ofeplatte.
Der Junkar dunnert: „Halt! wer da?"
   Und sieht a'n dunkle Schatte.
Zum Ofe-n-ussar, wie-n-ar bricht,
Rüeft lut a bartigs Strolcheg'sicht:
   „He, brucht ma koa'n Bediente?"

Das rare Bier.

As kunnt amol mit stoubig' Schueh',
  Voar Hitz' verleächet schier,
An Wanderbursch uff b' Herberg zue,
  Verlangt a Krüegle Bier.
In Bälde stoht a Tränkle bo,
  Der Gast grift zue it ful,
Trinkt herzhaft und verzieht dernoh
  Gottsjämmerle si Mul.
Ar stellt deä Krottenougetrank
  So gnoth hi, als ar ka.
Der Wirth fangt uff 'em Ofebank
  A Weätterg'sprächle a.
„Wohi? Woheär? Wo ist ma z' G'hus?
  Was git as Neu's im Land?"
Der Ander bloßt si Pfifle us
  Und seit: „O allarhand!
Just machet se im Allge domm
  A Bier us Bohnestroh."

Jetz nimmt der Wirth „zum grüene Bomm"
  A'n Juck und rüeft: „Hoho!
Was fallt denn o de Lüte-n-i?
  Woll, woll, des wär' famös!
Des mueß a wichtigs Sufe sy!" —
  „O g'rad a so wie des!"

Der Bote und sein Weib.

Verwiche kunnt an Bottema
Am Obed hoam i b' Hütte,
Grüeßt 's Wib voar Rad und Wicke da
Noch pudeltreuar Sitte.
Sie schout it uf, sie hot de Bock,
Verliert koa Sterbeswörtle.
Ar hanget Huet und Wanderstock,
De Mantel a si Oertle,
Nimmt d'ruf a Prise Schnupftubak,
Verzellt vu sina G'schäfte.
Sie seit it gick, sie seit it gack,
Und spinnt us alla Kräfte.
Jos macht a Liecht und zünd't a'n Gang
Um Tisch und Uhrehüsle,
In alle Winkel ehrbar lang
So still, as wie a Müsle.
Ar buckt und streckt se gär it ful,
Do wurmt as Kunigunde:
„Was suechst denn allad?" — „O di Mul!
Gottlob, ietz honi's g'funde!"

Das strenge Urtheil.

An Strolch, bim Ibruch attrapiert,
 Und g'fürcht't i alla Lande,
Deär wird in n' schwarze G'richtssaal g'füehrt,
Do wird em 's Urthel publiciert
 Zum Schreäcke finar Bande.

An Schribar liest: „Ambrose Grof!
 Weäg' bina schleächta Sitta,
Weäg' Roub a Rosse, Kueh und Schof
Bist ietz verdammt zur Kerkarstrof'
 Uff ewig', ewig' Zita!"

Der Goudieb jommeret: „Hoho!
 Potz rotha Hah! O mine
Bluetrichtar, lutet bes a so?
O thoand me wenigstens doch o
 Nu leäbeslängle ine!"

Der lange Bart.

A Büeble sitzt bim Steägeplatz,
   Und stutzet mit 'ma Scheerle
Muethwillig sinar junge Katz'
   Am Bart die lange Härle.

Der Vatter sieht's und rüeft: „He, he!
   Was plogest denn 's arm' Närrle?
Sus muset as jo nimmameh!
   Lost sy! Wart', Galgekerle!"

Am and'rigs füehrt i b' Stadt der Ma
   Und 's Büeble Bränntewinar.
Am Stadtthoar da verkunnt ena
   An dicke Kapuzinar.

Deär louft derheär, as hot a-n-Art,
   Ar ist in schönsta Johre,
Und treit a'n wüethiglange Bart
   Voll lauter g'struba Hoore.

„Ei, lueget, Vatter!" seit der Bue, —
Zoagt uff e mit 'ar Grenne, —
„Deär hot a'n lange Bart, ei, lue!
Deär mueß denn muſe könne!"

Die Neuigkeit.

Am Charfritag Nommittag
Kunnt i b' Stadt a Burewible,
Sieht am grüene Oelberghag
All's i ſchwarzem Kloab und Hüble.
„Sägetmer doch," froget as
D'ruf a-n-And're mit 'am Krättle,
„Sägetmer doch, weäge was
Goht all's ſchwarz do hund im Städtle?"
„Loſet, wiſſet ihr denn nit,
Weär de Siegeskranz erworbe?"
Seit des ander Wible; „hüt
Iſt jo Unſerherrget g'ſtorbe!"

„Iſt ar g'ſtorbe? — Ane, geält!
Ach, in unſer'm Tobel dinna
Wird ma-n-uff 'er liebe Weält
Doch o gär nint, gär nint inna!"

Hagen. Dichtungen I.

Die Wunderblume.

As soll am wilde Waldbach hi, —
Ma woaßt be Platz it g'nau, —
A wundernette Blueme sy,
A Blueme dunkelblau.

Und weäm des G'wächs voar b' Ouge kunnt,
Weär's find't und brocket ab,
O beär ist glückle, froh und g'sund,
Und z'friede bis a's Grab.

Der Waldhirt hot mer des vertrout.
Ho mengemol als Kind,
Als junga Bursch bet ummarg'schout;
Doch g'funde honi nint.

O holde Wunderblueme bu!
J denk', bu bist no, geält?
Koa'm Sterbliche voar b' Ouge g'tu
Uff Gottes witar Weält!

Vom schönen Mägdlein.

As ist amol im Dörfle bet
A Kind, wie 's Leäbe g'sy,
A Jumpferle, so lieb, so nett,
Wie Morgesunneschi.

As hätt's mengs Bursch mit Guet und Geäld
Als Frouele gern g'no,
Und wär' em bis a's End' der Weält,
Duer Land und Wasser noh.

Dem Meäbbele, dem schöne Kind,
Ist nomma nit viel b'rum,
Wird trurig, briegget se halbblind;
As woaßt koa Mensch warum.

Und wie uff Berge, Wald und Hus
Z' Wihnächte lit der Schnee,
Do gloastet wie an Robel us
Dem Meäbbele si Weh.

As ist, ma red't no viel derdu,
A Kind, wie 's Leäbe g'sy!
Und du-n-em g'bliebe ist is nu
A Krüz mit Rosmari.

Linele.

Hei, i 'ma Vierteljährle
    Im Ougstejunneglanz
Denn ist a herzigs Pärle
    's brav Linele und Franz! —
Dem Linele ist wohl!

As herbstelet gär zitle,
    Bald lit a-n-Andere
I Franzes Arm als Brütle,
    Und b' Lina stirbt voar Weh. —
Dem Linele ist wohl.

Dem Treu= und G'wisselose
    Blüeiht siderthie koa Glück,
Koan Ilge und koan Rose,
    Koan frohe Ougeblick. —
Dem Linele ist wohl.

Herbſtklage.

———

As hot im ſchönſte Bluemeſtruß
    Jed's Rösle ſine Dörn.
I wär' amol i Schätzles Hus
    Zur Stubat g'ku ſo gern.

Ihr Vatter iſt an ſtrenge Ma,
    Wach ihre Muetter g'ſy.
I ho nit g'wüßt, wo us und a;
    As hot it ſolle ſy.

Die Lieb' vergiß i nimmameh,
    Und hot ſo wenig Freud',
Und ſovel Schmerze, Load und Weh,
    Und ſovel Dorne treit!

Arm's Herz, o klag' it und ſey ſtill!
    Loub fallt um Loub vum Bomm.
Zum Schätzle beärf i, wenn i will; —
    As lit im Kirchhof domm.

Raupe und Menschenleben.

———

Der Wurm ist gern im Grüene dinn,
　J Gräs und Ackarland,
Mit lichtem Bluet und ringem Sinn,
　Mit Farba vielarhand.

Wie freut a jeds, jeds Menscheherz
　Im holde Mai d' Natur!
As blickt voll Hoffnung himmelwärts
　J Wehmueth und i Trur.

Der Wurm krist munter heär und hi
　Uff Wißbornhäge domm,
Und spinnt se langsam, langsam i,
　Und macht be Todtebomm.

Der Mensch verlib't im Leäbe viel,
　Ar schaffet, plogt se ab,
Und find't für sine Wünsch' koa Ziel,
　Nimmt Loab und Freud' i's Grab.

Weiht 's Maielüftle lau und ring,
 Blüeiht all's um Dorf und Hus,
So fligt der Wurm als Schmetterling
 Us sinar Puppe-n-us.

Wie flubert ar a luftige
 Um Köhl und Karfiol!
Wie ist, o Summervögele,
 In Bluema dir so wohl!

Der Mensch lit lang im küehle Bett,
 Verbei ist Weh und Klag',
Und schmetteret d' Pofaune det
 Am große-n-Oftertag:

So wacht ar uf verjüngt, verklärt,
 Und sproatet d' Flügel us,
Und schüttlet f' ab vum Stoub und kehrt
 Still hoam i's Vatterhus.

Oftern.

Der Schnee ift fort, heidibelbum!
  Jeb's Finkle schreit: „Tschütt! Tschütt!"
As gazget b' Henne um unb um
  Zur Ostereierzit.

Du schöne, grüene Oftere,
  Wie könntest netter sy!
Wie stellst de bu a liebliche
  Im Länble wieber i!

As spitzt unb schießt unb wachst unb tribt
  Unb lot ietz nimma luck.
Des allarminbest Zwigle blibt
  Nei wäger nimma z'ruck.

's lieb Früehlingsfünnele jo lacht
  Als wie voar altem b'ruf.
Bum lange Winterschläfle wacht
  Jeb's Würmle wieber uf.

O Gott im Himmel, deär so lieb
· Füer 's Thierle sorgt am Hag,
Gieb jedam Herze, froh und trüeb,
A'n schöne Ostertag!

Das Försterhaus.

———

1.

Do bomma bi be-n-Jba
　　Stoht unber Wald und Klus
Mit glitzgeriga Schiba
　　A g'schindlets Förstarhus.
Wohl sieht ma wie amole
　　No all's am alte Ort;
Doch b' Mädle, ach, doch b' Mädle,
　　Doch b' Mädle sind halt fort!

O liebs, o sunnigs Hüsle!
　　J denk' a bi no viel,
A 's lustig Dunkelmüsle,
　　A 's munter Pfänderspiel.
Wohl klingt i mina Ohre
　　Mengs heiter Lied und Wort;
Doch b' Mädle, ach, doch b' Mädle,
　　Doch b' Mädle sind halt fort!

Du Gärtle mit dem Brückle
 Und Bächle neäbe zue,
Wie bin i bet so glückle,
 Glückselig g'sy als Bue!
Lusthäsle, Struch und Bosche
 Stond wohl am alte Ort;
Doch b' Mädle, ach, doch b' Mädle,
 Doch b' Mädle sind halt fort!

Ob menge Freud' verdoret,
 Mengs Herz voar Kummer bricht,
So sprudlet, quillt und rohret
 No duer b' Vergißmeinnicht
's Waldbrünnele wie früeher
 Am wunderliebe Ort;
Doch b' Mädle, ach, doch b' Mädle,
 Doch b' Mädle sind halt fort!

Det hot i 's Mies und Gräsle,
 Im Wäldele verstreut,
Amole 's Osterhäsle
 Die g'moite-n-Eier g'leit.
Wohl find't ma no bie Tanna
 Am sunnehafte Ort;
Doch b' Mädle, ach, doch b' Mädle,
 Doch b' Mädle sind halt fort!

2.

I blick' in öder Trüebe
    Noch schöner' Zita hi.
Was sind doch des füer liebe,
    Füer nette Mädlen g'sy!
Bum schöne Hoamathhimmel,
    Mit herbem Abschiedswort,
Ist mit dem Myrtekränzle
    Do oas um's ander fort. —

Duer b' Waldung schreiet b' Rabe
    Im Obedsunneblick.
Do bomma lit vergrabe
    A ganzes Kinderglück!
Wohl blibt as allewile
    Des uvergäßle Ort;
Verlasses Förstarhüsle,
    I wött, i könnt' o fort! —

Allerseelen.

D' Allarseeleglocka klinget
Ernst im Morgeneäbel scho.
Um 'e Kirchhof umme singet
D' Herre in Prozessio.

Viel, viel Seeleliechtle brinnet,
's Volk zünd't all' no neue a,
Viel, viel Ouge überrinnet
Bi verzierta Gräber da.

Um a Kind, in schönsta Tage
Hoamwärts g'gange, himmelwärts,
Um a'n Vatter hört ma klage,
Um a goldtreus Muetterherz.

Und as breächet alte Wunda
Wieder uf, viel Herbs und Trüebs.
O was lit in Gräber dunba
Sovel, sovel Ewigliebs!

Schmerzle denkt wohl Das um's Ander
   A vergange Zita hi,
Wo dohoam all's beienander,
   Und amol so froh ist g'sy! —

Hert am See dund stoht a Hütte,
   Trurig sitzt d'inn b' Fischare.
O was hoft du all's scho g'litte
   I di'm Leäbe, Muetterle!

Hört des Lüte under Klage,
   Sieht mit Ouge, trüeb und fücht,
Wie -n-ihr Büeble a 'ma Spage
   's Klosefchiffle nochezicht.

Früeh, früeh hot der 's Uglück g'wunke,
   Ach, du arma, arma Wurm!
Denn din Vatter ist vertrunke
   Um Johanne bi 'ma Sturm.

Denn Johanne will a'n Klimmar,
   Zicht all' Johr si Opfer i,
Und Johanne will a'n Schwimmar;
   Kind, deär ist din Vatter g'sy.

Ist im hohe G'weäll verschwunde,
   Lang, lang hot ma'n g'suecht und wie!
Mit be Trogla nimma g'funde,
   Nimmameh, trotz allar Müeh.

Und im Stüble, g'rollet's Schätzle,
　　Stoht wie früeher fort und fort
Gär all's no am alte Plätzle,
　　Gär all's no am alte Ort.

Uffem G'stele 's gypse Tüble,
　　Wie bi Fischars letschtem Gang,
Und si grües Manfesterlible
　　Hanget no um b' Ofestang.

Uffem Ufzug lieget g'ornet
　　Schalta, Netz und Ruebera,
Ohne Wied und umg'kehrt lornet
　　's Schiffle a be Pfähle da.

„Ach, du Muetter allar Gnade!"
　　Rüeft 's arm Frouele im Weh,
Thuet be Schiebar uf und Lade,
　　Jommert uffe uff 'e See:

„Alle Morge bim Verwache
　　Lueg' i Stede uf und ab,
Usse uff die trurig Lache,
　　Usse uff si wits, wits Grab.

Gäb' all's Geäld und Guet vu'r Ahna,
　　Wenn i voar bi'm Krüzle ständ,
A bi'm Grab bi'n Elt're dana
　　Uff 'em Kirchhof briegge könnt'!

Niemed wird mer des verwehre,
  Blibt min Wunsch halt allabfort.
Möcht' nu eppas vu der höre,
  Noch a-n-oanzigs, goßigs Wort!"

's G'lüt' ist us. Der Tag will heälle.
  Ueb'r 'e See mit lichtem Fueß
Rieselet derheär a Weälle
  Wie an stille, stille Grueß.

Der Knabe Jesus.

Legende.

———

Wie 's Jesusle ist z' Nazareth
A Kind g'sy du dri Jährle,
A Büeble, wunderlieb und nett,
Mit dunkelschwarzem Härle,
Do goht as o zu ander Kind',
Am Himmel stoht koa Wölkle;
Denn 's Kind ist gern, wo d' Kinder sind,
Jung Volk bi jungem Völkle.
Ma springt duer 's Stadtthoar us und i
So z'friede und verträgle!
Ist justament g'rad Sabbath g'sy,
A goldes Maietägle.
Ma springt in Mura uf und ab,
Macht G'spieler, frei und schickle,
Und um 'e liebe Jesusknab,
Ist jedas überglückle.
Wie hüslet ma um Bach und Hus,
Wie gschäfferlet ma, eia!

Hagen. Dichtungen I.

Wie thoalet ma do b' Farba-n-us,
Spielt Ringa=, Ringareia!
Do buckt se 's Jesusle zum Bach
Und nimmt a Hampfel Leätte,
Ballt, druckt und nublet se allsg'mach,
Fangt seelefroh a kneäte.
Und alle, Meäddele und Bue,
Die kummet umanander,
Und 's Jesuskind macht volla Rueh'
Da Vögele um 's ander.
Wie goht, lue, lueg! denandernoh
Des Arbatle du statte!
Im Ummeluege stond ietz do
Loamvögelen a Zatte.
Nochmache möcht' a Jed's halt g'schwind
So g'flügelete Dinger;
Doch goht die Kunst koa'm and're Kind
So herzig us de Finger.
Und wie se himmelselig um
Die Vogelzattat singet,
Im wite Kroas voll Freuba d'rum
Und lustig b'rübert springet,
Do kunnt an Jud' mit gstrubem Bart,
Mit grauem Hoor und Glatze
Derheär und rüeft: „Ist des a-n-Art?
Vermaledeite Fratze!
Was tribt des G'fasel do, ei lueg!

O wenn i beäna Müre
Nu 's Weätter all's in 'n Bode schlueg'!
Hoaßt des de Sabbath fire?"
Ar schreit's, hebt über b' Vögele
Voll Zorn de Wandersteäcke.
Fast alle Kinder bucket se
Schneekridewiß voar Schreäcke.
Do klatschet 's Jesuskindle d'ruf
I b' Händ' voar beäm Thyranne,
Und b' Vögele, — die fliget uf,
Und fluderet vu banne.
All' Kinder stunet 's Wunder a,
Und sinket sprochlos nieder.
An Schuder fahrt dem wilbe Ma
Duer Mark und Boa und Glieder.

Do blickt mit glanzverklärtem G'sicht
Gen Himmel 's Jesuskindle,
Und faltet b' Händle hoch und spricht
Voll Liebe, unergründle:
„Am Tag der Rast, am Tag der Rueh',
Schout gern dem Kinderg'wimmel,
De froha Kinderspiele zue
'S Allvatterherz vum Himmel!"

Mutterliebe.

I.

Die Sendung der Engel.

Gottvatter schickt voar Johre
　Uff b' Weält all' Engel us,
Sie sollet dunba lore,
　Duerstroafe Hus für Hus,

Und schoue, ob so sträfle
　All's steäck' i Sünd' und Schuld,
Ob do und det a Schäfle
　No werth sey Gottes Huld.

Sie fliget lustig nieder
　Uff b' Erde überal,
Und kummet trurig wieder
　In 'n schöne Himmelssaal.

„O Vatter!" klaget b' Engel,
　„Wie wär' die Weält so schö;
Doch b' Mensche sind voll Mängel,
　Voll Sünda Groß und Klä.

Mir honb uff Erbe troffe
  Nu Trug unb Gleißnarei,
Koa'n Gloube unb koa Hoffe,
  Koa Liebe unb koa Treu'!"

In 'n Himmel bringt bes Klage
  A große, große Trur.
Gottvatter möcht' verschlage
  A jebe Kreatur.

Do tritt zum Schöpfar ane
  A bilbschös Engele
Mit Flügel, wiß wie b' Schwaue,
  Unb seit a liebliche:

„I bi buer b' Erbe g'schritte,
  Duer Kerkar, Königssaal,
Duer Herreschloß unb Hütte,
  Duer Eb'ne, Berg unb Thal.

Da Blüemle honi g'funbe,
  Bi Rich als wie bi Arm,
Für jebe Erbewunbe
  A'n Balsam, milb unb warm.

Herr! I ber trüebste Trüebe,
  In Tage, heäll unb holb,
Ist g'bliebe b' Muetterliebe
  Uff Erbe treu wie Golb.

O dene Himmelsflamme
   Verlöscht dund ewig nit!
Thuer d' Weält d'rum it verdamme,
   O Vatterherz, i bitt'!"

Der Herr du Tod und Leäbe
   Hört 's Engele mild a
Und seit: „As sey vergeäbe!
I ka nit strofe, na!

Und ist o d' Weält a trüebe,
   So trostlos mengemol,
So ist doch d' Muetterliebe
   An Funke Himmelsstrohl!"

II.

Das Thränenkrüglein.

As ist amol a Wittfrou g'sy,
  Die hot a-n-oanzigs Kindle,
Des herzigest landus und i
  Und brav, brav, wie 's guet Stündle.

Drei Summer alt ist 's Büeble just,
  Und blüeiht g'rad wie a Rösle,
Dem Muetterle die oanzig Lust
  I sina ersta Hösle.

Do kunnt i 's Dorf an große Schreäck',
  Der Scharlach uff si'm Wander,
Und herzlos maiht der Tod aweük
  Da Wiegekind um's ander.

Mi Büeble suchtet und wird krank,
  Koan Epfel freut's, koa Biere,
As mag koa Spisle und koa'n Trank,
  Und ka koa Gliedle rüehre.

Drei Tag' und Nächt' wacht 's Muetterherz,
   Und hot koa'n Trost erworbe.
Sie beätet, schreit, blickt himmelwärts; —
   Ihr Kindle ist halt g'storbe.

Verbarme möcht' se wohl an Stoa
   Ob Wittfrous Weh und B'schwerde.
Jetz stoht se muetterseesalloa
   Uff Gottes witar Erde.

Drei Tag' und Nächt' vertrurt se bo,
   Hebt d' Ouge mit de Hände,
Und jommeret benandernoh
   Ihr Loab be leera Wände.

Und wie se i der dritte Nacht
   Uff ihrem Bank so schmerzle,
Tobmüeda bosißt, trostlos wacht,
   Und briegget um ihr Herzle:

Knarrt d' Stubethüer us ihrar Rueh, —
   's arm Frouele fahrt z'sämmet, —
A-n-Engele kunnt uff se zue,
   I glanzigwißem Hemmed.

Am blaue Oeügle, kruse Hoor,
   Am liebe Backegrüeble
Kennt 's trurig Muetteroug' fürwohr
   Ihr uvergeässes Büeble.

Und lueg', i beida Hände treit
  As hofele a Krüegle,
Schier übervoll, blibt stoh und seit
  So lieble, so vergnüegle:

„O Mammele, liebs Mammele,
  Treu bis zum letschte Stündle!
Ach, briegg', ach, briegg' doch nimmameh
  Um di verlores Kindle!

Schou', Muetterle, do dinna do
  Sind g'sammlet uverbrosse
All', alle Tropfe, die du scho
  Weäg' minar host vergosse.

's Trurengele hot s' g'sammlet i
  Des Krüegle, i des Töpfle.
O brieggest nochamol um mi
  A gotzigs, gotzigs Tröpfle:

Denn mueß as überloufe, lue',
  Denn ist bi'm Kindle b'schiede
Im Gräble dund koa Rast, koa Rueh',
  Im Himmele koan Friede.

D'rum, Mammele, liebs Mammele,
  Laß' Unserherrget sorge!
Und klag' und jommer' nimmameh;
  Di Schätzle ist wohl g'borge.

As ist bim lieba Vatter det
Im frohste Kinderg'wimmel.
As ist em wohl und gschäfferlet
Mit Engelen im Himmel.

Jetz tröst' de Gott und b'hüet' de Gott,
Ar hoalet jede Wunde!" —
As seit's und lächlet allebott,
Und ist wie Rouch verschwunde.

Um Kindle's Rueh', um Kindle's Glück
Und Seligkeit nit z' störe,
Fallt fürderhi vu Muetters Blick
Koa Tröpfle meh, koa Zähre.

De namelose Seeleschmerz
Verschluckt se i der Trüebe.
So g'waltig stark ist 's Muetterherz!
So mächtig b' Muetterliebe!

Tännele und Tanne.

———

As stoht am Zwingschloßbühel da
　　Im krufe Mies und Gräs
So herzignett ma 's denke ka
　　A Tännele, a kläs.

Am dunkelgrüene Tännele,
　　Bi'n Rosebosche det,
Hot Schloßwirths Rösle b' Hennele
　　Im Summer g'fuetteret.

Und Gottfried, Schloßverwaltars Bue,
　　An Bursch, wie Milch und Bluet,
Schout menge liebe Stunda zue
　　Dem Schätzle und der Bruet.

Wie sind doch inanand die zwoa
　　Verliebt g'sy dene Zit!
Ma sieht s' dohoam it gern alloa;
　　As git so menga Strit.

Sie sind bim Obedglockeklang
  Amol bet domma g'sy,
As tribt der Hirt mit G'johl und G'sang
  Und lichtem Herze-n-i.

„O wenn," seit's Rösle volla Schmerz
  Und strichlet Gottfriebs Händ',
„O wenn i bi amol a '§ Herz
  Als Brütle drucke könnt'!

Wenn '§ Tännele bo uff 'er Höh'
  A stolze Tanne-n-ist,
Möcht' wisse, ob verbei mi Weh,
  Ob bu min Gottfried bist?"

Mengs Jährle kunnt, mengs Jährle goht,
  Biel hot se g'änderet,
Koa Tännele siehst meh, as stoht
  A Weättertanne bet.

Ist '§ Pärle boch no z'jämmetg'ku
  Noch sovel Weh und Loab?
Liebs Menschekind, so frogst me bu;
  Ih aber gib der B'schoab:

Nei wägerle! Vergeässe-n-ist
  Scho lang der Tannebomm.
Du arm'§, arm'§ Pärle! Wo bu bist,
  Woaßt Gott im Himmel bomm!

Der Bauer und die Soldaten.

———

Amole sait, so flink ar ka,
   Im Ackar binn a Bürle.
Zwä Kärre stond am Weäg neäb' da,
   Dick mottet links a Fürle.

Do träpplet zwä Husare g'rab
   Am Feäld verbei ganz g'müethle.
Bum Rößle winkt der oant' Soldat,
   Und fuchtlet mit si'm Rüethle.

„So, dummer Bauer, halte du
   Den Acker hoch in Ehren!
Seh fleißig und sä' tapfer zu!
   Uns soll die Frucht gehören!"

D' Husare lachet. Bällebi,
   Der Bursma, rüest bi'n Kärre:
„Warum denn nit? Des ka woll sy!
   I sai' just Hanf, ihr Herre!"

Der Hirtenbrief.

Der Müllar stieflet hoam vum Bier,
  Rüeft a der Schwelle scho:
„Schou, Mädle, lueg, was honi dir!
  Was bring' i z' leäse bo!

Do lies iez, was der Bischof seit!
  Des ist g'rabus, it schief.
As ist a Lust und ist a Freud'
  Um so a'n Hirtebrief!

Deär seit's dem Wälsche, dem Franzof',
  Und nimmt be Papst in Schutz!
Des, Mädle, lies mit Andacht, los'!
  All's Ander ist nint nutz.

So Sacha lies, so viel als b' witt,
  Des sind die schönste Grüeß'!
Na, b' Hirtebrief' verwehr' der nit;
  Die hond o Händ' und Füeß'.

Verwisch' i bei der a Papir,
 A Lied, a'n Almanach, —
So wohr i leäb', as mueß i 's Für,
 As mueß in 'n Mühlebach!"

Der Müllarmoaster seit's und goht,
 Verschüttlet ernst de Kopf.
Nu guet. Am and're Morge stoht
 Si Töchter dund im Schopf.

Sie liest a Briefle ugschiniert
 G'rad i der schönste Rueh,
Sie loret, sinnet, simulirt, —
 Der Müllar kunnt derzue.

„Was host denn do füer a Papir?"
 „A'n Hirtebrief!" seit bie,
Und streckt e ane, roth wie Für.
 Der Vatter rüeft: „Sa wie!"

Ar zicht be Spiegel ussem Sack,
 Und putzt und setzt e uf,
Nimmt zwo, drei Prisa Schnupftubak,
 Und liest do g'satzle b'ruf:

„Mi liebe Stasel, lieba Schatz!
 I halt' mit Luft und Mueth
Die Woche uffem Hexeplatz,
 Die nächst' uff Leheguet.

O Stafele, o kumm amol
  Im Nommettag zu mir!
Mir tanzet Polka um a'n Pfohl;
  I bi so gern bi dir!

Dem Vatter seist mer j o koa Wort!
  Die Ougeblick' sind rar.
Der Meählwurm ist am rechte Ort
  Im Stal bim Eselpaar.

I ho de gern, o kumm mer g'wiß!
  Laß' mule allab zue!
Jetz b'hüet' de Gott! I blib' derbis
  Din treua Hirtebue."

Der Müllar thuet g'rad wie a Beäh:
  „Ih lehr' de go a'n Tanz!"
Und hot er Lectiona g'geä
  Do mit dem Hageschwanz.

Am Ramstische.

―――

As ist voar etle Johr' bim Wi
   Just i der Fasnatzit
A G'sellschaft beianander g'sy
   Bu lauter lustig Lüt'.

Ma bischguriert und trinkt vergnüegt,
   Ma roucht und singt im Chor,
Und Jedar i der Runde kriegt
   A'n göttliche Humor.

An Schribar, an fidele Kauz,
   Lichtfüeßig wie a Gams,
Hollt b' Karta ummar, stricht de Schnauz,
   Und aranschiert a'n Rams.

Fünf Ramsar sitzet ohne Rock
   Am Ecktisch dana bald.
Ma spielt und passet, nimmt be „Bock",
   Ma g'winnt, vertrinnt und fallt.

Hagen. Dichtungen I.

Ma setzt, git b' Karta flink und frisch,
 Und uff amol, — was g'schiecht?
Der Schribar bocket und'r 'e Tisch.
 Gschneäll zünd't ma mit dem Liecht.

Ma hebt e woalle uf dernoh,
 Koa Zoache git der Ma.
Der Wirth springt zuehe, stricht e do
 G'schwind, g'schwind mit Essig a.

Ma ribt em Schlof und Stirne-n-i,
 Ma lüftet em de Hals,
Hebt Aether a si Nase hi;
 Verschrocke-n-ist gär all's.

Ma hollet be Balbierar b'ruf,
 Ma zicht em Schueh und Strumpf,
Und enble schlöcht ar b' Duge-n-uf
 Und froget: „Was ist Trumpf?"

Karl der V. in Nürnberg.

———

Mit Roß und Troß ist Karl der Fünft'
In Nüereberg amole g'sy.
Ma präsentiert em alle Zünft',
Ar nimmt a Ding in Ougeschi,
Und Dürers Hus vergißt ar nit.
I Künstlars Weärstatt louft an Schwanz
Vu Grofe und Barone mit.
Vertift i sine Arbat ganz
Voar sinar Staffelei da stoht
Der Molar, schaffet uverwandt
Just a 'ma große G'mäld' und lot
De Bemsel falle usser Hand.
Vu-n- alla großa Bemsel, die
Um b' Majestät versammlet sind,
Na, nimmt se wäger koanar b' Müeh',
Und buckt se noch 'em kleine g'schwind.

Do hebt e seäll der Kaiser uf,
Und seit, wie b' Schranze mule wend,

6*

Des herrli Wort begeistert b'ruf:
„So Lüt', wie-n-ihr sind, macht am End'
Der Kaiser zehe in 'ar Stund',
A-n-o a'm Tag dutzadwis' füerwohr;
An Albrecht Dürer aber kunnt
Amole nu i taused Johr'!"

Schwab' und Tiroler.

Amol sitzt i 'ma Wirthshus d'inn
   Jung Volk bim Winterbier.
Do hoaßt as o: Viel Köpf', viel Sinn'!
   Hörst 's oage Wort it schier.

An Zillerthalar-Krämar hot
   Se neäb' a'n Schwob' postiert.
Ma trinkt und lärmet, wie-n-as goht,
   Grageelt und resoniert.

Der Wastel lobt halt si Tirol,
   Der Schwob' si Schwobeland.
„Tirolar krieget, woaßt ma wohl,
   Vierzgjährig erst Verstand.“

So rüeft der Schwob' und lachet d'ruf,
   Der Krämar, jung und frisch,
Leit b' Stummelpfife hi, stoht uf,
   Und nimmt be Huet vum Tisch.

„Do brucht as wenig Kniff' und List,
   Z' erforsche mit' Bedacht,
Weär under uns der G'schider ist.
   Ihr Mane, gend ietz acht!

Mi Hüetle zoagt mer's woalle go;
   Jetz, Schwob', nu sicher. zielt!
I biß' i b' Krämpe bo, du bo, —
   Weär loslot, hot verspielt."

Nu guet. Ma bißt voar Alla da
   In 'n Filz g'rad mitanand,
Und „host en?" frogt Tirol, und „jaa!"
   Schreit lustig 's Schwobeland.

Der Wastel zicht de Huet g'schwind, g'schwind
   Aweäk, rüeft: „Hoch Tirol!
O Schwob'! Verzih' der Gott die Sünd'!
   Du bist vu Dummbach wohl!"

Der Fiſcher und ſein Drache.

So Mengar, beä ſi Wib it freut,
So Mengar klagt, ſo Mengar ſeit
   Im Erger früeh und ſpät:
O käm' i doch amol dervu!
O wenn ſie doch, o wenn ſie nu
   Gottvatter holle thät'!

Der Fiſchar dund am Erlebach
Hot leider o a'n g'ſunde Drach'
   Im Hus, du liebar Gott!
Doch Baltus midet Strit und Kib,
Iſt g'nüegſam, will it, daß em 's Wib
   Gottvatter holle ſott.

„Na, na," ſeit Baltus, „jeger des
Verlang' i nita, daß mer b' Nes
   No Unſerherrget holl';
Des wär' o gär z' viel, wägerle!
Ar beärf nu ſäge, w o-n-i ſe
   Ihm anebringe ſoll."

Die treffliche Antwort.

———

Dem Bockwirth stricht de Gartehag
　　An Molar gräsgrüe a.
Ar fahrt und bemslet drei, vier Tag'
　　D'ra ummar, was ar ka,
Und wie-n-ar b' Arbat fertig hot,
　　So packt ar i a Sach',
Ar zünd't de Klobe-n-a, und goht
　　Der Stube zue allsg'mach,
Und meälbet det, ietz sey ar' greä.
　　Ma bringt em Brot und Most.
Der Husherr fregt: „Was mueß der geä?"
　　„Ho's g'schriebe, Post für Post."
Der Molar seit's, und grift in 'n Frack,
　　I's Lible nochananb,
Und zicht si Cüntle ussem Sack,
　　Und git em's do i b' Hand.
Der Wirth schout b'ri und brummlet lut:
　　„Des dunkt me denn sus g'nue!"
Goht uf und ab und rüeft: „Bigutt!
　　Des dunkt me denn sus g'nue!"

So goht as fort a-n-etlemol,
  Der Bemslar loset zue,
Und wieder schreit der Wirth: „Bim Strohl!
  Des dunkt me denn sus g'nue!"
Jetz hot der Molar hert g'nue g'hett,
  Ar schnouzet: „Und mi o!
Sus hätt' i o meh g'foaberet;
  Jetz ist as halt a so!"
Der Bockwirth lacht mit allar G'walt,
  Und rüeft am Ofe hind:
„Nu besmol host me wacker zahlt!
  Suf', Lump! As kost't be nint!"

Auf dem Felde.

Amole trifft an Wandersma
   Im Oberinnthal nomma
Im Feäld a Wib, a Landskraft, a
   Just uff 'ar Halde domma.

Ma grüeßt und git anander d' Hand,
   Ma red't bald lut, bald lifer
Bum wunderschöne Hoamathland,
   Hot Freuda g'rad wie Hüfer.

„Wie goht as, Burgel, im Tirol?
   I beäna Berge hinna?
Bist allewile g'sund und wohl?
   Ma wird o gär nint inna!"

Mi Wible hört de liebe B'richt,
   Stützt all' beid' Händ' uff d' Houe,
Fahrt mit dem Ermel über's G'sicht,
   Und schmunzlet voll Vertroue:

„Mueß offe fäge: 's Länble wär'
G'rad it so übel, Sima;
Doch hommer, leider Gott! o gär
A so a stoanigs Klima!"

Der ausgeschriebene Garten.

———

Amole hot an Schloßherr, so ho mer säge lo,
An Schloßherr nomma g'huset, an lustige Patro.
Ar hot so Mengam g'holfe mit Geäld und gueta
Wort',
Im Stille viel, viel Guets tho dem arme Volk
im Ort.

Herr Bock, so hot ar g'hoaße, hot neäb' 'em
Fleäcke bet
In Pappelbämme binna a'n hübsche Garte g'hett,
A'n wahre Herrschaftsgarte, a'n wahre Herrschafts-
park,
Bu Mura rings umsange, bu Mura, hoch und
stark.

As blickt us Rosebosche des roth, chinesisch Dach
Bum Gartehüsle ussar in 'n Goldforellebach.
Host mitta binn a'n Weihar, die schönste Schwane
g'seäh',
As hot nit bald a liebers und netters Plätzle g'geä.

Min guete Herr verwilet do mit si'm Zottelhund
I sinar Goaßblattloube so menge Obedstund'.
Ar roucht si Meerschummpfifle, ar leert si Gläsle Wi,
Und lot se halt a wöhle, wie ama Fischle sy.

Jetz loset, was beär Vogel i b' Zitung drucke lot!
„Weär, mit si'm Schicksal z'friede, koa'n Erdewunsch
meh hot,
Deär soll se mithalb meälre i Schlutte oder Rock,
Deäm schenkt si'n schöne Garte Hans Kilian von
Lock."

I wett', as kunnt scho Nommar! benkt Kilian,
was gilt's?
Do meäldet se bim Herre an riche, riche Filz.
Ar klocket a, kunnt inar und lächlet seelefroh,
Macht Buckarlen und Kratzfüeß', ber Zehet ka's
it so.

„Ihr wisset," seit der Gizhals, „warum i g'kumme bi.
Weär ist o mit si'm Schicksal wohl z'friedener
als ih?
Koa Mensch uff Gottes Erde! Des b'haupt' i
stif und fest.
D'rum schenket mer beä Garte! Ih bi der
Würdigest!"

Do mißt mit großa Ouge a Wile ohne Wort
Der Bieberma beä Filze: „I frog' blos: Packst
be fort?
Wenn mit di'm Schickſal z'friebe und glückle wärſt
zur Stund',
Denn bruchteſt it mi'n Garte, bu miſerabla Hund!"

Der Hageſtolz.

As iſt koa Treu' und iſt koa Treu',
Koa Treu' meh uffer Weält,
Des iſt nit funkelnagelneu,
Des iſt ſo alt, wie 's Geälb.

Ma hört und lieſt wohl hi und heär
Bu Flügelbüebles Sold,
Bu Treue zwiſche beäm und beär,
Und nimmt's als g'ſchlages Gold.

Schou g'nau! As iſt nu Similor,
Und Treu' verruef'ne Münz',
Verdorbe-n-iſt 's ganz Menſchekor
Bum Beättlar bis zum Prinz.

As moderet im Fundament,
  Der Grund ist morsch und hohl,
Und weär 's no leugnet, o beär kennt
  Die jetzig' Weält it wohl.

Doch wenn as no a Treue git
  Uff Erde bis zur Stund',
So ist se und'r 'e Mensche nit, —
  Sie ist im Herz vum Hund.

Der Junker und fein Lakai.

———

An Junkar, flott und adelstolz,
 Und wichtig, wie a Kraihe,
Spaziert duer Garte, Feäld und Holz
 Amol mit fi'm Lakaie.

Ma stieflet um a Nagelflueh,
 Und schout vergnüegt uff b' Uhra,
Ma wandert uff a Waldborf zue,
 Und kunnt zu Kirchhofmura.

Bim Kirchhof stoht a Boahus da
 Voll Todteköpf' und Knoche.
Ma lueget bo die Beäner a,
 De ganze, volle Schoche.

„Ei, ei!" rüeft Hans, der Schloßlakai,
 „Schou, schou, biguttlat ine!
Wie schneewiß sind a Thoal, ei, ei!
 Die andere a brüne!"

Do seit der Junkar: „Dumma Tropf!
  Scho 's Kind woaßt's i der Windel!
Wiß ist der Adelstodtekopf,
  Bru deär vum Bureg'sindel."

„Jetz los', ietz los' doch oh und oh!
  Hätt' g'moant, — i will it strite, —
Der Adelschädel wär' g'rad so
  Wie deär vu g'moana Lüte.

Jo wollasle! Nu, nu, so seh's!
  Was woaßt doch Unseroanar!
Ma lernet allab eppas Neu's;
  Usg'leärnet hot halt Koanar."

So moant treuherzig der Trabant,
  Und schribt des hinder's Oehrle,
Ar stricht de Hoorzopf mit der Hand
  Im munterste Humörle.

Des Ding ist guet. Was g'schiecht do bald,
  Noch circa vierzeh Tage?
Wie schmettert 's Horn um Schloß und Wald
  Wie goht as a-n-a Jage!

Wie fliget d' Roß' duer Hag und Dorn,
  Daß rings der Bode dampfet!
Wie wird des prächtig, goldgeäl Korn
  Und 's Haberfeälb verstampfet!

Hagen. Dichtungen I.

Mit naffem Blick fchout 's Bürle zue;
  As ift em nint um's Lache.
Wie macht a Fuft im Sack der Bue,
  Und ka's it anderft mache!

Wie jagt der Schloßherr diefna noh,
  Sin Burfch duer Bach und Grabe!
Uff o amol ftoht der Galge do,
  Hoch flatteret d'rum b' Rabe.

Do lieget Schädel, frei und frank,
  Und Beäner, it zum Zelle,
Um's Hochg'richt kribewiß und blank
  Bu mengam fremde G'felle.

Hans othmet fchwer us tifar Bruft,
  Langt 's Tüechle, licht wie Hopfe,
Und briegget uff amole juft
  De heälle, heälle Tropfe.

Do frogt der Herr: „Was fehlt denn dir?
  Was machft a fo a Zenne?
Was h o ft denn 's Teufels? — Kunnt mer für,
  Du möchteft gär no pflenne?"

„O g'ftrenga Herr!" klagt uff 'em Roa
  Der Schloßlakai in Nöthe,
Zoagt duere uff 'e Rabeftoa
  Mit trurigar Lavette:

„I briegg, wil sovel Herrelüt',
 Hochadelig geboare,
Do g'köpft und g'henkt sit altar Zit,
 Und g'reberet sind woare!"

Der Junkar hört's, wird blaß und roth
 Bis über 's Ohreläpple.
Ar spoaret 's Rößle wild und gnoth,
 Zicht über 's Ohr si Käpple.

Der Ander träpplet hinbab'ri,
 Und denkt bim Galgebächle:
O Herrgott, beär ka z'friede sy!
 Der Junkar hot si Sächle!

Der gute Rath.

An Gizhals goht zum Nochber hi
Und feit: „Mi lieba G'vatterma!
Ih bi in enga Räthe-n-ih;
Woaß nimma reächt, wo us, wo a.
Hüt honi 's Süle metzge lo,
As ift zwor ehrbar schwer, gottlob!
Doch müeßt' i Jedam schicke bo,
Deär mir hot g'geä im Dörfle bob,
As gäng' mer vu der Seel' aweäk,
Koa Schlachtat bläb' mer schier im Hus,
Und ift a so an zarte Speäck!
Roth', G'vatterma, wie kummi b'rus?"

Der Nochber schnupft und lachet: „Du,
Do woaß der´ih de schönfte Rcth:
Du feift, du feheft um fe g'ku,
Ma hei fe g'ftohle, wie-n-as goht."
„Jo, du hoft Reächt! So mach' i's go,
Und fäg', ma feh buer's Stabelthoar;
Denn ka mer's Niemeb ugern ho,
Und Binba krieg' i noch wie voar."

Nu guet. Der Nochber denkt: Wart', Filz!
Was denn doch z' bru ist, des ist z' bru.
Ih will der zünde, wart', was gilt's!
Goht ane, stiehlt em z' Nacht die Su.

Am Morge trifft voar Thou und Tag ·
Mi gueta Filz de Nochber a,
Und jommeret, bringt Klag' uff Klag':
„O jeger, jeger, G'vatterma!
I bi um 's Süle g'ku, uff Ehr'!"
Der Nochber lachet, git em b' Hand
Und seit: „Verschrei' mer doch it 's G'hör!
I sieh scho, b' Rolle kast scharmant.
Reächt, reächt, so seist, sunst gloubt ma's it."
„Jo nei, im ·Ernst, ma hot se g'nu,
Und hienacht hond se b' Schelme mit." ·
„Ganz reächt, so seist und b'hauptest du!"
„Ma hot se g'stohle, sägi dir,
Wohrhaftig g'stohle und denn us!"
„Ganz reächt, des ist die reächt Manier,
Blib' stif und fest d'ruf, denn kunnst b'rus."

Naive Antwort.

„Ei, Büeble, säg' mer, woaßßt ietz oh:
  Warum i Schloß und Hütte
A jedar Christ, betrüebt und froh,
  Um 's tägle Brot thuet bitte?"

So frogt der Pfarar Franz Xaver
  Amole, wie landüeble,
Am Sunntag i der Christelehr'
  A muspers Burebüeble.

Des blickt be Herre voar em da
  Mit Ouge, schwarz wie Kohle,
Guetmüethig, wie a Lämmle a,
  ·Und lächlet uverhohle:

„Jo, thät ma 's Brot uff Wocha hi
  Erbitte und begeähre,
So müeßt' as, könnt' it anderst sy,
  Jo ganz alt g'bache weäre."

Nachbarin und 's Marile.

———

Jumpferle, witt glückle sy,
 Glückle sy du Herze,
Lass' be mit koa'm Mannsbild i!
 D' Liebe macht nu Schmerze.

Gloub' mer's sicher, was i säg!
 Gloub' mer's, ih kenn' b' Liebe!
Host a zwä, drei schöne Täg',
 Kummet acht, nü trüebe.

Schou, was wohr ist, des ist wohr:
 D' Liebe macht nu Kummer.
Unseroas kennt des uff's Hoor;
 G'nieß' be schöne Summer!

D' Muetter warnet, was se ka,
 Gloub's, o gloub's uns Beida!
Fangt a Mädle z' liebe-n-a, —
 Sind verbei all' Freuda.

O wie möcht', wie möcht' denn Da'm
   Mengmol 's Herz verspringe,
Hörst die Andere dohoam
   Frohe Lieder singe!

Ist ena denn pudelwohl,
   Ist der 's Herz a schwere,
Ist der 's Herz so voll, so voll,
   Und denn b'ruff a leere!

's Wasser hoft in Ouge heäll,
   Hörst die And're lache.
O wie ka ma se doch seäll
   Menga Kummer mache!

Jumpferle, seh brav und frumm!
   Schou, denn wird all's reächt goh.
Thueft de kurlemunter um,
   Ka-n-as der nie schleächt goh.

Ueber'm schöne Tannegrüe
   Wird a Sternle winke.
Meäddele, laff' nie, laff' nie
   D' Hoffnung eppa sinke!

Was der b'stimmt ist, kunnt der scho,
   Wenn die reächt Zit bo ist,
Und denn sorgt der Himmel jo,
   Daß der b' Freud' it g'no ist.

O denn ift der 's Herz nie schwer,
Und denn seist, Marile:
's Annele, tröst's Gott, der Herr!
Hot scho Reächt g'hett frile.

Der frohe Hirtenknabe.

———

I bi a Hirtle frisch und g'sund,
　　Und 's Halte thuet me freue,
Bi lustig, wie an Pudelhund,
　　Und flinker, als a Schleie.

As ist der Hürling und der Hecht
　　Im Bodesee nit g'sünder.
Gloub' schwerle, daß i tusche möcht'
　　Mit Edellütekinder.

Allmorge ißt ma 's Habermues,
　　So viel, ma könnt' me trole,
Denn·trillet ma be Morgegrueß
　　Mit Singe und mit Johle.

I trib' be grüena Berge zue
　　Scho voar as nu reächt heället.
D' Schäf' mäggelet, as pläret b' Kueh,
　　Rings klinglet all's und scheället.

Und zieht der Städtlar volla Schlof
　　No b' Decke über b' Ohre,
So laff' i woade Kueh und Schof
　　Duer Holz und G'strüch und Store.

Sieh' z' allarersches b' Sunne ku
　　Als bluetroth' gold'ne Schibe.
Die Pracht, o Lütle, gloubet's nu,
　　Die ka mer Niemed b'schribe.

Wo könnt', wo könnt' as hübscher sy,
　　Wenn netter, allab netter
Der golde Morgesunneschi
　　Duer b' Nobla blitzt und b' Blätter!

A-n-Ussicht uff viel Stunba host
　　Bim alte Bildstock domma.
Wo b' ane gohst, wo b' ane stohst,
　　So lacht Da'm 's Herz do homma.

De Neäbel sieht ma noh und noh
　　Allsg'mach be Büntel mache.
Der See lit glatt und glanzig bo,
　　A himmelblaue Lache.

Wie schö ist all's, so wit i sieh'
　　Bum schattige Holzbierar!
Wie herzig gücklet uffem Grüe
　　Meng's Kirchethürnle füerar!

Der Wald ist volla Lustbarkeit.
   Des pfiflet rings und gucket,
Und schlöcht und trillet, schreit und kraiht,
   Rugguset, singt und glucket!

I bou' us Dos a lustigs Hus,
   Flack' ane uff 'e Wase,
Sieh' Dacharle und Haselmus,
   Sieh' Wieselen und Hase.

Mir ist so wohl, mir ist so ring,
   An Arbat ist koan Mangel,
Fang' Kohlar, Keäfer, Schmetterling,
   D' Forella mit dem Angel.

Und mit dem liebe Vogelfang
   Do honi Glück in Bosche.
Hou' Goaselstab und Fischarstang,
   Verkouf' um menga Grosche.

Suech' Büechelen und Haselnuß,
   Suech' Brobeer, Hagebutze,
Zahm' Kestezar am Gatter duss';
   As lot se gär all's nutze.

I mach' a Für am Schrofe da
   Us Dos und Kreäs und Prügel,
Wirf' Rinda d'ri und Guggela,
   Tannzapfe, Lärchenigel.

Und wenn as prasslet, schnellt und brinnt,
   G'rab' Schatte wirft und krumme,
So mach' i g'schwind, g'schwind wie der Wind
   De Radsprung no b'rum umme.

Nu, mengemole nimm i noch
   A schöne, truck'ne Lire,
Die zünd' i a, wie freut me doch
   Des Rouche und des Füre!

I härz' und kleätter' o uff b' Bämm',
   Und kenn' gottlob koa'n Schwindel,
Bi sorglos uff 'e höchsta Stämm',
   Wie's Kindle i der Windel.

I rüef' de Hirte: „Joppaleh!"
   Des ist des Nettest, eäbe.
„O joppaleh, juheh, juheh!"
   Des ist a Herreleäbe!

Und so vergond halt Unseroa'm
   Minuta, Stund' und Tägle,
Denn lot ma-n-i, tribt hofle hoam,
   Schloft wie an Ratz im Schrägle.

D'rum bini frisch und rund und g'sund,
   Und 's Halte· thuet me freue,
Bi lustig, wie an Pudelhund,
   Und flinker, als a Schleie.

Das Wunderbrünnele.

Karlinele, a Kind wie Gold,
  Bu circa nünzeh' Summer,
Ist nett und suber, lieb und hold,
  Und hot koa Sorg' und Kummer.

Thuet witers Niemede a Load,
  Ist flißig, brav und offe.
Host dinar Leäbtag wit und broat
  Koa fröhers Mädle troffe.

Was g'schieht? Uff o amol wird as doch
  So ernstle und so trurig,
Ist gern alloa, am liebste noch
  An Orte, still und schurig.

Ma bittet, beättlet still und lut,
  Bringt Kräm i Korb und Kratte,
Ma goht uff 's Land; doch will, bigutt!
  Bim Jumpferle nint batte.

Im Freie ist as bobe viel,
　As will em niena füege,
Koa Tanzarei, koa Goukelgspiel
　Verschafft em a Vergnüege.

Do hört as vu-n-'am alte Ma,
　Deär voar 'em Hus hot g'spunne,
As sey in Berge nomma da
　An wunderbare Brunne.

Louf' buer a goldes Rinnele
　Us tifverborg'na Klüfta,
Ar hoaß' nu 's „Wunderbrünnele“
　I Pergament und Schrifta.

A reine Jumpfer, frumm und g'schlacht,
　Und nu a Sunntagskindle
Schlag Zwölfe i der Vollmonacht
　Im Maie mach' bes Fünble.

„Denn sieht as i beäm Wunderqueäll, —
　So wohr i leäb'!“ seit 's Mändle, —
„Mit oag'na Ouge klor und heäll
　De treu'sta Bursch im Ländle.

Und voar no b' Schwalme witer gond,
　Und ganget se o zitle,
D' Herbstbluema uff 'e Wiesa stond,
　Ist 's Jumpferle si. Brütle.“

Mi Meädbele, a Sunntagskind,
  Denkt über des Histörle
So hi und heär und fasset's g'schwind,
  Bedächtig in a-n-Oehrle.

Nu endle grüeßt a liebliche
  Der Maie Bomm und Garte.
Wie blangeret mi Linele
  Und ka-n-e blos verwarte!

Wie Zehne i der Vollmonacht
  Abrasslet 's Uhreräble,
Stoht müslestill do uf und macht
  Se hoamle fort mi Mädle.

Seit Niemede im Hus a Wort,
  A Wörtle im Vertroue,
Berguffe louft as lustig fort.
  Wie hot a Nachtül' g'schroue!

As ist a wunderschöne Nacht,
  Und über Thürn' und Zinna
Schwimmt hoch der Vollmo volla Pracht
  I taused Sterne binna.

Der Schiwurm wacht an 'n Häge da,
  Und zünd't be-n-and'ra Thierle
's Laternele guetmüethig a,
  Beleuchtet si Revierle.

D' Wallfahrtare louft allab zue,
    Duer Hohlweäg', Felselucka,
Ganz herzhaft über Nagelflueh,
    Und über Steäg' und Brucka.

Tif, tifer kunnt se ietz in 'n Wald,
    Und gruebet in 'ar Höhle,
Scheucht halb a Häsle uf und balb
    A Hirschle oder Rehle.

Goht witer und sieht ietzeba
    A nied're Klausnarhütte,
Voar Altar boge voar er da
    A'n graue Eremite.

„Gelobt, gelobt sey Jesus Christ!"
    Rüeft 's Meäddele mit Bange,
„O säg', Waldbrüederle, wo ist
    Mi Hange und Verlange?

Wo rinnt denn 's Wunderbrünnele
    Us Kluft und Felseschlünde,
Und louft buer 's golde Rinnele?
    O säg', wo ka-n-i 's finde?

A reine Jumpfer, brav und frumm,
    Und nu a Sunntagskindle
Bim Zwölfeschlage um und um
    Macht hüt des kostbar Fünble.

Denn sieht as i deäm Wunderqueäll
   Allenble und allenble
Mit oag'na Ouge klor und heäll
   De treu'sta Bursch im Ländle.

Und voar no d' Schwalme witer gond,
   Und ganget se o zitle,
D' Herbstbluema uff 'e Wiesa stond,
   Ist 's Jumpferle si Brütle."

Der Klausnar nimmt se bi der Hand
   Und füehrt se a-n-a Oertle
Voll Kiesel, Katzegold und Sand,
   Und seit koa Sterbeswörtle.

Ar buckt se zwoamol ernst und stumm
   Uff 's kiesig Oertle nieder.
Jetz schlöcht as zwölfe bummebum,
   Do nickt ar trurig wieder:

„Do ist ar g'sy voar hundert Johr'
   Der edel Wunderbrunne,
A Wässerle, so heäll, so klor, —
   Und ietz scho lang verrunne! —

Kind Gottes, i der böse Weält
   Ist alle Treue g'storbe.
Der Menschefluech ist Geäld, und Geäld
   Hot alle Weält verdorbe.

As bout uff Sand, i b' Luft, in 'n Wind
　　Der Ma nu leere Schlösser,
Ist ohne Treu', und b' Wiber sind
　　Nit minder und nit besser.

Wie rich ist b' Weält a Wi und Korn,
　　Wie arm a Kummerlose!
Wie rich ist b' Weält a Haß und Dorn,
　　Wie arm a Lieb' und Rose!

Scho hundert Jährle leäb' i bo
　　Bu Wurzla, Kriiter, Beere,
Und mag bi Sunne oder Mo
　　Bum Mensche nint meh höre."

So jommeret der Eremit,
　　Und ist im Hui verschwunde.
Jetz, liebe Lütle, woaß i nit,
　　Was b' Jumpfer no hot g'funde.

———

Die raren Trauben.

———

Am Bodesee, am freie,
   In Wiberg' heär und hi,
Ist unber Gjohl und Schreie
   Amole Wimmlat g'sy.

As wimmlet ab be Stöcke
   Wib, Mädle, Ma und Bue.
Ma füehrt die Frucht in Säcke
   Dem Hus und Torkel zue.

Ma ka se nit g'nueg wahre,
   Sus hot ma 's Ug'fäll g'rad.
I 's Trole kunnt bim Fahre
   An Sack und fallt i 's Rad.

Und drübert fahrt der Wage,
   Mit Last und Fuehrma b'ruf.
Ma hebt be Sack mit Klage,
   Ma bind't und trillt e-n-uf.

Schout b' Trube-n-a mit Bange,
Und lachet, rüeft und juckt:
„As ist, gottlob! reächt g'gange;
As hot koa Beer verbruckt!"

Fünf Gründe.

———

G'moandsvoarstehar Wunibald
    Firet b' Flegelhenke,
Kunnt im Tampus buer a'n Wald,
    Hofle uffer Schenke.

Lobe ka-n-ar it be Mo
    Als a'n Heällespendar,
Macht im krumme Hoamwärtsgoh
    Allarhand Kalendar.

Voar 'em Landstroßkappele
    Nickt ar ehrerbietig;
Proper ist as nimmameh,
    Alt, verwahrlost wüethig.

Wunibald seit zue se seäll:
    „Do mueß g'holfe weäre,
Abhülf' g'scheähe bode gschneäll!
    Des ist mi Begeähre."

Uff 'e Sunntag Rommettag
   Rüeft ar zu si'm Kämmet
Noch 'em britte Glockeschlag
   Roth und Usschuß z'sämmet.

Enble bi verschloss'nar Thüer
   Wird b' Versammlung richtig.
„Mane," hoaßt as, „loset ihr!
   's Referat ist wichtig.

Unser Frouekappele, —
   Sus der Stolz vum Oertle, —
Lot ma ganz verlottere,
   Niemed seit a Wörtle.

Mueß ma se denn it, bigott!
   Schämme, g'rad wie b'seäße?
Ist as it a Schand' und Spott?
   Lumpig, ehrvergeäße?

Abhülf' mueß mer sy und bald!
   Heär mit Kalch und Latta!
Holzwaar' lieferet der Wald,
   Und der Stoabruch Blatta.

Boue mueß ma, des ist klor!
   Will woll Mittel finde.
Boue mueß ma bald und zwor
   Erstens us fünf Gründe:

Zweitens: Unserherrget z' Ehr',
    Drittens, daß bim Reäge
Obbach find't Soldat und G'wehr,
    's Volk uff dena Weäge,

Viertens, daß ma opfere
    Ka der Himmelsfroue;
Also fünftens: 's Kappele
    Soll und mueß ma boue!"

Epistel
eines Schweinehirten an einen Landschullehrer.

————

Nimm Grueß und biedre Handschlag hi,
    Die friedlichest Epistel,
Mi lieba Geäbhard, fründle b'ri
    Zum Excollega Christel!

„Weän b' Götter hasset," seit a Buech,
    „Deä machet se zum Lehrar."
Denkt honi vielmol mit 'am Fluech:
    O wärest Kämmetkehrar!

Weär siebezg Kinder i der Schuel'
    Mueß lehre und dressiere,
Deär mag uff si'm Magisterstuehl
    A jede Lust verliere.

Du liebar Gott! was honi bet
    Usg'stande und verlitte!
Ho 's Johrs vum Kind nü Batze g'hett,
    Und lützel Garba g'schnitte.

Was mueß ma brächte a ſi'm Pult
 I de ä m Tumult und Giße!
Wie möcht' do nit ä Schofgebuld
 I tauſed Feätze riße!

Verlangt der Lehrar denn ſi Sach',
 Und thuet a'n Lümmel zwage,
Iſt überal g'rad Für im Dach,
 Und g ä r all's kunnt go klage.

Wo hot ma Schirm, wo hot ma Schutz
 Und Hilf' i beära Dinge?
I ka dervu, bim Peſtaluzz!
 A trurigs Liedle ſinge.

Nit g'nueg am Tag hoſt Noth und B'ſchwer
 Mit Lehre und mit Wehre,
Na wägerle; — im Trom ſogär
 Mueßſt buſtabiere höre.

Koa Blüemle, Geäbhard, hot me g'freut,
 Koa Sunne und koan Sterne,
Ho vierzeh Johr' mi Elend treit,
 Und 's Faſte könne lerne.

Do ſtirbt im Dorf der Suhirt Baſch
 Juſt a 'ma-n-Epfelküechle.
I grübel' nohe, faſſ' Guraſch,
 Und ſchrib' a b' G'moand' a G'füechle.

Und richtig weär' i Hirt und henk'
　De Lehrardienst an 'n Nagel,
Nimm Abschied vu be Schuelarbänk'
　Bi Dunner, Blitz und Hagel.

Jetz bini Suhirt, wohlbestallt,
　Und trib' vierhundert Stückle
Duer Wunn' und Woad' und Dachewald,
　Und bi mit o a'm Wort glückle.

I setz' me zue-n-'ar Dache hi,
　Los, frei vu alla Nöthe,
Und blos' bi nettest Melodie
　Uff minar Hirteflöte.

Jetz freut me b' Sunne und der Mo,
　Jetz freut me 's Blüemle wieder!
I ho, gottlob, a'n Herreloh,
　Und Kraft in alla Glieder.

Jetz bini uff 'em reächte Platz,
　Ho Dach und Fach und krieg' der
A-n-Cässele, as schloft koan Ratz,
　Koa Wiesele vergnüegter.

Als Lehrar hot mer Stadt und Land
　Nint g'halte, viel versproche.
Do krieg' i doch füer b' Su uff b' Hand
　A'n Krüzar jede Woche.

Jo, benas, Geäbhard, goht wohl a,
 Jo, benas lot se höre;
Bi meh als achtmol besser d'ra
 Bim Halte als bim Lehre.

Jetz honi d' Sach' i Blei und Schnuer,
 B'hüet Gott, du Schuelarg'wimmel! —
Jetz freut me, was i schaff' und thuer,
 I moan', i sey im Himmel!

Und käm' i nochamol uff d' Weält,
 So wär' halt mi Begeähre:
O lieba Herrgott! lost me, geält,
 G'rad wieder Suhirt weäre!

Der kriegsluſtige Knabe.

(1866.)

„Krieg! Krieg!“ ſo hoaßt as bummedum
   An alla Ort und Ecke,
So goht as wie a Louffür um,
   Möcht’ alle Lüt’ verſchrecke.

Im Wälſchland dinna goht as los,
   Geg’ Preußeland wird g’rüſtet.
O wär’ i ſtark, o wär’ i groß,
   Des hätt’ mi lang ſcho g’lüſtet!

O hätt’ i doch, o hätt’ i nu
   Sechs Jährle hinder’m Rucke!
Des könnt’ mer g’rad it g’leägner tu,
   I thät voar Freuda jucke.

Soldat, Soldat, des möcht’ i ſy,
   Soldat, des möcht’ i weäre,
Und was i wär’, as wär’ mer gli,
   I thät it meh begeähre.

Trumbetar, Tambor, Grenabier —
　Des thät me nit verdrieße.
Bim Sturme wött i keäck für vier
　Fest blose, trummle, schieße.

Und wär' i Kanonier, wohl do,
　Do wött i 's Schlachtfeäld feäge,
Us alla Rohre krache lo
　Im ergste Kugelreäge.

I ließt' um alle Welt it luck,
　Und thät me höllisch wehre,
Und bummere müeßt' Stuck für Stuck, —
　Gi Lappland könnt' ma's höre!

Und wär' i eppa gär Husar,
　Do wött i me scho meässe,
Iritte i die sindle Schaar,
　Drisäble g'rad wie b'seässe.

Des wär' a Freud, des wär' a Lust,
　An G'nuß, a Hochvergnüege!
So wohr i leäb', i wött uff b' Brust
　Die golde Denkmünz' kriege.

Solbat, Solbat, des möcht' i sy,
　Wie wär' des doch a Schöne!
An Held wie Montecucculi,
　An Held wie Prinz Eugene! —

I bi der scho als kleine Krott
  An alla Mura g'hange,
Mit Pulver, Schlüsselbüchs und Schrot
  Und Kapselen umg'gange.

Mir tromt as z' Nacht halt allewil
  Bu Kugla und Patrona,
Bu Festung, Sturmbock, G'schroa und G'hül,
  Bu Feäldschlang und Kanona.

Do flig' i denn als Feäldmarschall
  Wie wüethig mit mi'm Schimmel,
Belager' Stadtmur, Thoar und Wall,
  Und nimm s' im Sturm und G'wimmel.

Und honi g'krieget meh als g'nue,
  Verwach' i mit de Spatze, —
So bini halt an Schuelarbue,
  Und mueß in Hoore kratze. —

Soldat, des weär' i und denn us,
  Zu beäm bin i geboare,
Und bini groß, denn fort vum Hus,
  Und stolz zuer Fahne g'schwoare!

Denn uf und fort fidel und froh
  Gi Wälschland oder Sachse!
As blibt derbei! D'rum laff' i o
  De Schnuzbart ietz scho wachse.

Doch frile hört ma bobe viel
　Vu alt' und junga G'selle,
Der Krieg sey halt koa Kinderspiel;
　So Mengar ka's verzelle.

Wie Mengar wird im G'wüehl und Kampf
　Zum arme Krüppel g'schosse,
I G'feächt und Schlacht und Pulverdampf
　Verstampfet vu be Rosse!

Wie Mengar mueß so bald, so gnoth
　Mit Bluet be Bode färbe!
Soldatetod, Soldatetod,
　Des ist a heiligs Sterbe!

Und fall' i o, — uf ober ab,
　Und stirb a mina Wunba, —
So schießt ma mer i 's ehrle Grab,
　Und mir ist wohl bet bunba.

Die Wahrheit im Walde.

———

As tribt's amol a Fürſtle, Herr ou 'ma Feätze
Grund,
Voar viela, viela Iohre im Ländle bobe bunt,
Und was be Herre amacht, und koſt' as, was as
wöll',
Mueß heär i's Reſebenzle und allab uff 'er Stell'.

Hoffeſter, Maſchkerade, Iagd, Bäl und ander Tänb,
Banket und Gaſtereia, die neämmet ſchier koa End'.
D' Roſſ', b' Wiber, b' Hund' hond jährle a Hoabe-
geälb verſchluckt;
Kurz, Stadt und Land ſind elend, g'rab gotts-
erbärmle g'bruckt.

Und was ma zahlt und zinſet, und was i's Rent-
amt rinnt,
Abgoba, Stüra, Zueſchläg', — as hilft und
battet nint.
Do kunnt a neue Uflag', Edict' an ganze Pack,
's Volk möcht' it ugeärn brummle, macht aber
b' Fuſt im Sack.

Do jagt noch etle Wocha der Fürst im Wald alloa,
Verfolgt a'n schmale Waldweäg, sieht uff 'ma freie
Roa
A Bürle Holz ufleäse, Tannzapfe, Kreäs und Dos,
Si Kärrele, 's armselig, stoht dunba uff 'er Stroß.

Der Fürst goht zue-n-em ane, der Jagdhund
schwänzlet mit,
Ma lot se in a G'spräch i, der Bursma kennt
e nit.
Der Fürst frogt des und biesas, noch Hoamath,
Wib und Kind.
„Was seist zur neue Uflag'? — Red' offe, gueta
Fründ!"

De schöne, fremde Jägar blickt ietzeda der Ma
Mit tellargroßa Ouge, mit Mul und Nase-n-a.
„Mi gueta Herr," seit 's Bürle, und hot a'n
Schwere g'lo,
„Bi uns ist uff 'e Dupfe die umg'kehrt Passio."

„Wie so? Was will des säge?" so frogt der Fürst
bernoh.
„O Herr," antwortet 's Mändle, „nu, i der Passio
Lib't Danar für gär Alle, vergeässe hot ar Koa'n,
Bi uns ist des g'rab umg'kehrt; bo libet All'
für Da'n."

Der Reutlingerwein.

———

Z' Reutlinge im Schwobeland
   Ist as allad lustig g'sy;
Z' finde ist det allarhand,
   Brave Mädle, wack're Wi.

Daß, so wit ma wäscht und strählt,
   Säppamole o im Johr
Nit all's g'rothet, nit all's fehlt,
   Ist a Sprüchle, alt und wohr.

„Prinz Eugene kunnt i b' Stadt!"
   Rüeft amole Ma und Bue.
Jung und alt und Magistrat
   Louft dem eble Rittar zue.

I der freie Richsstadt sieht
   Jede Gasse festle b'ri,
Unserm Held voar allem biet't
   Z'erst der Roth a'n Humpe Wi.

9*

Uff o a'n Kraftzug wird ar g'leert
   Mit 'am „Hoch!" uff Stadt und Land;
Doch de zweite Humpe wehrt
   Prinz Eugene mit der Hand:

„Werthe Herre, na, i dank',
   Na i dank', i dank', bim Strohl!
Lieber stürm' i frei und frank
   D' Festung Belgrad nochamol!"

Das verlassene Mütterlein.

Ach, wenn mer a so menga Täg'
   In 'n Sinn kunnt sovel Trüeb's,
Als ob die ganz Weält uff mer läg',
   So suech' i nommas Lieb's.

O Brutkranz, wenn i di nu sieh,
   So weär' i wieder jung,
So wird min Winter wieder grile,
   Und wach d' Erinnerung.

A halbs Johrhundert ist verbei.
   Wie dür bist du, o Kranz!
Mir ist, als ob i bei der seh,
   Du seelegueta Franz!

Drißg lange Jährle bist scho tod,
   Wie schneäll a Zit verrinnt!
Verdienet honi herb mi Brot,
   Und überleäbt jed's Kind.

Wie fimmer denn bim Sunneſchi,
　　Bim Aempele ſo friſch,
So glückle beienander g'ſy
　　Am runde Stubetiſch!

Und wo-n-i ſchou', und wo-n-i lueg',
　　Der Ofe, 's Bilg neäb' da,
D' Schwarzwäldaruhr, der Waſſerkrueg, —
　　All's hoamelet me a!

I füeg' i d' Weält ietz nimmameh,
　　Ach, mine Zit iſt us!
Mir wird afange wind und weh
　　Im alte, liebe Hus!

I lieg' und ſtand it reächt bo hinn;
　　O fänd' i, was i ſuech'!
Sott liege uff 'em Kirchhof b'inn,
　　Und ſtoh im Todtebuech.

Die alte Lüt' ſind alle fort,
　　Die junge kenn' i nit.
I bi ſo fremd im Hoamathort
　　Uff jedam Tritt und Schritt.

Mir iſt, als ob i Stiffind ſey,
　　An Halm im Stoppelfeäld,
Als ob me ganz vergeäſſe hei
　　Gottvatter uff 'er Weält.

Wie bricht so früeh mengs Muetterherz,
    Lot Ma und Kind alloa,
Verbarme möcht' se bi deäm Schmerz
    Sogär an Kieselstoa!

So menga Vatter stirbt, verlot
    Im Elend sine Lüt', —
Verbei a minar Schwelle goht
    Der Tod so lange Zit!

O rüef' me bald i b' Ewigkeit,
    Du gueta Himmel, ab,
Denn nimm i mine oanzig Freud',
    De Brutkranz, mit i's Grab!

As hot it solle sy!

I ho de Kopf so mengmol g'henkt,
Viel hundertmol an 'n Raimund g'denkt:
   O wärst du, wärst du mi!
Mir honb anand scho g'kennt als Kind,
Und säge beärfe honi nint; —
   As hot it solle sy!

Ar hot mer mine Setzling' g'netzt,
Um b' Loube Rosestöckle g'setzt,
   Schwertilge und Schasmi.
Um b' Locka hätt' i 'n möge neäh,
Uff b' Leäfze tausd Schmützle geä! —
   As hot it solle sy!

Und wie mi treue Seel' dernoh
Wehmüethigle hot Abschied g'no
   Bim letschte Maienü:
So honi g'moant: Jetz sterb' mer all's,
I müeß em falle um 'e Hals; —
   As hot it solle sy!

O Raimund, wäret i und du,
O wäremer doch z'sämmetg'tu,
  Als Brutlüt' du und i!
Doch trurig als Refrut bist fort
Bu Berg und Thal und Hoamathort; —
  As hot it solle sy!

As hot für's arm, arm Linele
Die wit, wit Weält koa Bluema meh,
  A jede Freud' ist hi!
Uff wälschem Bode, liebar Gott!
Hoft g'funde de Soldatetod; —
  As hot it solle sy! —

Des Invaliden Heimkehr.

———

Allenble kunnt, allenble, —
　　Wie thuet as Da'm so and! —
　　Mit Blüemlen allarhand
Der Lenz i's Hoamathländle,
　　Der Lenz i 's Hoamathland.

Allüberal siehst Maie
　　Um Berg, um Thal und See,
　　Und mir ist sterbesweh! —
Koan Rose, koan Labkaje,
　　Koa Blüemle blüeiht mer meh.

I ho i jüng'ra Täge
　　A Mädle g'kennt wie du
　　So schö, o Lenz, wie du!
I ka nit anderst säge;
　　Des woaßt der Himmel nu!

Mi Herz hot nu zwoa Plätzle,
So frieble, wie der Mo,
Zwoa Plätzle g'hett bernoh;
Für König und für 's Schätzle
Hätt' Ulrich 's Leäbe g'lo.

Bi g'standate ohne Gruse,
Bi g'standate fest und g'rad
Mit mengem Kammerat
I Sturm und Kugelsuse
Als wackera Soldat.

Als Löhnung träg' i wenig,
Für sovel Müeh' und Schmerz,
Woll wenig hoamathwärts; —
Der Steälzfueß ist vum König,
Vum Schatz des g'broche Herz.

Mütterliche Gedankenspäne
über den Ehestand.

———

Der Ehstand ist koan Kappetusch,
   Mengs Pärle hot's empfunde,
Und hot i si'm verliebte Rusch
   's leätz Fingerle verbunde.

Weär ledig blibt, kunnt vielem ab,
   Des ist a-n-alte Regel.
An treue Schatz, an wiße Rab'
   Sind bode rare Vögel.

Liebhaber und der Ehma sind
   Zwo ganz verschiede G'stalta.
G'hirothet ist as frile g'schwind
   Bi Junga und bi Alta.

Am Afang macht ma menga Plan,
   Der Himmel hangt voll Giga.
Der Ehstand schint a Kanaan
   Voll Hunig, Milch und Figa.

Doch nüechtera vergoht der Stolz,
   Do findet mengar Zeächar
Gallepfel, Wermueth, Bitterholz
   Im liebe Ehstandsbeächar.

Und hoft o Schüssel voll und Krueg,
   Kommod und Trog und Schrage,
Hoft Züg und Sacha meh als g'nueg, —
   As git halt allab z' klage.

Uff b' Wärme kunnt halt b' Kälte gschneäll,
   Und hot der Mensch koa'n Kummer,
So fuecht und macht ar se oa'n feäll
   Im Winter wie im Summer.

Los', bist it ufg'leit, g'fund und just,
   Dem Ma buer Sturm und Hagel
Treu z' folge, o denn henk' de G'luft
   Zum Ehstand flink an 'n Nagel!

O Ifersucht, o Ifersucht,
   Bist wach, wie b' Gockelhahne!
Du bist a böse, böse Frucht
   Bi Wiber und bi Mane!

Kind, thuer, was b' witt, denk' allebott:
   Weär maihe will, mueß bengle!
Jetz b'hüet' de Gott, ietz b'hüet' de Gott,
   Mit alla fina Engle!

Das Näherrecht.

———

Amole hond se z' Appezeäll
A'n neue Galge g'bout,
Gemüethle a-n-em uffe g'schout,
Der Seckelmoaster a se seäll
Hot g'schmöllelet und g'lacht.

Druf neämmet b' Burgar Ougeschi,
Und hond do volla Freud'
Oastimmig z'sämmetg'seit:
„Bim Strohl! Deär sieht a nommas gli
Uff Hairi's Bühel domm!

Und säg' der Amma, was ar ma,
Und usg'macht sey as hüt:
Do henkemer denn nit
De nächste, beste Lumpe b'ra;
Deä wemmer denn füer u n s!"

Das Ständchen.

———

Do nomma i 'ma Dörfle bo buff' im Bayerland
Sitzt z' Nacht amol um Zehne an alte Musikant
Im pudelwarme Stüble, thuet's Feänsterle still uf,
Und streckt be Kopf g'schwind inar, und seit zur
Alte b'ruf:

„Herr Jeges, Annebäbel, bes thuet und walht
it böf'!
Wie ist as ietz a Dünkle! Wie weätteret ietz bes!
As horneret und bachlet und sublet über b' Macht!
I woaß sit viela Johre koa so a Hornungnacht!

-

Wie toset as im Tobel, wie ruscht der Mühlebach!
Potz Hergules, wie lätschet der Reäge über's Dach!
I wett', vum Gatter abe ist all's an lut're See.
Weär ietzeba no buff' ist, verbarmt me, je, je, je!"

Ar seit's und gropet uffe, und henkt be Labe-n-a,
Schlöcht 's. Feänster zue, und lit balb am Kachelofe ba.

Nit lang, so hört ma klocke und Stimma bobe frisch.
Mi Mändle louft zum Schiebar und froget: „He,
wär isch?"

„Mir find's, mir find's, Hansmarte! Kumm'
mit in 'n Edelhof!
Moann firet si'n Geburtstag Simplicius, der Grof.
Mir wartet scho z' halb fünfta im „Bock" bi'r
Lisebeth.
Mir wend a Ständle mache. Kumm' woalle, bring'
's Klarnet!"

„Was fallt ene, bim Dunder! um's Himmels-
wille-n-i?
Do müeßt woll Unseroanar so ganz vernaglet sy!
Do wär' i woll an Esel, des allardümmst Kameel!
As bringt me usser Stube koa Mensch meh und
koa Seel'!

I moan', ihr sehet Narre! Was, uffe do i's
Schloß?
Wa, was, a Ständle mache? Und ih bo mit
mi'm G'schoß,
Und ih bo mit mi'm Zahweh? Bi Reäge, Schnee
und Is? —
Na, nit um tauseb Gulde, wohrhaftig um koa'n
Pris!"

„A, mach' koa üb'rig Faxa! Hansmarte, sey it
dumm!
A'n blanke Kronethalar kriegt Jedar; nu, so kumm'!"
Hansmarte hört's und schmunzlet, und lot im Hui
bernoh
A'n Juxg i 's Dunkel usse und rüeft: „Denn
kummi scho!"

Schäferliedchen.

I ho a munters Plätzle,
  Viel Schäfle, groß und klei,
Da'n Gott, o a'n Rock, o a Schätzle,
  Juheissasa, juhei!

I ho a lustigs Leäbe,
  A'n müslestille Schlof,
Mi Tränkle git mer b' Reäbe,
  Mi Eässele der Schof.

Mir blibt i Freud' und Kummer,
  Bi warm, bi lau und kalt,
Im Winter wie im Summer
  Mi lieba Gott der alt.

As kunnt mer uff Martine
  An anb're Rock an 'n Lib,
I b' Hoamath füehr' i ine
  Mit Meäbbele als Wib.

Ist volla Schnee jed's Plätzle,
  Im Herze honi Mai,
Da'n Gott, o a'n Rock, o a Schätzle,
  Juheissasa, juhei!

Mägdleins Wünsche.

———

Was fimmer doch für g'schlag'ne G'schöpf'
   Bum Rampel bis zum Schueh!
I wött', i hätt' statt mina Zöpf'
   Kurz' Hoor, und wär' an Bue!

Des ist min Wunsch scho lange Zit,
   Min Wunsch scho lang, scho lang.
Wie froh und glückfe wär' i nit!
   Denn wär' mer nimma bang.

A Wanderbürschle möcht' i sy,
   Und roase noch 'er Lehr'
Duer Berg und Thal, landus und i,
   Frisch abe bis a's Meer!

Wött' luftig uff 'er Fremde tu
   Mit Schnuzle, zart und krus,
Verzelle lang und viel derbu
   All' Obed voar 'em Hus! —

I wött', i wär' Stubeänt unb säh'
   O b' Univerſität,
Concert, Theater, Rich unb Wä,
   Unb b' Bäl' in groſa Städt'.

Unb käm' b' Bacanz, ſo ſpräch' i ſlott
   Mit Pfarar unb Kaplo
Latiniſch, wie an junge Gott,
   Unb griechiſch bet unb bo!

Uskrome möcht' i noch ber Hanb
   Dem junge Volk bim Bier
D' Stubeänteſtückle nochananb
   Bu-n-anbera unb mir. —

Solbat, Solbat, o wär' i 's boch,
   O wär', o wär' i 's nu!
Am allarbeſte g'fielſt mer noch,
   Solbateſtanb, halt bu!

O ſelig, wenn ma imarſchiert,
   Die türkiſch Muſig klingt,
I Dorf unb Stabt all's leäbig wirb,
   Unb all's a's Feänſter ſpringt!

I wött' be Säbel klipp're lo
   An 'n Hüſer ab unb uf,
Unb b' Moatla für a'n Narre ho,
   Unb abmarſchiere b'ruf! —

In 'n Himmel ine wachst koan Bomm,
  Unb ufwärts rinnt koan Fluß.
Koa Pflumma findst uff Tanna bomm,
  A Neäspel wird koa Nuß.

Us kurza Hoore machst koa Zöpf',
  A Mädle wird koan Bue,
D'rum blib' i halt a g'schlages G'schöpf
  Vum Kampel bis zum Schueh.

Das Mädchenherz.

———

Du bist, o bluetjungs Mädleherz,
   So Mengam noch a Räthsle!
Ih kenn' be wohl i Freud' unb Schmerz;
   D'rum sing' ber a paar G'sätzle.

Ist 's Mädle us 'e Kinderschueh',
   So blüeiht as, wie a Rösle.
As ist em wohl, g'rad wie bem Bue
   I sina ersta Hösle.

Ist lustig, wie ber Fink im Hag,
   Ist musper, wie a Kraihe.
As springt unb singt be ganze Tag,
   Unb ornet sine Maie.

As hot's a gern, a gerne benn,
   Wenn Buebe mit em spielet.
Wie thuet as em a wöhle, wenn
   A Bürschle noch em schielet!

As blickt se gern im Spiegel a,
    Und macht a Sunntagg'sichtle,
As hot halt sine Freuda d'ra,
    Liest noch und noh mengs G'schichtle.

An Huet und K'ralla um 'e Hals,
    An Ring, a guldis Uehrle,
A sides Kload goht über all's,
    Goht über all's, natürle.

Uff oamol g'fallt em gär koa G'spiel,
    Ist lieber ganz alloanig.
As sinnet, loret bode viel,
    Ist mit se seäll it oanig.

As ist so gern im stille Wald,
    So gern in Kirchhofmura.
Bald schloft as wie an Ratz, und bald,
    Ach, hört as z' Nacht all' Uhra.

As ist wie an verscheuchte Has
    A menga, menga Täge.
As fehlt em eppas, woaßt it was,
    As ka der's seäll it säge.

Und noch und noh, und noch und noh
    Sitzt d' Liebe tif im Herzle.
Bald schout as hochvergnüegt in 'n Mo,
    I b' Sunne bald so schmerzle.

O Flügelgott, o Flügelbue, —
  As ist mer nint um's Lache, —
Du hast doch ohne Rast und Rueh'
  A Herz so elend mache!

O glücklis, drimol glücklis Kind,
  Des bald uff sina Weäge
A'n pudeltreue Schirmvokt find't!
  Glück uf und Gottes Seäge!

Bäuerleins Freude.

Sanct Wendele am Stadelthoar,
Du brava Hirt und Gottesma,
O halt' mer guete Wacht dervoar!
I bitt' di, was i bitte ka!

A Küehle honi stark und frisch,
Und äß und g'fräß und jung derzue,
Und olfett, g'sünder als an Fisch,
As ist a wahre Klosterkueh!

Find'st wenig settig uf und ab,
Find'st wenig settig ab und uf,
Ist schneewiß, kohlschwarz wie an Rab',
Koan Tropfe bläb' mer liege d'ruf.

Git Milch a nünthalb Moß it schwer,
Und sine achte lützel Thoal.
Mi Scheäckle, o mi Scheäckle wär'
Mer, a mitsammtem, gär it foal!

Am zwoanzgeste Oktober goht
Mi Wallfahrt alle Johr' uff b' Flueh.
Wo 's Kirchele am Bühel stoht,
Det beätet ma für Kalb und Kueh.

Sanct Wendele, du Beähpatro,
Du Musterhirtle, brav und frumm!
Schou' gnädig uff is abar do!
Ma firt bi Patrocinium.

I ehr', verehr' de Tag und Nacht,
Und bitt' bi, was i bitte ka:
O halt' mer guete Stadelwacht,
Du brava Hirt und Gottesma!

Der Zufriedene.

As freuet me zwoa liebe Ding',
    Zwoa wunderliebe Stückle,
Sie machet mer so licht, so ring,
    Mi Herz so froh und glückle!

Des Dant' vertribt mer spät und früeh,
    Wie 's Ander Sorg' und Grilla,
Und simmer doch so lieb, g'rab wie
    De Buebe b' Epfeltrilla.

Und honi, wie-n-as goht, denn o
    Koa'n Rappe i mi'm Lible,
So macht me wieder seelefroh
    Mi Pfifle und mi Wible.

As goht so viel it, wie ma will,
    Und g'heut be mengs, wie b'seäffe;
Doch wenn i wieder 's Pfifle füll',
    Ist all's, ist all's vergeäffe.

As ist so menge trüebe Zit
   Dem arme Teufel b'schiede;
Wenn 's Wible' mir a Schmützle git,
   So bini wieder z'friede.

D'rum bini allad frisch und froh,
   G'rad wie a Turteltüble,
Und wünsch' a Jedam o a so
   A Pfifle und a Wible!

Zwiesprache.

———

Golgbrünnele, Golgbrünnele,
Golgbrunne volla Stroh!
O säg', wo ist denn 's Sünnele?
O säg', wo ist as, wo?

„As hot Vacanz, as hot Vacanz,
Hot Abschied g'no, ist fort
Mit sina Schrifta usser Land's.
Bue, glou' mer's uff mi Wort!"

Der Schnee ist tif, der Schnee ist kalt,
Ulustig jeda Gang.
As popplet me, as ist a G'walt!
Los', ist der b' Wil' it lang?

„Na, wäger, wäger, lieba Bue!
Min Rock ist warm und wit,
Und du de Mädlen hör' i gnue.
I ho koa lange Zit."

Ei säg', ei säg', Strohvögele,
Golgbrünnele, ei säg':
Kunnt Orgelmachars Regele
O zet der alle Täg'?

„As kunnt und goht, as goht und kunnt
Mit spiegelheällem G'schier,
Hollt Wasser i der Obedstund',
Und bischguriert mit mir."

Los', Alta, klagt as der it b' Noth,
As sey verliebt i mi?
Und briegg' weäg' minar b' Bäckle roth?
Und Hah im Korb sey ih?

„Mei gueta Bue, i säg' der nu:
G'seit hot as: Wenn ihr zwoa,
Wenn du und sie, und sie und du
A-n-Insel hättet g'moa;

Uff taused Stund' koa Mensch, koa Lüt',
Koa Schiff wär' und koa Freud':
Denn möcht' se di als Ma no nit!
Sus hot se nint meh g'seit."

Entweder, oder.

———

Zwä Schwizar roaset mitanand
Duer 's Rhithal abe und do seit
Der Oant: „Lueg, lueg, do reächtar Hand
A'n Storch! a'n Storch!" Der Ander leit
Si Hand a b' Stirne, schout und rennt
A guets, guets Stückle heär und hi,
Und rüeft dem G'spane z'ruck: „As chönnt,
Bigoppel, o a Störchin sy!"

Das Mutterherz.

Bi Wintergrus und Pestilenz
　Und schwerar Hungersnoth
Hot wäger d' Wittfrou, d' Gärtnarsenz,
　Für's oanzig Kind koa Brod.

Sie nimmt vum Bett de-n-arme Wurm,
　Und louft trotz Weh und G'schoß
Duer Weätterg'hül und Obedsturm
　Walduf i's Grofeschloß.

Do trifft se a der Poarte da
　Die richest Frou im Land,
Die kinderlos' Saugräfin a,
　Klagt d' Noth und küßt er d' Hand.

Der Grofefroue, sunst so wä,
　Wird sunderbar um's G'müeth,
Sobald se 's Kindle, wunderschö,
　Im Kiffe nöhrle fieht.

Sie goht und bringt dem Wib derfüer
  A ganze Rolle Gold.
„Das nehmet hin, wenn 's Kindlein Ihr
  Mir überlassen woll't."

Wie ist deär blasse Gärtnare
  Um's Herz so wehhoaß g'sy!
Sie starret bald uff 's Poppele,
  Und bald uff b' Rolle hi.

Sie lueget rothlos himmelwärts,
  Hebt b' Stirne mit der Hand.
Der Jommer druckt 's arm Muetterherz
  Schier noh gär abanand.

Sie briegget, küßt ihr Kind im Arm,
  Möcht' Abschied vu-n-em neäh,
Und wie se's will, daß Gott erbarm',
  Der Gräfin übergeä,

So lächlet 's Büeble gär so hold
  Si Muetter a, so süeß!
Do schreit se uf, und wirft des Gold
  Der stolze Frou voar b' Füeß':

„Gerechtar Gott! verzih' mer b' Sünd'!
  I ka nit, — um koa'n Pris!" —
Sie kückt buer Wald und Wirbelwind
  Fort über Schnee und Js.

Ma schreit er noh, sie schout it um,
    Verschwind't im G'stöber bald.
Wie ist die Nacht so still und stumm,
    Bis früeh an Schüttlar fallt!

Am and're Morge find't ma do
    Im Schnee all' Beide tod;
Gottvatter hot f' in 'n Himmel g'no, —
    Verbei ist alle Noth.

Fischers Töchterlein.

 As stoht a Hütte, g'deckt mit Stroh
   Am Goldforellebach.
Wie ist ma doch amol so froh
   G'st unber denam Dach!

A Töchter hot der Fischar g'hett, —
   Gott tröst' de, arma Franz! —
A Töchterle, so herzignett
   Wie Maiesunneglanz.

Do kunnt an Förstar, wie ma seit,
   Mit süeßem Wort und Roth,
Ar nimmt er Friede, Ehr' und Freud',
   Und bricht er 's Herz und goht. —

I wilda Nächte kunnt 's arm Kind
   Nit wenigmol im Johr
An 'n Stoa, wo 's Wasser aberinnt,
   Mit flatteriga Hoor.

Sie treit a Kiſſele im Arm,
  Und hot a Schit d'rinnin.
Wie wieget ſe's, daß Gott erbarm'!
  Als läg' a Kindle d'inn.

As iſt, als ob a benam Ort
  Sie lutuf ſchreie ſott.
Sie brummlet hohle, halbe Wort'; —
  Die Sproch' verſtoht nu Gott.

O wenn ma ſe am Felſe ſieht,
  As g'frirt oa'm 's Bluet im Lib.
Sie ſingt a Lied, a gruſigs Lied
  Bum allarermſte Wib.

„O Himmel, briegg', o Himmel, briegg'
  Um Wib und Kind und Ma,
Ach, daß i wieder 's Kränzle krieg',
  Und wieder ſchlofe ka!

Wie loufſt und ruſcheſt, Waſſer, ach!
  So roth wie Bluet duer 's Feäld!
Rinnſt wieder, wie amol, o Bach,
  Kunnt wieder b' Treu' uff b' Weält."

Der Befoldungswein.

„Der Teufel möcht' do luftig sy!"
Zum Pfarar seit's der Amtma Matz;
„Denn trink' i du mi'm B'foldungswi,
Mi gueta Herr, so ist mer nett,
Als ob mer allemol a Katz'
Duer b' Gurgel abekrife thät."

„Mi lieba Amtma!" seit der Herr.
„O sind Se z'friede! Mir ist ganz
Wohrhaftig gär, als ob ma mer
Noch jedam Veäfpertrunk g'rab nett
A jed'smol Ihre Katz' bim Schwanz
G'schwind wieder uffarriße thät."

Todte Treue.

As hot a Bürschle, schmuck und nett,
  Si Meäddele, si treus,
Zwoa Jährle füer a'n Narre g'hett,
  's ist weleweäg nint neus.

Mi Fischarkind ist übel d'ra,
  As klagt und briegget viel,
Und schout koa'n Andere meh a,
  Und midet Tanz und Spiel.

Di oanzig Hoffe, Kind, ist hi,
  Din Früehling lit im Grab! —
Si treus, treus Herzle spert as i,
  Und zicht be Schlüssel ab.

As setzt a schwarzes Käpple uf,
  Und fahrt im stille Weh
Bim Sunntagobedlüte d'ruf
  Wit usse, wit in 'n See.

Und wo der See am tiffste-n-ift, —
    Bald hoaßt as bet, bald bo, —
Det hot as trurig b' Ouge g'wifcht,
    De Schlüffel finke lo.

„Du Schlüffele, ietz b'hüet' be Gott
    Im letſchte Sunneſtrohl!
Verlöſch', du goldes Obebroth!
    Ma liebt halt nu amol!"

Der Deserteur vor Basel.

———

Amole denkt an Grenadier
Im schöne Elsaß dund:
Jetz ist mer all's verbloadet schier;
I wär' an dumme Hund.

Jetz b'hüet' bi Gott, du Fuxarei!
Jetz b'hüet bi Gott, lieb's G'wehr!
As blibt derbei und blibt derbei:
I gang und desertör'.

Ar schwimmt im Dunkel üb'r 'e Rhi
So licht, als wie an Bue,
Kunnt bald a 's ander Ufer hi,
Und schuehet Basel zue.

Ar tropfnet, wie a nasse Mus,
As bachlet, was as ka.
Der Poste stoht im Schilderhus
Und bunneret: „Wer da?"

Der Hoorzopf ſtellt ſe ugſchiniert;
Ar hot koa and're Wahl,
Ar ſtricht de Schnuzbart, ſalutiert,
Und ſeit zum Korporal:

„J bi Soldat, und wenn der wend,
An wack're Held und Chriſt,
Und meäld', daß mir mi Regiment
Abhande kumme-n-iſt.”

Herzleid.

———

Mi lieba Bue, mi lieba Bue,
I woaß und woaß it, was i thue,
   Und was i mide soll!
Ach, wenn i wieder bei der wär'!
Mir ist mi Herz so voll, so schwer,
   Mi Herz so schwer, so voll!

Und wehr' ma, was ma wehre mag,
I denk' a bi all', alle Tag,
   Bi jedam Schub und Schluck!
Mir bringt an seelevolle Blick
Bu dir 's verlore Kinderglück,
   Die alte Freuda z'ruck.

I säg', mit Duge fücht und naß:
So wohr an Himmel ist, i laff'
   Und laff' vu dir it ab!
Und säg' ma tausedmole: Nei!
So blib' der tausedmole treu
   Uff Erde bis zum Grab!

Mi Lieb', mi Lieb' ist bi voar Gott,
Voar Gott und Weält, trotz Haß und Spott
   Und allem Widerstand!
As git a wohre Lieb' und Gluet
Voll Gottvertroue, Kraft und Mueth
   Anander Herz und Hand.

Und gunnt is, o du lieba Bue,
Koa Mensch im ganze Dorf a Rueh',
   Arm's Leäbe, fahr' denn hi!
Denn gilt koa Gold meh und koa Geäld,
Denn bini jo i denar Weält,
   Im Himmel wieder bi!

Die Denkmäler jugendlicher Zeiten.

A Wible gruftet ftill buer's Hus,
As nuehlet Tifch unb Laba-n-us,
Find't Blüemlen, lang verboret,
Hoor, Lieber, Brief', viel alts Papir,
As wirft bie ganz' Schatull' i 's Für, —
Des facklet unb rumoret!

As lueget zue mit naffem Blick,
Unb feit voll Schmerz: „Do lit bi Glück,
Din Richthum, Apellona!
Si'n erfta Brief verbrenn' i mit,
Unb foal g'fh wär' ar mer bet nit
Um alle Königskrona!

Der Schatz ift tob, mi Schönheit o,
Unb ho mi boch amol a fo
Mit Ofterwaffer g'wäfche!
Verf', Bilgle, was mi Freub' ift g'fh,
Porträt, Stammblättlen, all's ift hi, —
Unb ietz a Hampfel Aefche!"

Entschuldigung.

———

Amole kriegt bim Hauptwachplatz
  A Jumpferle du Loche
A munters Briefle du si'm Schatz,
  A Briefle g'rad wie g'stoche.

Nu, wie sie geg' 'er Schwimmschuel' kunnt,
  Do goht as an a Leäse:
„Mi liebe, holde Kunigund!
  Gott grüeß' de, Engelweäse!

Am Ostermentag um a Zwoa
  Präcis kast um 'e Garte
Bi'r Schanz da muetterseelsalloa
  Di'n Grenadier erwarte.

I kumm' a Viertelstund' dernoh
  So richtig wie a-n-Uehrle,
Denn könnemer gi Emaus goh,
  Und lustig sy, natürle!

Der Herr nimmt volla Zorn a'n Gump,
Als wär', woaß Gott, was g'scheähe:
„Was? Job? Si'r Leäbtag hot deär Lump
A settigs Bier nie g'seähe!"

Die Kirchhoflinde.

———

O wie könnt' i bi vergeässe,
   Kirchhoflinde, schöna Bomm!
Wo mer doch so mengmol g'seässe,
   G'leäge sind am Bühel domm;

Wo mer flink, flink und manierle
   K'rallemändlen, Flitterscha,
Keäfer, Kohlar, Mulverthierle
   G'fange hond an 'n Häge da;

Wo mer b' Duhla g'hört und b' Kratha,
   Gäng' und Hüslen g'bout i's Sand,
Wo mer Ringaringareiha,
   Rößles tho hond mitanand!

Und be Bühel, frisch und luftig,
   's Kindervölkle, froh und wach,
Host du friedle g'deckt und duftig
   Mit bi'm grüene Schattedach.

All' die Freuda sind verrunne,
   All' die Freuda sind verbei,
Kinderträm' und Kindersunne,
   Kinderhimmel, Kindermai!

Was se hot det ummarg'triebe,
   Was se hot desseällmol g'freut,
Ist nit beianander g'bliebe, —
   G'storbe oder wit verstreut.

Du doch blüeihst all' Früehling wieder,
   Lachst us alla Broß' und Ris,
Und a-n-ewigluftigs G'fieder
   Singt im Loub die früeher Wis'.

Wie-n-as pfiflet, wie-n-as schnurret!
   's Imble frogt be Weäps: „Was thuest?"
„Fangis," seit ar, schießt und surret
   Mitta duer 'e Lindeblueft.

Wachs' und blüeih' und freu' be, Linde,
   Kirchhoflinde, schöna Bomm,
Lang no a be liebe Kinde
   Uff 'em grüene Bühel bomm!

Das hochmüthige Beichtkind.

Amole klagt im Bichtstuehl b'inn
A Meäbbele dem Bichtiger:
„I bi a große Sündarin,
Hochmüethig über b' Schnuer, o Herr!"
Um b' Duge mit dem Tüechle fahrt
Uff bes der Pater Guardia.
„Kind Gottes!" frogt ar, stricht be Bart,
„Host Geäld?" und 's Mädle süfzget: „Na."
Der Pater schmöllelet im G'hoam,
Berzicht b' Dugsbrome, nict bernoh:
„Denn gang nu trostle wieder hoam;
Der Hochmueth wird der scho vergoh."

Bräutigamswunsch.

A Bürle füehrt, de Strauß am Huet;
I sina schönsta Johr',
Amol a Brut, wie Milch und Bluet,
Um Pfingste zum Altor;
Doch voar as hot si'n Türke hin,
Lit 's Frouele im Kirchhof dinn.

Der Wittling hört mit Klage-n-uf,
Goht uff 'e Wibat us,
Und bringt am Fasnatmentag d'ruf
A-n-Andere i 's Hus;
Doch kaum sind d' Schmutzarepfel roth,
Ist leider 's Kätterle o tob.

A Sprüchle seit: „Sit Salomo
Ist all's vergängle g'sy.
So lang der Tod nimmt, nimm i oh;
All' guete Ding' sind dri."
So denkt der „Wibertob" und wird
Zum brittemole cupuliert.

Glück über Glück! Was kummet Lüt'
Bim Brochatsunnestrohl,
Fründ' über Fründ' vu Noh und Wit
Derheär zum Hochzigmohl!
Was Kueh und Kalb git, Speäck und Fisch
Und Kropfe lachet uff 'em Tisch.

Juheissasa, geg' Obed erst
Goht b' Lustbarkeit reächt a!
A sechs, acht Musikante hörst,
So lut ma's wünsche ka.
Des ist a G'kreäbel überal
I Stube, Kammer, Gang und Saal!

Ma trinkt, dankt ab und rollet b'ruf,
Und löthet langlang noch.
Der Ehreg'sell hebt 's Punschglas uf,
Rüest: „Brutlüt'! Vivat hoch!"
„Und hoch und nomol hoch!" schreit All's.
„Hoch uns're Brutlüt' abermals!"

Mi Bürle, ohne Lug und Trug,
Des briegget schier voar Freud',
Nimmt uffem Glas a'n Heldezug,
Ribt b' Ouge-n-us und seit:
„Wie freut me des! Jetz los' ma gär! —
Wenn 's Kätterle nu oh do wär'!"

Der neue Herrgott.

———

Amol ſtoht neäb' 'am Fleäcke bomm,
  Nit wit vu Bach und Steäg,
Juſt bi 'nam ſtolze Pappelbomm
  A Crucifix am Weäg.

A Jedar hot bi Tag und Nacht
  Det Huet und Kappe g'lupft,
A Buckarle hond b' Wiber g'macht,
  Und 's Krüz a b' Stirne dupft.

Mengs Vatter= und mengs Muetterherz
  Hot an em uffe g'blickt,
A Stoßgebeätle himmelwärts
  Für ſine Kinder g'ſchickt.

Nu guet. Deär Unſerherrget lib't
  Viel Noth, verliert de Glanz,
Kriegt Sprüng' und Spält' do mit der Zit,
  Verwitteret bald ganz.

Der Pfarar tritt i 's Mittel bo,
  Schafft bi 'nam g'schickte Ma
Us milda Sammlunga dernoh
  A'n neue Christus a.

Deär prangt bald bo am rothe Krüz,
  Verziert mit Dos und Kränz';
Doch 's Völkle nimmt nit viel Notiz,
  Zoagt wenig Reverenz.

Des füegt dem Herre Cölesti
  Wie billig nit in 'n Schild.
Ar sinnet heär, ar sinnet hi,
  Verkopfet se wie wild.

Z' salbander goht am anderigs
  Der Seelehirt die Stroß,
Lupft 's Hüetle voar 'em Crucifix,
  Nu halb der isgrau Klos.

„Ei, Nochber," fangt der Pfarar a,
  „Warum hond b' Lüt', bigutts!
Voar Unserherrgete bo da
  So wenig meh Fiduz?

Jetz lueget, ist ar nit g'formiert,
  So fein und sorgsam g'macht,
Usg'schnitzlet, g'molt und usg'staffiert, —
  As ist a wahre Pracht?"

Verleäge kratzt im Hoor der Alt',
Und stotteret am End':
„Mi gueta Herr! I ho-n-e halt
Als Bierebomm no g'kennt!"

Ehr' und guter Name.

Voar Johre louft um's Obedroth, —
　　Seh b'romig Fritag g'sh, —
A Wible, volla Krüz und Noth,
　　G'rad uff a'n Pfarhof hi.

Herr Pfarar, o mi b'schwert a Ding,
　　Und macht mer angst und bang!
Mir ist sit Johre nimma ring,
　　Woaß Gott, woaß Gott, wie lang!

I ho so viela Lüte scho
　　(Mengs moderet im Grab!)
Ihr' Ehr' und gueta Name g'no,
　　Des druckt mer 's Herz fast ab.

I ho koa Rast, und ho koa Rueh',
　　Koa Rüebigs i der Thot.
O säget doch, was soll i thue? —
　　I woaß mer frisch koa'n Roth.

Möcht' gär all's, wie an guete Chrift,
　　Erſetze uff 'er Stell',
Unb thue, was menſchemögle iſt,
　　Unb koſt' as, was as wöll'!"

Der Herr im Glanz vum Obedſchi
　　Seit lang koa Wörtle d'ruf,
Stoht ernſt voar b' Runzelbaba hi,
　　Unb hebt be Finger uf:

„Los', nimm bim nächſte Wirbelwinb
　　A Ziech' voll Feäbera,
Louf' forglos, wie a Schuelarkind,
　　Dem Wildbach noh, berga!

Gang orbele bem Weägle noh,
　　Unb mach' ber lützel b'rus,
Unb grif' i b' Ziech', wirf bet unb bo
　　A'n Wiſch, a Hampfel us!

Wenn b' allsg'mach ſo bergufwärts gohſt,
　　Verzettel' hott unb wiſt
Denn alle Feäbera, verſtohſt,
　　Runbum, was hoſt, was giiſt!

Hoſt uffem Berg bim Kappele
　　Di Ziechle leer, kehr' um,
Unb ſammel' jebe Feäbere
　　Denn wieber mit bem Pflumm!

So wenig, schou', a Menschekind,
   Und wenn as noch so springt,
Die Feäderwaar' bi Sturm und Wind
   I's Ziechle wieder bringt:

So wenig kaft mer o a so,
   Was fort ist, wieder neäh,
Kaft Ehr' und gueta Name-n-o
   De Lüte wieder geä!"

Der Bauer und sein Sohn.

———

Amol hot uff 'am Danöbhof,
  Wo bumpf an Wildbach suset,
An ernste Burephilosoph,
  An riche Wittling, g'huset.

Deär hot der oage Secta g'hett,
  Viel g'reächnet mit der Kribe,
Und um a'n Grosche nit viel g'red't,
  Koa Wibsbild könne libe.

Der g'späffigst Hoal'g ist Bällebi
  Bum Wirbel bis zum Rihe,
Ist Vatter vu-n-'am Buebe g'sy;
  Deä will ar g'hörig zihe.

Ar denkt a so: „Was ist und ist
  Doch it zu Nutz und Frumme
Duer Wiberkniff' und Wiberlist
  I b' Weält füer Uhoal g'tumme!

Wohlweisle stand i sorgsam Wacht,
　　Und laß' me nit verschrecke,
Und will bi Zite mit Bedacht
　　Mi'm Bursch a'n Riegel stecke."

Ar buldet b'rum koa Makd im Hus,
　　Koa Naihare, koa Mädle,
Koa Spinnare goht i und us
　　Mit Kunkel oder Rädle.

D' Feälbarbata just, wie se sind,
　　Und was im Johr mueß g'scheähe
I Stal und Tenn, bi Roß und Rind
　　Mueß Kneächt und Senn verseähe.

Und 's Koche, 's Bache nochananb,
　　Und 's Wäsche, reächt und ehrle,
Goht Vällebine flink buer b' Hand;
　　Ar ka jed's Wiberkehrle.

Si Bürschle ufet, hot se nu
　　Um b' Hoamath ummarg'triebe,
Ist nie zu ander Lüte g'ku,
　　I strengstar Obhuet g'bliebe.

Und wie-n-ar achtzeh volle Johr'
　　Ist alt g'sy, moant der Vatter:
Jetz ka-n-i 's woge ohne G'fohr;
　　Ar kennt nu Kueh und Klatter.

Amol, wie b' Sunne abegoht,
 Der Bach wie Goldschumm glanzet,
Gluetroth der Tannebolder stoht,
 Und alle Mucka tanzet,

Do seit der Hofbur: „Liberat!
 Suech' domma Strick und Spage!
I lass' de mit mer moann i b' Stadt.
 Richt' zitle Roß und Wage!"

Der Bue hört's uff 'em Bühel domm
 Und juhzget geg' 'er Sunne,
Und macht a'n stolze Burzelbomm,
 De Radsprung um 'e Brunne.

Wie g'floge fahrt ma fort voar Tag
 Mit G'flügelkorb und Krättle,
Und kunnt bim elfte Glockeschlag
 I 's nett und proper Städtle.

Der Jung macht Ouge, was ar ka,
 Uff Uslag', G'schmuck und G'flimmer,
Verblickt ietz voar 'am Lade ba
 A fünf, sechs Frouezimmer.

„Ei, Vatter, was sind bes? Ei lue!
 So sieht ma bei is koane!" —
„A des sind Gänf'." — Do rüeft der Bue:
 „O Vatter, kouf' mer oane!"

Der letzte Freund.

Wie hot mer b' Sunne boch so klor
Amol i 's Leäbe g'schunne!
O golbene Stubeäntejohr'!
Wo sinder hi? — verrunne.

Der Früehling hot mer Blüemlen g'streut,
Wo 's Bächle abarrohret.
Wo sind se ietz? — Scho lang verblüeiht,
Vergeälet unb verboret.

Brav' Kammerate honi g'hett,
I mueß es ietz no lobe.
Sie stonb am Ziegehainar bet.
Wo sind se hi? — verstobe.

I ho a hübsches Mädle g'kennt,
As ist mi Freub' unb Hoal g'sy,
Der Himmel mit bem Firmament
Fast wär' mer b'rum it soal g'sy.

Amole hot as mer deä Hunb
Verehrt zum Agebenke.
As hätt' mer frile bis zur Stunb'
Nint treuers künne schenke.

Mi Schätzle hot a'n Anb're g'no,
Unb 's Abschiebsbriefle g'schriebe;
Der Pubel hot me nit verlo,
Deär ist mer treuer g'bliebe.

I bi so krank, as goht zum Enb',
Mi Hoffnung lit in Scherbe.
Der Caro schleäckt mer trurig b' Händ',
Min letschta Trost im Sterbe.

As schneit unb reänget, 's Loub fallt ab
Im wilbe Spätherbstg'subel.
In 'n Kirchhof ine zu mi'm Grab
Goht mit mer nu der Pubel.

O Herrgott, brich mer 's Herz, wenn b' witt!
I ho mi'n Thoal erworbe;
Denn alle Treue ist no nit
Uff Erbe für me g'storbe!

Der Spielmann und sein Hund.

Koa Sternle stoht am Himmel Wacht,
　Wild fahrt thalus und i
Der Nordsturm buer d' Novembernacht
　Und üb'r 'e Bergsee hi.

Duer Nacht und Tanneschatte kunnt
　So blaß, daß Gott erbarm',
An Sängar mit si'm Pudelhund,
　Treit d' Mandolin' am Arm.

Beleuchtet sieht ar 's Jagdschloß heäll
　Am See dund linkar Hand.
A G'sang hört uß 'er Schloßkapeäll'
　Der trurig Musikant.

„Leäb' wohl, leäb' wohl, du Förstarkind!"
　So singt ar hohl und lut.
„Verzih', verzih' dir Gott die Sünd',
　Du stolze Junkarbrut!

Der Himmel kennt mi'n Schmerz, mi Weh,
   Verbei ist Lust und G'johl!
Füer mi hot b' Weält koa Freuda meh;
   Seh glückle und leäb' wohl!"

Und wilder pfist b' Novembernacht
   Duer See und Felseschlucht,
A Weättertanne schnellt und kracht
   Und fallt mit schwerar Wucht.

Duer 's Schilrohr stöhnt der Wirbelwind,
   So schuderig, als trur'
A kranke Muetter um ihr Kind,
   Als trur' die ganz' Natur.

Do blickt uff Wald und Finsterniß
   Grell abar vu der Höh'
Der Vollmo duer a'n Wolkeriß,
   Und schint uff Schloß und See.

Verstillet allsg'mach ist im Schloß
   G'sang, Tanz und Flötespiel.
Fortzoge sind mit Roß und Troß
   Herrschafta wohl scho viel.

Der Spielma rißt vum Hals si Tuech
   Uff hohar Felsewand,
Schlöcht b' Mandoline mit 'am Fluech
   Am Schrofe-n-abanand.

A-n-Ampelliechtle flackert noch
Alloa im Hochzighus
Am Erkarfeänfter domma hoch,
Und endle löscht as us.

Der Sängar wischt im wilde Schmerz
Die naffe-'n-Ouge-n-ab,
Ar druckt be Hund a's g'broche Herz,
Und springt i's Waffergrab.

As hült der Nordsturm noh und wit,
Quer Wald und Felfeschlund,
Und tif im Bergfee bunba lit
Der Spielma und fin Hund.

Bauernweibchens Ankunft
vor der Himmelspforte.

———

A Wible ſtirbt und kunnt voar's Thoar,
Und ſieht a wüethigs Schloß bervoar.

As zicht am ſchwere, gold'ne Krüz,
Bald rüeſt as binna: „He, was git's?“

Und Petrus gücklet g'ſchneäll buer b' Thüer:
„Was witt denn, Wible, du vu mir?“

Mi Wible ſchmunzlet gär it ſchüch:
„Thuer uf! i will i 's Himmelrich!“

„Des Ding goht it ſo g'ſchwind, mi Frou,
Do iſt no gär a ſcharpfe B'ſchou.

Was hoſt denn g'triebe und g'hantiert?
Hoſt g'handlet und brav b' Lüt ag'füehrt?“

„I bi a-n-arm's, arms Wible g'ſy,
I bi doch do; as iſt ietz gli.

I ho nit g'handlet, großa Ma;
Ma hot jo ietz faſt gär nint d'ra.

I ho me nu mit Milch abg'geä;
Mir honb bohoam zwoa Stückle Veäh.

Ho Kuder g'ſpunne ugſchiniert,
Und Schweäbelhölzle g'fabriziert."

„Hoſt g'beätet o i Freud' und Loab?
Hoſt eppa g'ſchwoare, wie an Hoab'?"

„I bi im dritte Orde g'ſy,
Bi g'knielet mit de-n-off'na Kni'.

Bi g'ſy im Leäbe wie an Schof,
Ho g'beätet voar und noch 'em Schlof.

Bi g'ſtande, — jo i ſäg's nomol, —
I Krüz und Loab g'rad wie an Pfohl."

„Sind dine Kinder brav und g'ſchlacht?
Hoſt o um ihretwille g'wacht?"

„Ho g'ſorgt derfüer i Wohl und Weh,
Im Summer honi ſ' g'putzt im See.

Ho ſ' reächt erzoge, g'lehrt und g'wehrt,
Und orbele be Kloſe g'ſtört.

Des brucht Gebuld! as iſt a G'walt!
Und wie ma ſ' zicht, ſo hot ma ſ' halt.

A Ruethe honi g'hett, lue lue!
A Birkebäbel vu drei Schueh'."

„Nu, nu, 's ist reächt, hot all's si Pfocht.
Wie host be sus o buere g'brocht?"

„So mitta buere, as ist gli;
Schmalhans ist frile bei mer g'sy."

„Host g'sodet eppa gär im Meähl?
Host Küechle g'bache, wie a Feäl?"

„Im Koche bini nint (vo g'seit);
I ho me b'ruf nie stark verleit."

„Host Uslag' anverwärts no g'hett?
Schou, Wible, lüg' it! G'red't ist g'red't!"

„Kaffeh, jo honi o denn g'macht
Am Morge, Nommittag und z' Nacht."

„Des hot bi'n Bütel wacker g'leert?"
„Ho Mode g'no und b' Bohna g'spärt.

Ho g'schnupft vum wölflefte Reschih,
Und bess're g'schwerzt o üb'r 'e Rhi."

„So, so," seit Petrus, stricht de Bart,
„Des lot se höre, Wible, wart'!

Was brucht as z' schnupfet? Des ist nix!
Bald bruchst Tubak und bald a Büchs.

Ih stand g'wiß lang voar'm Himmelshus,
Und nimm koa Priſ' Johr i, Johr us."

„Nu zwo amol honi g'ſchwerzt, uff Ehr'!
Mir iſt dervu g'rad ietz no ſchwer."

„Was hoſt, Runkunkel, ietz dervu? —
Wie biſt o mit dem Ma usg'ku?"

„Mi Ma iſt reächt g'ſy a paar Johr',
I ho-n-e möge, des iſt wohr.

Hot ſpäter g'tho wie Roß und Veäh,
Am Aeſcharmikte mir no g'geä."

„Du hoſt em g'wiß bi Mul ag'henkt,
Do hot ar dir's halt o ig'tränkt."

„Bewahr'! I ho Fiſch' überg'tho,
Do honi b' Schüeppela b'ra g'lo."

Der Peter ſchlöcht b' Aerm' üb'ranand,
Und hebt be Buch do mit der Hand:

„O Wible, wenn i mi nit trüeg',
So biſt it Schuld am Schwedekrieg!"

„Des hot mi Ma ſel'g o denn g'ſeit,
Gott geäb' em b' Rueh' und b' Ewigkeit!"

„Guet, guet! Will nimma futtere. -
Kumm' inar, alte Guttere!"

Bäuerleins Ankunft
vor der Himmelspforte.

———

Amole fitzt a Stund' a vier
Sanct Petrus voar 'er Himmelsthüer.

Ar sünnelet se uff 'am Stoa
Vergnüegt und muetterseelsalloa.

Do zottlet, hoorig wie an Beär,
A ganz verwahrlost's Bürle heär.

Der Poartnar mißt e mit 'am Grueß
Vum Neäbelspaltar bis zum Fueß.

„Woheär treit di der Wirbelwind?
Woheär? wohi? mi gueta Fründ?"

„Du bist mi Ma, so viel i gloub', —
I möcht in 'n Himmel, mit Verloub."

„Nu hofele, mi gueta Ma!
I grif' der z'erst no uff 'e Zah.

Du heiest de sus nett ufg'füehrt!"
„Oho," seit 's Bürle, „as passiert."

„As ist in 'n Himmel, gloub' mer nu,
Di Wib mit schwera Klaga g'tu."

„Mi Wib ist dinn, im Himmel dinn?! —
Na, ietz verlier' i all' fünf Sinn'!

Was bie, was bie hoft ine g'lo?
Denn finder it so hoakle bo.

I ho, Ma Gottes, a beär Krott
A'n rare Fang g'macht, liebar Gott!

Ho g'moant, i hei a Tube g'fischt,
Unb ho a'n Hennehack verwischt."

„Sey still! Ma kennt be scho, Halunk!
Du bist an Fründ vu Froß unb Trunk."

„Ma Gottes, as ist it so bös!
I meäld' unb sägene blos bes:

Mi Keäferle, mi Wib, mi alt's,
Ist oh nit allar Hoal'ge Schmalz.

Sie hot a Mul g'hett wie a Schwert,
Unb menga, menga Bubel g'leert.

Des ist a Blüemle g'sy, Herr Je!
Mi gueta Hoal'g! i wüßt' no meh."

„Sie hot füer b' Kinb' boch g'sorgt mit Glück."
„O Herr, ber Speäck ist it so bick!"

„Sie hot mer Red' und Antwort g'geä,
Hot g'seit, du heiest g'tho wie 's Beäh."

„Du liebar Gott, as hot's woll g'brucht,
I honer nie a'n Arm verflucht.

Sie ist die Dümmest g'sy im Land, —
A Fleädermus hot meh Verstand.

Mi Stüble ist Johr us, Johr i
Nint anders als an Sustal g'sy.

I bi, uff Ehr', sus wie a Lamm,
Und wie an Kielhas frei und zahm.

Gebuldig wie an Eremit.
Kast nohe froge, wo nu witt.

Weär hätt's verlitte bi deäm Thier?
I wär' voar Zorn verzipflet schier.

Mach' 's Büntele und säg' koa Wort,
Und louf' bi Nacht und Neäbel fort."

„O schwätz', was b' witt, as nützt be nint,
Ma kennt be scho; i bi nit blind."

„O heiliger sanct Peter, los',
I bitt um 's Wort und säg' der blos:

Wär' Niemed minder i 'ma Hus,
Denn säh' as dunba besser us.

Frog' Hafebindars Ouguſti,
Und wenn d' 's it gloubſt, ſo laſſ' es ſy."

„Hoſt g'fluechet, wie an Poſtkneächt, Ma,
Und greſoniert, et cetera?"

„As iſt, bekenn' i ug'ſchiniert,
Herr Himmelspoartnar, o paſſiert."

„Hoſt nie koa lange Finger g'macht?
Und zwackt ou Sacha ohne Wacht?"

„I ho denn noch a-n-Ehr' im Lib,
Und b' Milch it g'touft, wie mengmol 's Wib."

„Loſ'," muſchelet der Peter ſtill,
„Was Unſeroanar ſäge will:

Ma hei us eurar Sankriſtei
A Rouchfaß g'ſtohle, nagelneu,

I fürcht', i fürcht'" —— „Moanſt des ſey ih! —
Bi johrwis i koa'r Kirche g'ſy!"

„Jetz ſieht ma, wie du g'ſotte biſt,
Hundsmiſerabla, ſchleächta Chriſt!

Quid multa? Bu der Leäber g'reb't:
Du biſt an Lump vu-n-A bis Z.

Ma kennt die Vögele am G'ſang.
Fort, allo marſch! Loſ', gang, gang, gang!"

„A, laß' me ine, 's ift a G'fohr,
I thuer scho guet. Probier' a Johr!"

„Marsch, Lümmel! Ih verstand koa G'späß.
Nu fort, nu fort! Potz Hergules!"

Was g'schiecht? An Windstoß kunnt, lue, lue!
Und 's Thoar fahrt uf a britthalb Schueh'.

Des glanzet ussar wunderbar!
Mi Bürle stunet, wie an Narr.

Ar wirft de Dreispitz mit 'am Juck
In 'n Himmelsaal a munters Stuck.

Springt woalle noh voll Heldemueth,
Sitzt hofreächt dinna uff 'e Huet.

Der Petrus schreit: „Do lueg' a Ma
Deä gottvergeässe Kampel a!"

„Ei, muß' it lang! Jetz huck' i so
Uff oag'nem Grund und Bode do.

Mi Dagethum verlaß' i nit,
Jetz prozessier', so lang als b' witt."

Und heälluf kraiht ar: „Kükrikih!"
Verschwunde ist Herr Petrus g'sy.

Des Maulwurfs Todesurtheil.

As ift fcho bobe lang fith_eä_r,
Do fangt im hohe Dinkel
A'n fette, kugelrunde Scheär
Der Mufar bu Krähwinkel.
Ar hot dem Stabtroth meälbe lo,
Des Thierle leäb', fetz wohl uf.
Was g'fchiecht? As kunnt Cummiffio,
Unb nimmt a Protokol uf.
Ma zwiflet, was ma b'fchließe foll,
Ift lang im Ackar g'feäffe,
Unb fchribt a fünf, fechs Böge voll,
Unb feäberet, wie b'feäffe.

„Was foll ma ietz beäm Bäfte thue?
Großmüethig 's Leäbe fchenke?
Na, g'fchabet hot ar meh als g'nue,
I moan', ma fott e henke."
„Was, henke?" feit der Zweit' unb Dritt',
„Berwerfe unb verfchlage!
Ma ift am bälbfte greä bermit,
Unb Niemeb wirb meh klage."

„Fort mit em," schreit der Viert', „nu g'schwind!
Des G'schidest wär' verschieße!"
„Nei," warnt der Amma, „bes ist nint;
I geähr' koa Bluet vergieße.
As brucht koa Pulver, brucht koa Blei,
Koa Werse und koa Balge,
Koa Schnuer, koa Schlüssellocharei,
Nit Prügel und Schnellgalge.
As setz em uff a-n-and're Art
Si Todesurthel g'sproche:
Ma soll e i mi'r Gegewart
Lebendiga verloche!"

D' Versammlung lächlet, nickt, ribt b' Händ',
Wie thuet se b' Nasa labe!
Und ach! der schulblos Deliquent
Wird leäbiga vergrabe!
Und ohne Schonung und Pardo
So g'scheähe i deäm Dinkel
Laut Urthelspruch du Salomo,
Stadtamma du Krähwinkel.

———

Bauer und Bäurin.

I der Himmelbettstatt lit
   Sterbeskrank der Bur,
Anzet schwer vu Zit zu Zit,
   Stiert uff b' Stubenuhr.

D' Bürin, noch a rösches Wib,
   Stoht bim Kranke da,
Tröstet e zum Zitvertrib,
   Liebsam seit der Ma:

„Wible, schou', i merk's wohl, i,
   Goht halt nimma reächt.
Kätter, wenn i g'storbe bi, —
   Hiroth' g'rad de Kneächt!"

D' Bürin blickt uff Benedict,
   Und hot b' Ouge g'senkt,
Wehrt em b' Fliga-n-ab und nickt:
   „Ih ho's o scho g'denkt."

Vor dem Feldkreuze.

A Böttin trifft im Thal amol
  A Bergarwible a,
Sieht's muchtlos lorne, a-n-'am Pfohl
  Bim rothe Feälbkrüz da,
Hört's jommere und klage.'

Verschüttlet ietz de kruse Kopf:
  „Jo, Urschel, bisches du?
Was fehlt der benn, du arma Tropf?
  Ei säg', ei säg' doch nu:
Was brieggest und was pflennest?"

Die Ander trücknet mit der Schooß
  Voll Trur ietz b' Ouge-n-ab:
Mi Loab, mi Herzeloab ist z' groß!
  O läg' i doch im Grab
Bim Kappele do domma!

Ach Gott! was honi füer a'n Ma!
   Und Krüz mit Veäh und Kind!
I woaß der it, wo us und a,
   Und briegg' me halbeblind. —
As ist a Himmelelend!

Wie laboriert bi Schnapps und Most
   Deär nintig Kammerat!
Ar ist koa'n Batze werth, bigost!
   Und wenn ar mithalb g'rad
A Simnarle im Mul hätt'.

In Lolle jommert 's Kind um Brot,
   Eär fluechet wie an Hoab';
Drum bini do und klag' mi Noth,
   Mi Kummernuß und Loab
Am Krüz dem Unserherrget."

„All's reächt, all's reächt; doch, Urschele,
   As ist halt weältbekannt:
D' Mannsbilder heälfet jo sit je
   Gär alle z' einand; —
Gang du zur Muettergottes!"

Stoßgebet eines Leerhäuslers.

Du liebar Gott, was mueß ma dulde
  Bu Korb und Wiege bis zum Grab!
O schenk' mer hunderttaused Gulde!
  Des wär' amol a Gottesgab'!
I gäb' denn d' Hälfte voll Erbarme
Jo gern dem nächste, beste-n-Arme;
  Und wenn d' 's it gloubst, so zich mer's ab!

Die beiden Geizhälfe.

———

Und wie-n-i's trib', und wie-n-i 's mach',
  I mueß me allab b'schwere,
Gib z' wenig Achtung uff a Sach', —
  Mir schint, i ka nit späre.

Jetz gang i go zum Dreihar Franz,
  Deär lot der nint be Müse,
Deär Kümmispaltar woaßt, was Land's,
  Deär mueß me underwise.

So denkt der Schäfar Hans am End'
  Bum Dörfle bi der Linde,
An Moaster uffem Fundament
  Im Rackere und Schinde.

Wie b' Nacht aruckt mit hohlem Schi,
  Und bobe lützel Sterne,
So burlet ar zu Franze hi,
  Um 's Späre besser z' lerne.

Deär ſitzt bi altem Zäg und Gruſt
　　Im Küchele bim Kämmet,
Und reächnet mit der Kribe juſt
　　Bim Oelliecht eppas z'ſämmet.

Ar lueget uf und frogt: „Was witt?"
　　Und hört do ſi Begeähre.
„Nimm dena Stuehl! Verhei' mer'n it!
　　As ſoll der g'holfe weäre."

Beid' ſitzet um a Tiſchle b'ruf,
　　Si Dächtle löſcht der Drethar:
„Im Dunkel merkſt mer beſſer uf;
　　As reut mi jeda Zweiar."

Ar ſeit's und wie-n-ar ohne Raſt
　　Bu Kniffe red't und Liſte,
So hört ar neäb' em da be Gaſt
　　Still kniſtere und niſte.

„Was hoſt denn uff bi'm Stuehl bo ba?
　　Was nützt a ſo mi Spreäche?"
Do lachet Hans: „O lieba Ma!
　　I will it underbreäche.

Wohrhaftigle, as reut me 's Häß,
　　Mi Hemmed, b' Leäderhofe;
Drum huck' i uff 'em bloße G'ſäß,
　　Und ka mit Lieb' ietz loſe."

Do rüeft der Dreihar: „Lump, i gloub',
   Kaft meh als Epfel brote.
·Guet, guet! Gang, pack' de uffem Stoub!
   Dir mueß ma nimma rothe.",

Wanda.

———

As ift amole z' Pole binn
Wie Morgefternefchi
So holb a junge Königin
Mit Name Wanda g'fy.

Die hot, fo meälbet b' Chronifa,
Reächt g'leäbt unb leäbe lo,
Unb g'urthlet voar 'e Richtar ba
Wie König Salomo.

Sie honb fe uff be Hände g'treit,
Nu o a'n Wunfch hot ma g'hett:
„O wenn fe fe", hot 's Völfle g'feit,
„Nu balb vermähle wött!"

Mengs Herr i Sammat, Stahel, Erz,
Mengs Grof mit Roß unb Wehr,
Mengs Prinzle beättlet um ihr Herz;
Doch Koanar finb't a G'hör.

Fürst Rytiger, vu-n-altem Stamm',
Und Herr a Wanda's Gränz',
Im Feäld an Leu, im Hus a Lamm,
Besuecht do b' Residenz.

Ar macht se b'liebt bi alla Ständ',
Und schmoachlet se bald i.
„Deär mueß," votiert do 's Parlament,
„Der Landesvatter sy!"

As goht a Deputatio
Zur Herrin hoch zu Pferd:
„De dütsche Fürst heb' uff 'e Thro!
Ar wär' is lieb und werth."

Der Fürstin doch ist wenig z' thue
Um Mahlschatz oder Kuß,
Sie brigget viel, sie hot koa Rueh',
Springt z'letscht in 'n Weichselfluß.

D' Sarmatekönigin ist Stoub,
Meng's Epfele sit det
Bu 'n Bämme g'falle und meng's Loub,
Viel hot se g'änderet,

Witt ietz a Meäddele zur Eh',
As lächlet froh und warm;
I 's Wasser springt as nimmameh,
As fligt der nu in 'n Arm.

Michels Klage.

I bi a g'schoares Lueder, so lang i lebig blib',
I säh's wohl i afange, as fehlt mer halt a Wib.
Gang frile lang zu Urschle, ietz ist mer 's Mäble
foal;
Die hot me ussetrölet und g'füehrt am Narresoal!

Hot g'seit, i sey an Ruede, könn' nimma 's A, B, C.
I könnt', bigutt! o leäse und schribe und no meh,
Hätt' ih wie sie in Hände a Buech de ganze Tag,
Ihr Aehne fluechet vielmol, des ist die ewig Klag'.

Sie ist bereits a Jährle do nomma z' Münke g'sy,
Die hot se bös veränd'ret, die schout ganz füer-
nehm b'ri.
Die goht ietz nimm' altfränkisch, und schwätzt, as
goht oa'm noch,
Ma mueß se nint als froge, weäg' ihrar Roge-
sproch.

D' Gukumm're hoaßt se „Gurke," zur Bläde
seit se „Blatt,"

D' Marouche hoaßt se „Morchla", so säg' ma i
der Stadt.

D' Marilla „Aplikose", b' geäl' Rüeba „Mohre"
gär', —

I kumm it us beäm Moatle, und wenn i Dokter
wär'.

D' Kielhase sind „Kaninchen", mir honb a-n-acht
im Keär,

A'n Rallar hoaßt se „Katter", seit „Maulwurf"
zu 'ma Scheär,

D' Heusteffel hoaßt se „Heupferd", a Muche a
„Trepil,"

's Eggeäßle sey nint anders, als nu a Krottebill.

Statt Hagel seit se „Schlosse", statt Mies jo
seit se „Moos",

A Schlutte hoaßt se „Janker", seit „Schürze"
zu der Schooß. —

Zu'n zuethna Wände usse möcht' Danar ohne Huet,
Du möchtest usser Su fort, wenn sie nu 's Mul
ufthuet.

I gang amol mit Urschle go Miese über Feäld,
Und säg': „Wie stoht so prächtig det unser Haber,
geält?"

Doch 's Mädle thuet, as ging se des Ding koa
Bitzle a,
Und louft d'ruf zu 'ma Bächle, nu was se loufe ka.

Det brocket se a Blüemle. Jo, moanet er, i lüg'?
Des druckt se fest a's Mieder, und schwätzt der-
heär a Züg,
Der Teixel hot's verstande, ho g'moant, sie hör'
nimm' uf;
As ist in Rieme g'gange, des honi g'merkt woll d'ruf.

Do seit se zei mer „Heinrich!", denn wieder „Fer-
benand!"
Denn wieder, — woaß der Guckar, — kurz,
Näme allarhand.
Des macht me falsch, i säg' druf: „Du bist a
närrsche Gans!
I bi der jo der Michel, i g'hör' jo Koarats Hans!",

I füehr' se hindr 'e Stadel und zoag' er unf're Mist,
Sie rupft vum Hag a Rösle, und hot's a paar-
mol g'küßt.
I zoag' er unf're Nußbämm', die sind denn ehrbar
groß,
Do lueget se i b' Bosche und schout uff b' Vögel blos.

Rothbittelen ietz fliget uff Mufars Epfelbomm,
Sie springt und pfiflet buere und locket i oa'm Tromm.

Das fligt ietz uff 'e Holder, ietz uff 'e Fenneſtal,
Sie rüeft: „O herzigs Meäsle, o wärſt a Nachtigall!"

I füehr' ſe buer 'e Kuehſtal uff's Bobebiereland,
Und zoag' er Krut und Kürbſe und b' Stiegla
      nochanand.
Do ſtoht ſe mir nint, bir nint blos bi ſ'ma Gumpe da,
Zicht uſſem Sack 'a Büechle, und fangt no z'
      leäſe-n-a.

I ſchou' er zue mit Brummle, mit mengam ſtille
      Fluech.
Verzih mer's Gott im Himmel! Sie bletteret im
      Buech.
„Los', Urſchel," ſäg' i hofle, „des Ding, des wird
      mer z' bru;
D' Lüt' wend hüt Bobebiera, ihr Sach will Kueh'
      und Su.

Gang, hilf' mer nu a Bitzle! Mir ſind voar ſechſe
      greä.
Gang, zich' mer a be Stöcke! I will go b' Furke
      neäh."
Doch 's Moatle rüehrt koa Gleächle und ſeit mit
      liſar Stimm':
„O ſäg' doch ‚Bertha' zei mer! I hoaß' jo ‚Urſchel'
      nimm'."

Des hot mi g'lupft. Ho g'moant g'hett im Bode-
       • bierekrut;
I müeß' voar Zorn und Erger g'rad schlife usser Hut.
„Bim Dunder! bist vernarret?" so honi usehr g'seit,
Schaff' flißig fort; sie hot se zum Bächle aneg'leit.

Und wie-n-as Nacht ist woare, so simmer alls-
         g'mach hoam.
Jo moanst, sie nähm' der b' Zit ab? Sie seit „guet
        Nacht!" zu Koa'm.
Sie blinzlet geg' de Sterne und grennet lang in 'n Mo,
Do hot se, — hö guet' Ohre — a-n-etle Süfz-
        gar g'lo.

Am andrigs bi der Heuboh, i zoag' er bo a Ding, —
Do hot se wieder g'süfzget und fangt a'n Schmet-
        terling.
I zoag' er unsre Süle, und zoag' er Schof und
        Goaß,
Sie fangt a Mulverthierle und seit: „Mir ist
        so hoaß!

O säß' i doch im Schatte bi denam Reitarschloß,
Und hätt' a paar Schildknappe, mi Feäberg'spiel
        und Roß,
Und wärst an Minnesingar mit Lyre und Talar,
Denn wär' i ganz im Himmel, glückselig immerbar!

O wär', o wär' an Waldberg i denam Stoppelseäld,
's Boahüsle a Urine, des wär' romanisch, geält?
O ständ' a Schloß det domma, voll Woffa, Säbel,
           Spieß',
Mit Steäge und Altane, mit Thürn' und Burg-
           verschließ!"

An kalte Schuder fahrt mer de Rucke uffe schier
I nimm se bi 'ma Flügel und rüef': „Du hunds-
           dumms Thier!
Schou, d' Kappe ist verschnitte, mir kast uff d'
           Kirbe ku!
O hätt' i Hafnar's Kätter im Dugste seänd doch g'nu!

Die ist ietz guet versorget; sie hot a'n brave Ma,
I b' Duge schießt mer' s Wasser, frisch, lueg' i
           se nu a.
Die kennt se us bim Schaffe, gang ane, frog',
           wo d' witt!
O Kätter, wärst no lebig, uff Ehr'! i nähm' de hüt!

Schou', Urschel, möchtest weärche, i hätt' de richtig g'no,
So wit der Himmel blau ist, mittweäge kast ietz goh!
I beättel' do nit länger um Urschels hoal'ga Lib.
Friß weäge minar b' Büecher! Krieg' ohne di
           a Wib."

Der Prozeßkrämer.

O fürchtet b' Händel, wie a Schwert,
Sechs Batze ist der best' it werth,
Und glückle, weär it prozessiert!

A Bürle ist i's Amt citiert,
Verwacht am Morge um a bri,
Stoht uf, macht Für, schlöcht Eier i
Am Heärd a sinne, achte g'noth,
Ißt Ochsenouge, Roggebrot.
D'ruf wäscht ar se und leit se a,
Und kamplet se am Spiegel da,
Langt Schrifta do a'n ganze Pack
Bum Kaste, steckt s' in 'n Schluttesack,
Brieftäsche und Tubak bermit,
Zündt 's Pfifle a, goht brei, vier Schritt',
Und schlöcht a b' Säck' no mit der Hand,
Nimmt Huet und Steäcke bu der Wand,
's Wihwasser ussem Kessele,
Löscht 's Dächtle us, bertummlet se,
Und lot bim erste Hahneschroa
Wib, Kind und Beäh und Hof alloa,
Und wattet mit be schwera Schueh'
Stoagab dem Holz und Waldweäg zue.

Ar ſinnet hi unb heär im Goh,
Verkopfet ſe benanbernoh.
As grauet, taget, unb wirb heäll,
Unb 's Mänble brummlet mit em ſeäll:

„Gerechtar Gott im Himmelrich!
As hot de Louf, as iſt mer glich.
As fehlt ſe wäger nit, b' Prozeſſ'
Sinb weleweäg koa wolfel' G'ſpäſſ'!
Was git as ohne Enb' unb Wenb'
Füer Zitverſummniß, Gäng' unb Ständ'!
Was honi boch, as iſt a G'walt!
Scho Köſte g'hett unb Taxa zahlt
Unb Stämpfelgeälb unb Schribgebüehr!
Was honi aber g'kriegt berfüer?
Was honi mi nit koſte lo!
Was hommer b' Tinteſchleädar g'no?
Was honb mi ſiberthie, bigoſt!
Die Herrgotts-Abvukate koſt't? —
Ho prozeſſiert unb recuriert,
Ho proteſtiert unb appeliert.
Hot Danar uff 'er liebe Weält
Meh Sportla zahlt unb beära Geälb?
Unb bi boch allab no im Kleäb!
As wär' it, na, ſo wohr i leäb',
An 'n Himmel z' molet, was i ſcho
I beäna Händel g'ſpunne ho,

Fünffrankethalar Stuck füer Stuck!
Biguttlat, na, i laff' it luck,
Um 's Leäbe nit! A Ma, a Wort!
Ist 's Küehle hi, soll 's Kalb o fort.
All's spann' i b'ra, all's wenb' i uf,
Unb ging' min besta Ackar b'ruf!
I gib it noh unb wenn i gstät
Um Sack unb Bänbel kumme thät!
Unb voarwärts g'machet müeßt' as sy,
Unb wär' mi letschta Blutzgar hi!
I stanb it ab, mi Sach' mueß boch
No uffe goh zum reächte Loch.
I wich' it z'ruck, koa'n Schritt unb Tritt, —
Excüse, um's Verrrschieße nit!"

So mulet Hofbur Wilibalb
Fuchsteufelswilba buer 'e Walb.
Do kunnt ar uff a'n freie Roa,
Verlüggeret be Rabestoa.
Am Galge hanget Danar ba
So schud'rig, als ma's benke ka.
Do stoht mi Bürle voar e hi,
Unb rüeft im Morgesunneschi:
„O hätt' i 's o amol a so!
Du gueta Kampel, sey bu froh,
Daß rüebig Zita host verwischt,
Unb mit be G'richter fertig bist!"

Ein Traum.

As hot der Schuester Bällebi
    A'n Lehrbue g'hett voar Johre,
Des ist a b'sengta Kerle g'sy
    Im Lüge und im Hoore.

Wie hot deär Schlüffel Tag füer Tag
    De Kopf voll Narretheia!
Natürle git as Klag' uff Klag'
    Weäg' sina Lumpareia.

Vum Morge- bis zum Obebroth
    Hot meh als b' Meäster alle
Deär Schuester sine liebe Noth
    Tagtägle mit deäm Lalle.

Voar Thou und Tag amol sind Beid'
    In ihrar Weärstatt g'seässe.
Ma flickt und naiht, as ist a Freud',
    Und schaffet's heär wie b'seässe.

„Ih ho a'n Trom g'hett, minar Treu!
   O därft' i 'n nu verzelle!" —
Rüeft Lehrbue Fritz, und möcht' derbei
   Voar Lache frisch verschnelle.

Der Moaster seit: „I bilb' mer's i!
   Schou', Bue, i will der's schenke;
Wird wieder eppas Wichtigs sy, —
   Guet, guet, ma ka se's denke."

Dia schuehet witer; doch der Fritz
   Lot 's Lache nit verwehre.
De Moaster sticht der Wunderwitz:
   „Jo nu, verzell', lass' höre!"

„Jo, Moaster," seit der Schlüffel froh,
   Fahrt mit der Hand um b' Nase,
„Jetz loset nu, des Ding ist so:
   Mir loufet üb'r a'n Wase.

Mir kummet uff a Brückle zue,
   Ihr deänna und ih heänna.
Mir lueget abe. Lue, lue, lue!
   Was lit bund heänn', was deänna?

A mi'm Ort ist nu Schlamm und Mist,
   Verlätschet ganz vum Reäge;
An euerm heärentgege-n-ist
   An Bach voll Hunig g'leäge.

Wie g'seit, mir lueget wist und hott,
    Und abe i beä Gumpe.
Ihr rauchet d' Sunntagpfife flott,
    Ih a'n Cigarestumpe.

Uff oamol bricht die Bruck mit mir,
    Ho g'moant, i sey verlore;
Ih fall' i beä Morast, und Ihr
    In 'n Hunig bis a b' Ohre."

„Do siehsch es, Lump! Du host koa Glück!"
    Nickt Bällevi mit Lache.
„So fahrt a jeda Galgestrick
    Dem Uhoal g'rab in 'n Rache.

So goht as alla Strolch' am End',
    Die gär koa Guet thue künnet,
Der Moasterschaft it folge wend,
    Uff Lumpestückle sinnet."

„Jo, Moaster, b' G'schicht' ist no nit us!"
    Schreit Fritz. „Was ist do g'scheähe?
Mir honb all' beid', as ist a Grus!
    Wie nasse Müs' usg'seähe.

Mit herbar Müeh', mit Noth und G'fohr, —
    Wär' bi 'ma Hoor versoffe, —
Vertrinnemer halt doch fürwohr,
    Und sind der Stroß' zue g'loffe.

Und wie mer voar anander da
    Schlabuchet·volla Schreäcke,
So mueß der Dant', so gnoth ar ka,
    ·De-n-Andere — abschleäcke."

Aus der Dachkammer.

Nachtgedanken einer Stallmagd.

———

Rings um mi ist as ietz so still, —
All's merkt scho, daß i briegge will.

So trurig ist as uf und ab,
So trurig, g'rad wie uff 'ma Grab.

Ma hört zu Zite b' Mühle goh,
Ma hört no fahre, det und do.

Der Mo schout wieder uff mi heär,
Deär hot koa Sorg' und Kummer, beär!

Wie glanzet Bach und Mur und Rost!
O Buebesunne, Mädletrost!

Dir ho-n-i's mengmol g'seit und g'klagt,
Was mir scho lang am Herze nagt.

Dir beärf i's klage, gueta Mo, —
As hot me halt no Koanar g'no!

Dir beärf i's klage, blaß und bloach,
Zu mir hot Koanar no be Loach!

I pflenn' mer faſt gär b' Ouge-n-us,
Schlich' ummar, wie a Kirchemus.

As wirblet mer all's duer 'e Kopf,
I bi an arma, g'ſchlag'na Tropf.

Stallier' nu, jo, hoſt Reächt, Marei!
's iſt g'rad, als ob's der Teufel thei.

Des iſt min Troſt, des iſt mi Rueh',
Mi druckt doch it alloa der Schueh.

Mengs Moatle hot's g'rad o a ſo,
Des macht mi no a bitzle froh.

I bi halt gli a g'ſchlages Menſch;
Doch will i ſtill ſy, Mo, du kennſch.

I woaß, uff Ehr', it, wo-n-as fehlt!
Bi ſuber g'kamplet, ſuber g'ſtrählt.

I ſieh' doch o be Lüte gli,
I laſſ' b' Soldate goh und flih'.

I ſchaff' ſus gern, und bi nit ful,
Ho juſtament koa böſes Mul.

Bi zahm, als wie a-n-Engere,
Bicht' z' Oſt're und z' Porzjunkele.

I bi koa Lortſch und bi koa Lall,
Gang uff koa Hochzig, uff koa'n Bal..

I strick' und flick' der all's, trotz oa'm,
Bi underliechts scho lang dohoam.

Bi bommstark, thätig, wie a-n-Uhr,
I milk' und mist', wie jedar Bur.

I maih' und heu', und schnid' und dresch',
Und spinn' am Rad, und sorg' füer b' Wösch'.

Koch's Brätle g'rad wie 's Rallennues,
D' Schupfnudla, wie de Kälberfueß.

D' Käsknöpflen ussem Fundament,
I ho no nie a Kost verbrennt.

Stell' b' Pflutta, b' Schneäcke, b' Fröscha, b' Fis
In allar Ordnung uff 'e Tisch.

Kohlrabe, Scheäfa, 's Mangelkrut, —
Koan Koch macht's besser, na, bigutt!

I Feäld und Bündt und Imbehus
Do kenn' i mi ganz wacker us.

Ka breäche, schwinge, wie scharmant!
I nimm a Sach' wie g'schmirbt i b'Hand.

I gang der gern i 's Loub und Mies,
Und ho gottlob no junge Füeß'.

I pfif' und sing' der, wie an Bue,
Multrumble ka-n-i oh derzue.

Kurzum, i woaß, uff Ehr', koa'n Grund,
Warum zu mir denn Koanar kunnt? —

O gueta Mo, o hör' mi a:
Kriegt denn b' Marei gär nie a'n Ma?

Mueß ih denn ledig blibe, hä?
Vermüchtele, wie Hobelspä?

O gueta Mo, min letschta Fründ,
O säg' mer, wo-n-i Balsam find'! —

Los', wie der Wächtar elfe pfift! —
O jegerle, der Mo verschlift!

's ist dunkel ietz, wie i-n-'ar Kueh,
All's lit scho i der schönste Rueh'.

Guet' Nacht, ihr Sternle, nu, as seh!
D' Marei stirbt ledig, 's blibt derbei!

Auf dem Heimwege.

A Mädle, markig wie an Beär,
　　A bildschäs Buremädle,
Tribt etle Esel voar se heär
　　I 's munter Schweäfelbädle.

Do kunnt em mitta uff 'em Weäg
　　Bi'n Pfaffekäpplehäge,
Nit wit vum alte Tobelsteäg,
　　An Städtlarherr entgege.

Deär haltet se ganz fründle uf.
　　„Wohin, Kind?“ frogt der Stutzar.
„Zum nächste Dorf,“ seit 's Mädle d'ruf,
　　Treit Heselstab und Plutzar.

„Herzliebchen!“ fahrt der Stadtherr fort,
　　„Gekommen mir zum Glücke!
Du kennst gewiß im Dorfe dort
　　Goldmüllers Friederike?

Sie sey gegrüßt von Julius,
    Dem Freund von Sang und Singen!
Ich bitte dich, ihr diesen Kuß
    Von mir zu überbringen!"

Ar seit's, goht hofreächt uff se los
    Mit hopfelichtem G'wisse,
Und will se, mir nint, dir nint, blos
    In 'n Arm neäh und verküsse.

Doch 's Mädle wicht em flink, flink us,
    Und möcht' it ugeärn kibe:
„Potz Hergules! Do wird nint b'rus!
    Des lond mer lieber blibe!

He, loset Ihr!" so rüeft s' em noh,
    Und winkt mit ihrem Hesel:
„Ei, gend des Schmützle mithalb bo
    G'rad oa'm du mina Esel!

Wil die v o a r mir im Dörfle sind,
    So wird as ehnder g'linge,
Des Mutzele vu-n-ihrem Fründ
    G'wiß g'hörig z' überbringe."

Einfalt.

Der Kaiser Joseph trifft der juſt
In Alpa bomm a'n Hirtebue.
Deär hoppet um a Für voll Luſt,
Fitzt, ſchnellt und ſchout be Küehne zue,
Hot wacker b' Gurgel höre lo,
Und johlet uſſem volle Hals.
Der Herr rüeft: „Luſtiga Patro!
Was hoſt zum Loh? Was kriegſt denn all's?"
Do ſeit mi Schlüſſele, mi kläs:
„O mir iſt wohl, wie ama Reh!
Ho z' eäſſe, z' trinke, krieg' mi Häß,
Krieg' Schueh' und Kloſe; hoſt bu meh?"

Der Arme und der Tod.

———

In ihrar volle Winterpracht
   Stoht b' Tannewaldung bo.
Am blaue Himmel haltet Wacht
   Der heäll' Dezembermo.

As suecht a Mändle, grau und alt,
   Arm, wie a Kirchemus,
Kreäs, Dos und Est' im öde Wald;
   As hot koa Holz im Hus.

Mit vielar Müeh' und nassem Blick
   Nu liest as eppas uf,
Bind't 's z'sämmet mit 'ma-n-alte Strick,
   Und nimmt's uff b' Achsel b'ruf.

As kucht i b' Finger, wie an Bue,
   As ist em sterbesweh,
Louft uff a Weättertanne zue,
   Wirft 's Bürdele in 'n Schnee.

„Ach Gott, ach Gott, wie frirt as mi,
   Huhu, buer Mark und Boa!
Der allarermeſt' Menſch bin ih
   Im ganze Land alloa!

Wie iſt mer's Erdeleäbe doch
   Verbloadet ietz, bim Strohl!
Der plogteſt Ochs im Burejoch
   Hot's beſſer zehemol!

Ach, läg' i nu noch ſovel Noth
   Neäb' Wib und Kind im Grab!
O tritt i's Mittel, gueta Tod!
   O kumm und holl' mi ab!"

Im Ummeluege, uff 'er Stell',
   Verlüggeret der Ma
A'n ernſte, graue Wanderg'ſell,
   De Tod, hert neäb' em da.

Ar treit a Seägeß i der Hand
   Mit ſcharfem Schliff und Schnitt.
„Ei, grüeß de Gott, als ubekannt!
   Du arma Tropf, was witt?"

Verbatteret und angſt und bang
   Hot beär zur Antwort g'geä:
„O ſey ſo guet und hilf mer, gang,
   Mi Holz uff b' Achſel neäh!"

Am Aschermittwochabende.

Am Aescharmikte sitzt in Rueh'
A nette G'sellschaft i der „Ente."
Der Kirchepfleägar kunnt derzue,
Und macht am Tisch be Präsidente.
Ar labt se neäb' 'em Mesmar da
Mit sina Nochberslüt' und Bure,
Und zoagt um Bäl und Maschkera,
Wie reächt und billig, koa Bedure.

„Nu," seit ar, „b' Fasnat wär' verbei,
Jetz hoaßt as faste, faste frile!
D' Dampfnubla sind ietz, — nu as sey!
Und b'Weäpseneäster Trumpf a Wile.
Ho Butter, Eier, meh als g'nue,
A Schneäckehus, voll Meähl mi Trögle.
All' Fritag kunnt der Fischarbue
Mit Schleiha, Karpfe, Trüscha, Egle,
Bringt Bachforella, Hecht' und Kreäbs',
Des lot se wäger schnabeliere,
Und Fröscheschenkele, ar geäb' s'
Priswürdig und thei Niemed schnüere.

Und Stockfisch' bringt der Klosterkneächt,
Und was fer feine, was fer zarte!
I mueß es säge, bi nit schleächt
Uff b' Faste-n-ig'richt't, geältet, Marte?"

Der Mesmar lachet: „Ih ho nint
Im Keär, im Trog, im Kuchekaste.
Mi gueta Herr! I gloub', Sie sind
Zum ... Freässe-n-ig'richt't, — ih zum Faste."

Die Liebesboten.

———

I ho im Herbst so mengemol
   Bi Neäbel und bi Nacht
Ganz z' oberst uff 'em Wibergpfohl
   Gern g'halte Trubewacht.

I ho us Langwil ugschiniert
   Mit Sunne und mit Mo
Und mit de Sterne bischguriert,
   Mi Bockshorn höre lo.

Ho noheg'sunne, noheg'denkt
   So über menge Sach',
Mi Ougepaar links abeg'schwenkt
   Uff b' Mühle dund am Bach.

Der Müllar hot viel Zүg und Guet,
   Im Dorf de schönste Platz,
A Töchterle, wie Milch und Bluet,
   As ist an wahre Schatz.

O därft' i säge, wie-n-i denk'!
　　I bi so blöd', so schüch!
Und sieh-n-i's, wenn i b' Schäfle tränk',
　　So buck' i me i 's G'strüch.

Weäm pflanzet as be Rosmari
　　Bi'n Wiexelbämme hind?
O wärst bu mi, ach, wärst bu mi,
　　Du hübsches Müllarkind!

Hoft 's Kämmerle a herzige
　　Im Trüeter binn versteckt,
Di Butzeschibefeänsterle
　　Bu Reäbloub fast verdeckt.

As gücklet b' Sunne b'ri voll Pracht,
　　Der Mo i si Revier,
Und 's Obebsternle fast all' Nacht.
　　Wie selig sind boch ihr!

I ho mit alla breia g'reb't:
　　„Weär will mi Böttle sy?
O welas, welas leit mer bet
　　A guets, guets Wörtle i?

Der Schofhirt Fränzle het's scho lang
　　Halt g'narret, g'narret gern,
Ar ging em über Drach' und Schlang',
　　Duer Für und alle Dörn."

I ho de heälle Mühlebach
 I 's Iverständniß g'no:
„O säg' em orbele a Sach'!
 Wie gern, wie gern i 's ho!"

Zum Immle honi g'seit: „Du gohst
 Und fligst i 's lieb, lieb Hus,
Und richt'st mi'm Ougetrost, verstohst,
 A saftigs Grüeßle us!"

I ho's dem Schwälmle g'meäld't, dem Spatz,
 Der Wassersteälz vum Pfohl:
„O grüeßet mer de holde Schatz
 Viel hunderttausedmol!"

As dötterlet mer all'sg'mach b'ruf,
 Mi Hoffnung sey verschneit,
Und goht mer bald a Liechtle uf,
 As hei's koa gotzigs g'seit.

Denn, sieht ma, was ma gern hot, ku,
 So schlöcht Da'm 's Herz so g'noth,
Du fahrst g'rad wie an Pfil dervu,
 Wirst über=, überroth.

Mi Schätzle nit! Des macht koa Mucks,
 Und louft glichgültig zue,
Und grüeßt me gestert neäb' 'em Buchs
 Wie jeda and'ra Bue.

Was seift zu Sunne, Vollmo: „Meälb's!"
  Zu Sterne, Bach und Imm'?
Zu Schwälmle, Spatz und Wasferfteälz? —
  Du hoft jo feäll a Stimm'!

Mit fettig Botte kunnft it wit,
  Und richteft it gär viel,
Vertäntleft nu die edel Zit,
  Und kunnft doch nie a's Ziel.

Jetz, kunnt as wieder, faff' de, Franz!
  Sey b'schoffe, flink und g'schneäll,
Und fäg' em orbele, was Land's,
  Biguttlat ine, feäll!

Ein häusliches Fest.

———

Noch 'em Spruch sott Wib und Ma
Nu o a Herz, o a Seel' halt sy;
Doch bim Amtsbott Koluba,
Wägerle, trifft des it i.
Ane, ane, b'hüet' i's Gott,
B'hüet' is Gott, der B'hüetar, je!
Ei, wie goht as zue bim Bott!
Was ift denas für a-n-Eh'!
Was die edel Husfrou will,
Will it Vatter Koluba,
Sott se still sy, müslestill,
Fangt se erst reächt z'lärme-n-a.
G'stritte hot ma Tag und Nacht,
G'huset, wie der Luft im Meähl,
G'lieferet so menge Schlacht,
Bald hot des, bald des a Feäl.

Nu amol bi Friedeszit
Git se Kolubane b' Hand:
„Wevel Jährle simmer hüt, —
Roth' o, Männle! — beianand?

Denk' nu: Hüt, hüt sind as g'sy
Fünfezwoanzge uff a Hoor!
Firemer im „Rad" bim Wi
D' silb're Hochzig! 's ist a G'fohr!"

Doch mi lieba Bottema
Hot si G'sicht i Falta g'leit,
Lueget Philippine-n-a,
Loset, lachet, schnupft und seit:
„Wartemer fünf Jährle g'rad,
Daß as mithalb besser füeg',
Und denn firemer im „Rad"
De drißgjährig Schwedekrieg!"

Das Milchmädchen.

A Milchare, a luftig8 Bluet,
  Manierle, fein und glatt,
A Burekind voll Jugedmueth,
  Goht alle Früeh i b' Stadt.

Sie treit a Gelte, spiegelblank,
  Voll Milch uff Buft und Zopf,
Und louft verheär so frei und frank,
  Dreiht ufcheniert de Ropf.

Wie schö goht über'm Tannewald
  Amol juft b' Sunne-n-uf!
Zum Städtle hi kunnt 's Mädle bald,
  Rüeft kurlemunter b'ruf:

„O nommas lit mer lang im Sinn!
  Ift b' Milch verkouft und us,
So mueß mer vum Profit und G'winn
  A Schäfle g'rad i's Hus!

Und wenn i so a Thierle ho,
   So git as, joppaleh!
Da Lamm um's ander noch und noh,
   Und all' und allab meh.

Und wenn ma b' Schäflen anegit,
   Und stellt a Rindle a,
So host a Küehle mit der Zit,
   A Busele neäb' da.

Und ist ma flißig überal,
   In Wände dinn und duss',
Host Freud' und Glück i Hus und Stal,
   Und Milch im Ueberfluß.

Denn gang i mit mi'm liebe Franz
   Als Brütle zum Altor,
Und träg' de schönste Bluemekranz
   Im flottfrisierte Hoor!

Ach Gott, wie ist denn uns so wohl!
   Wie ka-n-as anderst sy!
Denn tribt ma unter G'sang und G'johl
   A fünf, sechs Stücklen i.

Denn bini Bürin, Franz ist Bur,
   Juheh, mit Lib und Seel'!
Vergeässe-n-ist denn Load und Trur,
   Denn leäbt ma kreuzfidel!"

Sie lachet, nimmt deä Ougeblick
   A Sprüngle, nit a Käs,
Und leider Gott! lit Milch und Glück,
   Und Glück und Milch — im Gräs.

Bäuerleins Stoßseufzer.

Wie honi doch bi volla Tröge
Mi Wib amol a gerne möge
   Im glücklichefte Jährle bet!
I ho bim Wible all's vergeäffe,
I hätt's voar Lieb' g'rad möge freäße,
   O wenn i fe nu g'freäße hätt'!

Der Schuldbote.

———

As wanderet amole an Gizhals über Feäld,
Als Schuldbott' möcht' ar holle hüt bobewohl a
Geäld,
A Zinsle, hüt verfalle, in Berge bi 'ma Bur;
As ist Martinemorge, der Filz an Ma wie b' Uhr.

Nu, wie-n-ar ganz gemüethle a Waldstoag abegoht,
Und under sina Sohla koa Hälmle wachse lot,
So kunnt der Teufel zei em, louft wie a Schäfle noh:
„Du könntest me zur Kurzwil als G'spane mit der lo!"

Sie loufet buer a Dörfle, bo briegget voar 'am Hus
A Kind so gottserbärmle, as ist a G'walt, a Grus!
Si' Muetter rüeft buer 's Feänster: „Hoho, hoho!
Nu gstät!
O wenn amol beä Meänggar der Teufel holle thät!"

'Der Schuldbott' seit zum G'spane: „Jetz lof' ma!
Hosches g'hört?
Do wird der bu-n-'am Wibsbild a wacker's Kind
verehrt."

Der Ander git zur Antwort: „A, plouder' mer,
was b' witt!
Die Muetter ist halt zornig, ihr Ernst, na, ist
as nit."

Sie gond a Hohlstroß abe und seähet uff 'am Grund
A große Heärd' vu Soua, be Hirte und be Hund,
Und oane ist vertrunne, der Suhirt rüeft: „Nu zue!
Mitweäge louf' zum Teufel, denn hätt' i doch
a Rueh'!"

Der Gizhals hot dem Schwarze a'n Ougewinkar g'geä:
„Do git ma der a Süle, witt bes benn oh nit neäh?"
„Was soll i mit 'ar Su thue? As ist nit Ernst,
fürwohr!
Der Suhirt müeßt' se zahle, bes ist jo sunneklor."

Sie stieflet ietz z' salbander dem Berg zue linkar Hand,
Verzellet bes und biesas, und kummet mitanand
Geg' elfe zu-n-'am Weihar und Hof, wo, liebar Gott!
Der Bott' vum arme B'stänbar si Geäldpost kriege sott.

Mi Bürle stoht im Stadel, und dreschet just si Korn,
Verblickt bie zwä Trabante, und seit zum Filz
voll Zorn:
„In allar Teufel Name! Woheär kunnst bu?
I wött,
Daß bi mit Hut und Hoore der Teufel hüt
no hätt'!"

Do seit der Bös' zum Botte und lachet: „Hosches
g'hört?
Do wird mer ietz amole a saftigs Mohl verehrt!
Deäm ist as Ernst, bim Dunder! Nu heär!
A Ma, a Wort!"
Ar packt e mit de Kralla, fahrt mit em uf und fort.

Der Stellvertreter.

———

Weäm wött am Funketag scho frueh
   Si Herz im Lib it lache!
Bim Silbermüllar z' Waldegrüe
   Wird g'sotte, g'brote, g'bache.
As dampfet Suppe, Fleisch und Fisch
Und Funkeküechlen uff 'em Tisch.

As lütet zwölfe dummedum,
   Volk kunnt vu-n-alla Sitta,
Der Müllar beätet lut und frumm
   De Spruch us alta Zita:
„Herr Jesus, komm', sey unser Gast,
Und segne, was bescheert uns hast!"

Weär steälzet noch 'em Beäte g'rad
   Zuer Stubethüer ietz inar?
An alte, hoorige Soldat,
   So schwarz, wie an Zigünar.
Ar macht a Buckarle und seit
Zum Müllarmoaster volla Freud':

„A'n schöne Grueß du Jesus, und
  Ar könn' umögle kumme;
D'rum schickt ar mi, i soll die Stund'
  Bileibe nit versumme.
Jetz bini do, ihr liebe Lüt',
Und stell' me i zur reächte Zit."

Der Silbermüllar hebt de Buch
  Am Stubetisch voar Lache:
„So kumm'! Mir hond noch altem Bruch
  Die schönste Küechle g'bache.
Mi lieba Gast, sitz' neäb' 'e Bue,
Schenier de nit, hou' wacker zue!"

Mi hung'rigs Invalible lot
  Si des it zwoamol säge.
Ma moant, ar hei us b'sund'rer Gnod'
  A zwä, drei Doppelmäge.
Koan Knödel ist em z'groß und z'rund,
Ar schaffet, wie an Hochzighund.

D' Heäffküechle nimmt ar fest uff 's Korn,
  Und macht mit Ma und Wiber
In alla Schüssla Rummishorn,
  Koa Brosele blibt über.
Der Steälzfueß wehrt se, was ar ka,
  Und zünd't gemüethle 's Pfifle a.

„Vergeält's Gott hunderttausemol
   Für Brote, Küechle, Würstle!
As schnabeliert, bim Dunderstrohl!
   Nit saftiger a Fürstle!
Jetz, wenn mi Jesus wieder schickt,
Was soll i thue?" — Der Müllar nickt:

„Ma Gottes, nu, so g'seäng' der's Gott!
   Und wenn di Jesus wieder
A-n-andersmole schicke sott, —
   Tractiert wirst reächt und bieber;
Doch lieber wär' mer weäg' de Kind',
Wenn d' 's g'schriftle brächtest, gueta Fründ!"

Gebroch'ne Herzen.

___

Um 's Obebroth am Weihar dund
   Bim alte Bandstock da
Hot Christoph g'flötet menge Stund',
   I denk' no allab b'ra.

Wie hommer is anander bet,
   Ananber g'liebt so treu,
Wie b' Engele a gerne g'hett, —
   Und ietz ist all's verbei!

I hätt' e under taused g'no,
   Und under taused g'wählt!
Ach Gott! wie hot die Muetter g'tho!
   Wie hot der Batter g'schmält!

Jo frile, bluetarm ist ar g'sy;
   Doch arm sy ist koa Schand'.
Du fändest under'm Sunneschi
   Koa treuers Herz im Land.

O nie vergiß i dene Zit
　　Det underm Hoamathbach! —
Die arm, uschulbig Flöte lit
　　I tauseb Stuck' im Bach.

Verrisse wird so mengar Kranz
　　Duer fremba Roth und Thot.
Ma hot nit nohg'geä, bis ma ganz
　　Zwoa Herze g'broche hot.

Nie hond se g'änderet de Sinn,
　　Sind g'storbe b'ruf do g'rab,
Und i 'ma wälsche Kirchhof dinn
　　Lit Christoph als Soldat.

Mä hot mer 's Liebst' uff witar Weält,
　　Ma hot mer 's Liebst' it g'lo,
Ist g'falle uff 'em Ehrefeäld, —
　　Und geäb' em Gott be Loh!

Der Bandstock wirft jeb's Blättle ab,
　　As winteret scho gnoth.
Mi Glück, min Richthum lit im Grab,
　　Und jede Freud' ist tod.

Verlor'ne Liebe.

———

I woaß der a Geged, so luftig und grüe,
I woaß der a Plätzle, amuethig und wie!
Neäbbana a Gärtle, a Queälle derbei,
D'rin dinna a Burehus, lieble und frei.

Im Stüble, im Gade dinn fänd' i all's blind,
Det bini voar Johre so gern g'sy als Kind.
Wie kunnt mer uff oamol all's wieder in 'n Sinn!
's alt Bäsle, a Wittfrou, hot g'huset do dinn.

Mengs Epfel, mengs Butterbrot hot se mer g'geä,
D' Karlina, ihr Töchterle, honi gern g'seäh'.
As ist mer, als strick' se bim Feänsterle da,
Und lueg' me und lach' me so herzle no a.

Wie hond mer det dinna mengs Stückle verzellt,
De Türke usg'machet und b' Rüeba denn g'schellt,
Und b' Richera g'prätschlet und g'sunge und g'lacht,
3' Wihnächte a luftige 's Krippele g'macht!

Du Kriechebomm, hoft det wohl g'seähe mengs
Spiel!
O könnteft du fchwäte, du wüßteft no viel!
I woaß es no wohl, wie mer g'eäpperet honb
Bim Stäbele bana, wo b' Pflummebämm ftonb.

Rings ummar ift all's no, wie voar a-n-acht
Johr'.
As ift mer doch nomma fo g'fpäffig füerwohr,
Unb fiehni voarhuffa 's alt Bänkle bi'r Thüer,
So krieg' i naff' Ouge; — i ka nit derfüer.

As änbern fe b' Zita, as änbern fe b' Lüt.
O felige Tägle, wie finber fo wit!
Do ftanb i mit Schmerze wohl wieber am Ort;
Doch was i gern g'hett ho, ift leiber halt fort.

Denn fiehni bes Hüsle, fo thuet as mer weh;
Koa Bäsle ift binna, koa Töchterle meh.
As hot fe viel g'änberet, ane, wie g'noth!
D' Karlina ift fort unb 's alt Bäsle ift tob.

Bim Vetter im Stäbtle zur „golbene Schlang'"
Det ift fe als Keällare orbele lang.
Sie fing' ber mengs Lieble mit munterer Stimm';
's alt Mäble, 's alt Schätzle boch ift as halt
nimm'.

Und wie-n-i am Johrmarkt im Städtle bi g'sy,
So gang i halt o mit zum Schlangewirth hi;
Doch b' Keällare bringt mer glichgültig mi Bier,
Und hot me no g'iehret; do dank' i derfüer!

Ih ho se wohl g'butzet und wie-n-i do det
Bu-n-alta, ou schänera Zita ho g'red't,
So seit se: „Weär suecht denn de feänbrige Schnee?
Weär denar Zit nochsinnt, treit Wasser in 'n See."

Schä ist se no allad, des läugn' i nit, na!
Ufg'schosse wie b' Bimse bi'r Mühlebruck da.
Ring' hot se a-n-etle. G'denkt honi, i gang.
Gott b'hüet' de, Gott b'hüet' de, du goldene Schlang'!

I ho mer am Hoamweäg verzelle o lo,
As louf' er do nomma an Schribar all' noh.
Ar wöll' se zur Froue, krieg' wacker no Moos,
Sie hei's it wit g'worfe und naih' scho b'ruf los.

Wohr ist as: Kunnst wieder amole det hi,
Wo früeher, voar Johre, so glückle bist g'sy,
Und siehst det bie sunnige Plätzle so leer,
So wird der g'rad wehhoaß und ordele schwer.

's ist Mengam so g'gange, wie Unseroa'm do,
So wird as o späterhi Mengam no goh.

17*

Gott b'hüet' de, liebs Hüsle! Gott b'hüet' de,
liebs Hus!
Gott b'hüet' de, schäs Mädle! Der Trom ist
ietz us.

I wünsch' der all's Lieb's und all's Guet's und
all's Schä's!
I will der verzihe und bi der it bös.
Sey z'friede, sey glückle! I briegg' me nit blinb;
A-n-andere Muetter hot o a netts Kind.

Die Predigt vom Tanze.

Amole hot im Schwizarland
An Pfarar b' Sunntagpredig.
Wie loset All's du jedam Stand,
Was cupuliert ist oder ledig!
Si Red' ist weleweäg it leer,
Ar seit vum Tanze und vum Buehle:
„Jo 's Tanze a und füer si wär'
It schädle; aber halt 's Verchuehle!"

Der überschwängliche Lobredner.

———

As halt't an Franzischkaner, an Pater schlicht und
frumm,
Uff sinar Klosterkanzel bim Patrocinium
Voar vielem Volk a Predig, a Red' voll Schwung
und Fluß,
Dem heil'ge Franz b' Assisi, bem Franz Seraphicus.

Der Pater nimmt vu Monat zu Monat noch
'er Schnuer
Voarsichtig und bebächtig de ganz' Kalendar buer.
Ar musteret im Himmel all' Heilige und ka
Koa'n reächte Poste finde für bena Gottesma.

Ar wanderet mit Salbung buer b' Heiligelegend',
Und wehrt se gär it übel, verwirft voll Ifer b' Händ',
Balb schlöcht ar s' üb'ranander, balb hot ar s'
z'sämmetg'leit,
Ar wirft a'n Blick a b' Diele mit g'hob'na Aerm'
und seit:

„Seraphischer Franciscus, bu Kircheliecht, so milb,
Mi unerreichbars Muster, bu heiligs Tugebbilb,
Erhab'na Orbesstiftar, — o gimmer's reächt
                                    in 'n Sinn!
Wo ist a würbigs Plätzle für bi im Himmel binn?

O Klosterschmuck unb Zierbe, säg', soll i bi ietz go
Im wunnigliche Schwarm binn bi'n anb'ra Hoal'ge lo?
O nei, nei, a mitsammtem! Des thät koa Hoabekinb!
O des wär' all's no z'wenig, o des wär' all's
                                    no nint!

Wo wemmer'n anesetze? Hm, zur Propheteschaar?
Zum Amos, Jeremias, Michäas? — Gott bewahr'!
Min heiliga Franciscus, der Orbesstiftar, ist
Erhab'ner als b' Prophete, des woaßt a jebar Christ.

Wo soll i 'n anesetze, voar alla tugebsam?
G'rab unber b' Patriarche? Zum Noe, Aberham?
Zum Isaak ober Jakob? — Do wär' i wohl
                                    it klueg!
Liebwertheste Zuehörar! Des wär' no lang it g'nueg!

So g'hört ar unber b' Engel? O na; der heilig Franz
Stoht höher noch als Engel, Erzengel bo im Glanz,
Stoht über Seraph, Cherub i Himmelvatters Rich;
Verzih' mer's Gott im Himmel! Des wär' no
                                    koan Verglich!

Wo wemmer'n anesetze?" So rüeft ar nochamol.
A-n-alts, langhoorigs Mändle, an Pfründnar im
Spitol,
Ist satt vu deäna Lobsprüch', as ruschet mit de Schueh',
Stoht uf und nimmt si'n Dreispitz und rüeft dem
Pater zue:

„He, wenn b' er no nit wisset, wohi b' er'n doch
am End'
No anewise sollet und hipostiere wend,
So tritt i ietz i's Mittel, verkopfet ne nit lang,
Und setzet e do ane! Ih mach' go Platz und gang."

Jugendtraum.

A Meäbbele, so wunbernett,
Mit wälschem Oug' unb Hoor,
Des honi boch a gerne g'hett
I mina schönsta Johr'.

Wie wohl ist junga Schäflen boch
Im Maiesunneschi!
Du liebar Himmel, mir ist noch
Viel wöhler, wöhler g'sy!

Der schönst Tag hot si Obebroth,
Der heälfest Tag si Nacht,
Unb 's Meäbbele ist füer mi tob;
Woaß Gott, mit weäm as lacht!

O Kinberjährle, Kinbermai,
So süeß, wie Alperohm! —
Unb all's verbei unb all's verbei,
Als wie an schöne Trom!

Der Bauernmaler und sein Lieb.

Min Schatz ist an Molar, an Molar min Schatz,
Deär molt der a Nachtül', so guet als a'n Spatz,
Ar molt der a Bufele, molt der a Kueh,
Du moanst g'rad, sie leäbet und lueget der zue.

Ar molt der a'n Hase, so guet als a Mus,
Ar molt der a Beähwoad, wie Stadel und Hus,
Ar molt der o Neäspla und settige Waar'
Uzitig, wurmäßig, bald toag und bald mahr.

Ar molt it blos Thierer, do wär' i no still,
Ar molt o Gottvatter, so groß, als ma will.
Ar hot is be-n-Aehne, i säg nu, wie g'schwind!
Feänd abg'kuntrefetet, as kennt e jed's Kind.

Deär kennt der be Bemsel, deär molt der, was
b' witt,
A Tanne, a Mühle, leäbhafters findst nit.
Ar molt der a-n-Dache, wie 's Mitzeleholz,
Und ist nu so fründle, koa Bröfele stolz.

Deär mischlet denn b' Farba, deär woaßt denn
was-Land's!
Ar bemslet der b' Sunne voll Strahla und Glanz,
Ar bemslet der b' Sterne, so guet als de Blitz,
Und macht der de Mo heär, so flink als a'n Schnitz.

Ar molet o Krüzer voll Rose und Dörn,
Sanduhra und Todteköpf' zoachnet ar gern.
Ar stricht der de Kaste, de Schnitztrog neäb' da
Bi witem im Dörfle am muntersfte-n-a.

Ar schribt der frakturisch, ar schribt der Kanzlei,
Ar schribt der latinisch, kurz, was as nu seh.
Des ist der a Bürschle, des ist der an Bue,
I lueg em denn mengmol fast stunbawis zue.

Amole so lot e der Pfarar denn ku,
Und frogt e: „Ei, säg mer, ei säg mer doch, bu:
Du könnest jo mole, seit Melchars Soldat,
As seh der wohrhaftig a Pracht und an Staat.

As moant der ietz leider mengs Boa, daß as hüt
Koa Höllb und koa Feägfür, koa'n Himmel meh git.
Jetz molest a b' Kirchemur g'rad bie bri Stuck',
Mol' munter und fließig, und laff' mer it luck!"

„Wo ane, Herr Pfarar?" frogt Hannes voll Freud'.
„A b' Kirchemur buere, i ho der's scho g'sett.

Du molst es im Viereck, so hoch als a Hus;
Denn b' Buebe, die kratzet so Sacha gern us.

Am Mentag gohst ane und zoachnest 's erst Bild,
Und b' Höllb, die machst z'erschces! Du molest
wie wild!
Und laff' be nit störe! Z' Marend trink' a'n Most!
Los', spär' mer koa Farba! 's ist gli, was as kost't.

Z'erst molst mer a Gättere, Stanga, ug'hür,
A siebe, acht Teufel i's flackerig Für,
Da Big' a der ander vu buechena Stöck',
Und Teufel d'rum umme mit Lüte in Säck'!

Und wenn der b' Höllb g'rothet, mir wend denn
scho seäh',
So will der denn 's Feägfür und 's Himmelrich geä.
Lobt's Werk denn de Moaster, kriegst b' Löhnung
derbu,
Uff Pfingste kast fertig sy, tummel' be nu!"

So seit der Herr Pfarar, und Hannes goht b'ra,
Nimmt b' Höllb ietz i b' Arbat und molt, was ar ka.
Ar kouft noch a'n Bemsel, ar b'stellt noch a'n Bue,
Verklockct a'n Ziegel, nimmt Kierueß berzue.

Z'erst molt ar a Gättere, Stanga, ug'hür,
A siebe, acht Teufel i's flackerig Für,

Da Big' a der ander du buechena Stöck',
Und Teufel d'rum umme mit Lüte in Säck'.

Des ist der a G'wimmsel, a G'striebel, a G'stächt
As hot mer wohrhaftig erst tromt derdu nächt.
Wie lueget die Teufel im gräuliche Schi
Mit Fleädermusflügel a trurige b'ri!

Des ist der an Jommer! und Stanga, wie broat!
Host g'moant, du hörst prassle, 's Zähklappere groat.
Des ist der a Flamme, des ist der an Glanz,
Der Lucifer hot der a'n grausige Schwanz!

Mir hot as guet g'falle, mueß säge, wie 's ist,
Und wacker molt Hannes hoch uffema G'rüst,
Lot säge dem Herre, ar moan', ar sey greä.
Der Pfarar kunnt buerar, — thuet g'rab wie a Beäh.

„Wo sind i der Hölld dund verrissene Kränz'?
Hond d' Teufel o Schnuzbärt und settige Schwänz'?
Ist des denn a Flamme? 's ist ehnder a Schlang',
Was brucht as a'n Bloftbalg, was brucht as a Zang'?

Sind des denn o Farba zu settigem Zweäck?
Fort, fort mit deäm G'sudel, d' Schmirbare aweäk!
I möcht' de vertäsche! Gang ane und bicht's!" —
D'ruf kunnt der an Mutar, beär lacht und —
                              verstricht's.

Der Hannes hot g'briegget und g'schwoare und
g'schmält:
„I ho-n-em's reächt g'molet; as fehlt nint am
G'mäld'.
Ma soll mer Da'n bringe, as ist mer it bang,
Im Mole, jo laff' i mi sueche no lang!"

Der Hannes ist fast it zum Tröste meh schier,
Ar kriegt der koa'n Schüffelespfennig derfüer.
Ar molt der koa Höllb meh, des hot ar woll g'seit,
Jetz macht ar a Landschaft, ist wirkli a Freud'.

Min Schatz ist an Molar, des laff' mer it neäh,
Min Schatz wird an Künstlar, ihr weäret's no seäh'.
Z' Michele, z' Michele, do bini fi Wib,
Denn briegg' i voar Freuda, denn fimmer oan Lib!

Des Bauernburschen Wünsche.

A Zinsleneäst, — und suech', wo d' witt,
  I Felse ober Wald,
Und nähmest o a Brille mit, —
  Des find'st it g'rad so bald.

As zünd't amol an kluege Ma
  Im graue Altarthum
Am heälle Tag d' Laterne-n-a,
  Schout noch 'am Mensche-n-um.

I wüßt', i wüßt' scho, was i möcht'!
  Suech' eppas bode lang,
Dem Imble glichlig und dem Hecht,
  Der Katz', dem Hund, der Schlang'.

I möcht' mit Imble's Fliß a'n Schatz,
  G'rad wie an Hecht so g'sund,
Sott süberle, wie uns're Katz',
  Und treu sy, wie an Hund.

Und wär' se engelschä no o,
　　Des hätt' no koa'n Verfang!
Sie därft' mer dumm it sy, wie Stroh;
　　Klueg sey se, wie a Schlang'.

As ist a Ding, as ist a Sach',
　　A Freud' um so a Wib!
Wie musper wär' i underm Dach,
　　Versorgt a Seel' und Lib!

As git wohl Mädlen schaarawis!
　　Doch ach, du liebar Gott!
Noch mi'm Wunsch rar, wie wiße Müs',
　　Fast wie a blaue Krott.

Jetz zünd' i go am heälle Tag
　　Mi Stallaterne-n-a,
Und heb' se hinder jeda Hag,
　　Und gückel', was i ka.

I gabel' se bestimmt no uf,
　　I nimm mi Wort it z'ruck,
Und gang ietz wie an Sperbar b'ruf,
　　Und lass' amol it luck.

I suech' und wunder' wit und broat,
　　Und find' i, was mer g'hört, —
A'n Juhzgar lass' i, daß ma'n groat
　　Bis über Kostez hört!

Erdenmühen und Ersatz.

———

J-n-'ar Kirche uffem Land
Nomma üb'r 'er Libla duß,
Prediget vum Burestand
Stiftprobst Athanasius.
Ist a Herrle, g'moa und frei,
Friedle, wie der Aberham,
Uff 'er Kanzel, wie an Leu,
Und im Bichtstuehl wie a Lamm.

„Arbat," seit ar, „Müeh' und Pi,
Plogareia ohne Zahl, —
Lueg' ma heär und lueg' ma hi, —
Git as frile überal.
Ma und Wib und Kind und Maid
Findet G'schäft' halt bummedum;
Aber, Bure, it verzagt!
Unserherrget woaßt warum.

Unserherrget woaßt uff's Hoor,
Wie der Summer macht so hoaß,
Wie ma uff 'em Feäld 's ganz Johr
Menga schwera Tropfe Schwoaß

Ueber b' Backe rolle lot;
Wie ma ohne End' unb Wend'
Tag füer Tag uff b' Arbat goht,
Uebel Zit hot bis a's End':
Wie ma pflueget, wie ma sait,
Dunget, egget, setzt unb stupft,
Wie ma-n-eätet, schnib't unb maiht,
Unb im Tenn be Pflegel lupft.

Unserherrget woaßt uff's Hoor,
Wie ma frettet unb verlib't,
Was im liebe, lange Johr
Veäh unb Kind füer Arbat git;
Was im ruhe Tobel bet
's Buschele füer Kräfta brucht,
Wie ma weärchet, schnatteret,
Unb im Schnee i b' Finger kucht;
Wie ma fuetteret unb tränkt,
Schaffet, bis um b' Wihnachtszit
D' Schlachtat bomm im Kämmet henkt,
's Türkemeähl im Kaste lit;
Wie so mengar Ehrema
Hunbet, würgt unb raggeret,
Unb it z' Glufet kumme ka,
Wenn ar absolute wött.
Dornig ist halt b' Erbefreud',
D' Himmelsstroß goht it bergab.

Rueh' ist niena do, wie g'seit,
Pflegelheute nu im Grab. —

Aber daß ma's o prästiert,
Und i mengar trüebe Stund'
Si Guraschi nit verliert,
Kurlemunter blibt und g'sund,
Hot is Gott zu Wohl und Weh
A be Halba bet und bo
Um 'e blaue Bodesee
Sine Trube wachse lo.
So vel hanget heär und hi
A be lieba Reäba ba,
Daß as du beäm g'sunde Wi
Jedam Christ und Biederma, —
Wie mer seit a-n-alte Schrift, —
Allemol zur Obedzit
Alle Tag' a Schöpple trifft,
Wie-n-e Gott und b' Reäbe git."

Hert bi'r Kanzel neäb' fi'm Bue
Sitzt a musgraus Bürle da,
Hört mit Mul und Nase zue,
Lueget fest be Herre-n-a,
Kratzet usehr hinder'm Ohr,
Brummlet mit em feäll: „Bigutt!"
Macht a Fust do geg' 'em Chor,
Streckt se und rüeft überlut:

„Daß es doch der Guckar holl'!
Dena Lumpe, dena Schuft,
Herrgott, möcht' i kenne, woll,
Deär alltag mi Schöpple suft!"

―――――

Das Häklein.

In 'n Pfarhof kunnt an Burebue
Sechs Wocha voar Martine.
Ar butzt am Beäse fine Schueh',
Klockt a und wattet ine.

„G'lobt f' Jef' Chrift, Herr!". — „In Ewigkeit!" —
„Excüfe, — woaß it, ftör' i?" —
„Nu zue, nu zue, nu inar!" feit
Der Herr. „Bift du's, Xaveri?

Lass' höre, was der g'fällig wär'!
I will de nit verfumme.
Was hätteft guet's? Bift eppa gär
In Hochzigg'fchäfte kumme?"

„Des bini juft, und wär' ietz do,
Und will's halt o go woge,
Und möcht' me bald verkünde lo;
Doch voar no eppas froge.

D' Hochzitare wär hübsch und g'sund,
A Muster du 'ma Mädle,
As ist die Anderelteft bund,
Die Süberest im Bädle.

Der Badwirth hot mer 's Jowort g'geä,
Und des ist bode wichtig.
Ihr' Muetter seit: ‚Du kaft se neäh;
Vu mir us hosch es richtig.‘

As manglet mer sus nimma viel,
So honi des Nußjäggle;
Doch hot halt b' Sach' no voar 'em Ziel
A gotzigs, gotzigs Häggle.“

„Wo hebt und fehlt as denn am End'?
Was moant und seit denn d' Franzel?
Die will viellicht erst um 's Advent
G'schwind abar du der Kanzel?“

„As hebt und fehlt it a der Zit;
Des hätt' i no verbisse.
Sie will mi absolute nit,
Und mag nint du mer wisse.“

Der Herr verschüttlet ietz de Kopf,
Als bißet e zwölf Schnogge:
„Des ist koa Häggle, arma Tropf!
Des ist, bigoft, an Hogge!“

Der Mutter Rückkehr
vom Lindauer Frühlingsjahrmarkte.

———

„So , Kinderle, do bini, do bini ietz, gottlob!
As wär' bald dunkel woare, der Mo ist no nit hob.
Wie honder's bei anander und honder g'folget, hä?
Was macht der Weätterskerle, mi Stumparle, der Klä?

Ei, lueget doch, was honi do under'm Schnupftuech
           dund?"
„O Ringle, Zuckerringle! O des, o des ist g'sund!"
Des ist a Freud' um b' Muetter! 's Klä hebt se
           a der Schooß:
„Mir o, mir o a Ringle!" — „Mir z'erstes!"
           rüeft der Groß'.

„Was bring' i ne zum Krämle? Verrothet er's,
           sa wie?
Ietz wartet nu, wo honis? G'kouft honi's bode früeh.
Was ist do i beär Schachtel? Nu, bring' i se
           go uf?"
„Figürle, o Figürle!" schreit oa's um 's ander b'ruf.

„Jetz schouet bo des Hirtle, die Aeherleäsare!
Deä Schnittar und die Bürin, des Kämmetfeägarle!
Deä Bergknapp und deä Jägar, die suber Wuldsuhetz,
Deä Gärtnar mit dem Reäche, deä Fischar mit
      dem Netz!

O eppas hätt' mer g'falle! Doch wohlfel ist
      as nit.
Gloub' schwerle, daß as heänna g'rab nommas
      netters git.
As stellt a Waldkapeälle in Berge binna voar,
Jed's Aestle siehst im Gatter, jed's Nägele im Thoar.

's Waldbrüederle knielt binna g'rab voar 'em
      Crucifix,
An Krueg stoht under'm Feänster, a Buech lit da,
      a dicks.
Wie fein ist 's Glockethürnle, Zeäll', Strohdach,
      Krüz und Wald
Us Heälfeboa usg'schnitzlet! Deärartigs siehst
      nit bald.

Do goht as zue, ihr Kinder, bo ist as aber eng!
Des ist a-n-Ummarstoße, a Drucke und a G'bräng!
Ho b' Moatla o verlore g'rab oasmols nochananb,
I wart' und wart' und planger', und find' s' bo
      a 'ma Stand.

Wie lärmet, häret, brächtet und schreit ma do,
jo woll!
Ma hört si oages Wort it, so hot ma b' Ohre voll.
D' Usrüefar, b' Stiefelwichsar und b' Schlifar
hond a G'schroa,
Der Mart, so könnt' ma moane, g'hör' eähna
nu alloa.

Do hört ma Kindertrummla, Harmonika, wie schä!
Hört Bläslen, Rätscha, Pfiflen und Zinnerrättätthä!
Do handlet ma und martet, bet reächnet ma und
zahlt,
Das will voar'm And're zuehe; weär z'ersches
kunnt, beär mahlt.

Was hot ma do für Sacha, für Waara, Zůg
und Ding'!
As thuet oa'm wäger b' Wahl weh, und bie ist
it so ring.
Wie macht, potz Weätterdeäge! mengs Stückle doch
oas a!
Und voar 'em Rothshus dana bes prächtig Porzela!

Do hot ma Bleisoldate, mengs Bilderbuech und denn
Landschäftlen so zum Mole und Farbeschächtelen,
Geduldspiel, Sonnenuhra und Nüerebergarwaar,
Und Krippelefigura, Spielsacha, thür und rar.

Was git as bo all's z'seähe! Do hot ma, was
b' er wend.

Am meiste hond scho Losung b' Sechskrüzar=
krämarständ'.

Die machet G'schäft', potz tauseb! hond Großes
und hond Kleis,

Kurz, wo ma, wo ma lueget, so find't ma eppas Neu's.

Was siehni um a Zwölfe g'rad uff 'em Haupt=
wachplatz?

A'n Hufe englisch Ritar, uff Steälza be Bojazz.

Sie leäset nommas abar, und hond do blose lo,

Und jorum, was sind Buebe und Lüt' de Rosse noh!

Und voar 'er Stadt duss', ane! wie goht as
beta zue!

Do git as Sacha z'seähe, bo hoaßt as: „Lue,
lue, lue!“

Do wimmlet as vu Köpfe um die Menascherie!

Germanus ist mit Bäble no z'Obeb binna g'sy.

Do git as Zwerg' und Riese und Prutschenelle=
g'spiel,

Und beära Trillareia, o woaß koan Ma wie viel!

Soaltänzar, Ritar, Gouklar bim neue Landthoar ba,

Morbthata, Kosmorama, bo brächt' ma 's Geälb
scho a.

As ist am Johrmartmentag mit Volk und Schesa zwor
Im Herbst als wie im Früehling a so fast alle Johr'.
As ist be nanna duere so lieble g'sy und nett,
A Weätterle, wie side, wie g'molet hommer g'hett.

Bekannte hommer g'troffe und g'funde noch 'er Wahl
Im Dueranander dinna und G'spane überal.
Bigost, wie hot an Krämar mit Danar g'resoniert!
Sus g'stohle hei ma wüethig; ma hot a paar trapiert.

D' Wirthshüser, jeges, jeges! wie g'schochet voll
sind die!
Eng honi s' mengmol g'seähne, a so voll aber nie!
Da Musig um die ander kunnt, spielt, zicht i
und goht.
Frisch, d' Keällarna und Wirthin, die wisset 'na
koa'n Roth.

Mir sind it mit vu'r Kirche do bi 'ma Becke g'sy,
As ist a frünbles Mändle, und hot koa'n üble Wi.
Bloß hot as d' Nudelsuppe mit Wasser gär z'
viel g'streckt;
Will 's table sunst it witers; denn b' Schübling'
hond is g'schmeckt.

Jo, potz! dem Vatter honi natürle o a'n Krom,
Die side Zipfelkappe mit roserothem Som.

Denn honem no fünf Schübling'; i woaß, wie
gern ar's mag.
Moann, Kinder, honder Lube; mir fiedet f' uff Mittag.

Die and're find i's Dampffchiff; ih gäng der um
koa'n Pris;
Denn 's Waffer hot koa Balke, feit Bloachars
Allewis.
Do ift mer b' Landftroß lieber, as ift a prächtigs Goß',
Und und'r 'e Sohla hommer koa Gräsle wachfe lo.

Wie zicht as oas, wie goht ma fo wacker hoamath=
wärts!
Bald ftond mer voar 'em Mouthhus. Wie fchlotteret
mengs Herz!
Die fehet hür a fchärfe; fie fuechet gär all's us.
Beätlüte hommer höre g'rad nomma bi der Klus.

Jetz will i doch gern gruebe; denn g'ftanbe fimmer
g'nue.
Wie bini doch a müebe! Wie brenne me die Schueh'!
Ei, ei, wie mueß i trinke! Durft honi wie an Fifch.
Jetz wemmer fchnabeliere. Gang, Theres, deck'
be Tifch!"

Die Sage vom Schloß Tegelstein
bei Lindau.

Amol hot under Linde im Tegelstoanar Schloß
A Zwingfrou Anna g'huset mit Kind und G'sind
und Troß,
A Wittfrou, rich, hartherzig, dri Fräule hei se g'hett,
Das schöner als des ander, mit kurza Worte g'red't.

Im herrliche Schloßgarte, voll Rose Hag a Hag,
Voll Rose Bosch' a Bosche, am schönste Maietag
Lustwandlet alle viere amol zum Zitvertrib,
Do kunnt zur Poarte inar a-n-arms, arms Burewib.

„O Burgfrou, g'strenge Burgfrou, ietz hätt' i doch
a Bitt':
Mi Töchterle ist g'storbe, o därft' i, därft' i nit
Bu deäna wißa Rose o nu a-n-etle neäh!
I möcht' dem liebe Engel a'n Kranz uff 's Gräble geä."

Mit Funkelouge glotzet die Schloßfrou b' Bürin a,
Stemmt beide Händ' i b' Site und schnouzet wild:
„Na, na!

Für settigs Lumpeg'sindel und Burepack schint mir
A Kränzle vu Brennnessla fürwohr die g'hörigst Zier!"

Do blickt die todtblaß Muetter zur stolze Burgfrou uf,
Fahrt mit der Hand buer d' Ouge, und schreit im
Jommer d'ruf:
„So sehet Eure Rose, voar b' Amsel Abschied nimmt,
Zu luter Todtekränze für Eure Töchter b'stimmt!"

Und in Erfüllung g'gange ist o beär Muetterfluech.
Bald lit uff schwarzem Schrage im wiße Todtetuech
Da Fräule um des ander, all' dri im seälle Johr,
A'n Kranz du wißa Rose treit jed's im Lockehoor.

Ma will sit det, voar jed'smol vum Tegelstoanar
G'schlecht
A Frou hot b' Ouge zueg'macht, i friedli stilla Nächt'
A Froueg'stalt im Garte no hundert Johr' dernoh
A'n Kranz du wißa Rose det fleächte g'seähne ho.

Bun alla Herrlichkeita stoht noch a-n-alte Mur,
Voll Eäbheu, Mies und Stuba i Moder, Schutt
und Trur.
Bum stolze Herreschlößle, voll Bluema Kranz a Kranz,
Ist z' Nacht 's Johanneswürmle der oanzig, oanzig
Glanz! —

An ein Mutterherz.

————

Hot der Pelikan koa Fuetter
Sinar hungerige Bruet,
Rißt ar b' Bruft uf, und ihr' Muetter
Tränkt se mit dem oag'ne Bluet.
   Muetterherz, schlof' wohl!

Muetterherz, du host nit minder
Hunger g'stillt und Schmerze g'hoalt,
Z'letsches unber bine Kinder
All' bi Guet und Herzbluet g'thoalt.
Muetterherz, schlof' wohl!

Host mit Loab und Kummer g'stritte,
Herbe, herbe Zita g'hett,
Viel weäg' bina Kinder g'litte,
All' bi Leäbe g'opferet.
   Muetterherz, schlof' wohl!

Hoſt erfahre uff 'em Lehe
Bu de Kinder menga Schmerz;
Kleina ſtond ſe Da'm uff b' Zehe,
Großa ſtond ſe Da'm uff's Herz.
  Muetterherz, ſchlof' wohl!

Weär hot b' Muetterliebe g'meäſſe!
Hoſt des all's gebulbig g'treit,
„Ma mueß eäſſe unb vergeäſſe,"
Menge-, mengemole g'ſeit.
  Muetterherz, ſchlof' wohl!

Tröſt' be Gott unb ſchlof' im Friebe,
Frei bu Kümmerniß unb Noth!
Ewig ſimmer jo nit g'ſchiebe,
Unb uff b' Nacht kunnt 's Morgeroth.
  Muetterherz, ſchlof' wohl!

Stirbt a Muetter vu de Kinde.

Stirbt a Muetter vu de Kinde,
　　Fahrt an Schuder duer b' Natur,
Zittert jede Kirchhoflinde,
　　Struch und Blüemle volla Trur.

Kunnt 's lieb' Muetterle im Himmel,
　　D' Ouge volla Waffer, a,
Tröftet ma's im fel'ge G'wimmel,
　　Was ma nu vertröfte ka.

O wie briegget doch die arme
　　Kinderlen, as möcht' an Hoab',
Möcht' fe frisch an Stoa verbarme!
　　Tröft' Gottvatter euer Loab!

Taufed Freuba find verrunne;
　　Under'm Wafe dunba lit
's Treueft', was as und'r 'er Sunne,
　　Und uff Gottes Erde git!

Arme G'schöpfle, arme G'schöpfle,
   Wil der honb koa Muetter meh,
Schenkt der Himmel jedam Tröpfle
Noch a zweits Schutzengele.

Kinder, folget brava Stimma,
   Blicket troftle himmelwärts,
Und vergeäffet nimma, nimma
   Muettergrab und Muetterherz!

———————

Jok und Minele.

———

Bis an 'n Hag zum Brünnele
Git dem Jok si Minele
 's G'leit voll Schmerz und Weh.
„Geäb' der Gott si'n beste Seäge,
B'hüet' de Gott uff alla Weäge,
 Sieh de nimmameh!"

Trurig goht vum Hoamathort
Jok als Wanderbürschle fort,
 Schout no vielmol um.
Winkt no mit si'm schwarze Huet,
Mit si'm Schnupftuech, roth wie Bluet,
 Lang, lang still und stumm.

Luftig rohret 's Brünnele,
Glänzt im Obedsünnele,
 Glitzgeret wie Gold.
's Minele hond schwarze Mane
Bald mit Bohr und Krüz und Fahne
 Uff 'e Kirchhof g'hollt.

Tif, tif dunb in Flandere
Gruebet Jok vum Wandere,
　　Wit vum Vatterhus,
Mit so mengam Kammerat
Uff 'ma Schlachtfeälb als Soldat
　　Scho a guet Wil' us.

Meäbbele, schlof' wohl unb linb,
Tröst' be Gott, du Engelkinb,
　　's Rösle beckt be zue!
Trom' vu schöna, schöna Stunba
I bi'm stille Bettle bunba,
　　Vu bi'm treua Bue!

Wo-n-ar hot am Brünnele
Abschieb g'no vum Minele
　　Volla Loab unb Weh,
Kunnt koa Blüemle oa'm voar's G'sicht,
Sieht ma koa Vergißmeinnicht,
　　Wachst koa Hälmle meh.

———————

Vergißmeinnicht.

Vergißmeinnicht, du Blüemle i Brüehl und Ried
und Feäld,
Vum Himmel abarg'pflanzet vu-n- Engelen uff
b' Weält,
Du bist a-n-offes Briefle, mit deäm Gottvatter seit:
„Vergiß mein nicht uff Erde, o Mensch, i Loab und
Freud'!"

Mit bina kleina Blättle, mit Deugle himmelblau,
Und mit di'm geäle Sternle im Glanz vum Morgethau,
Wie lachst du oas so herzle, so wunderlieble a!
Gott grüeß' be schä, Gott grüeß' be am heälle
Bächle ba!

De schönste Bluemename, o gloub', o gloub' mer's nu,
I säg' der's im Vertroue, lieb's Blüemle, host
woll du.
Vergißmeinnicht, wie klingt bes so herzig und so lieb
Duer all' und alle Zita, in Tage, heäll und trüeb!

Ma find't be uff 'e Berge, in Thäler, um 'e See,
Bi Wälber und bi Feälber, und bist so gern sit je

Uff grüena Kinderplätze, an 'n Quеälla uf unb ab,
Unb bift so gern im Kirchhof uff Muetterfinbles
Grab.

Ma fieht be wunderseälte ganz muetterseelsalloa.
Du hoft um Bach unb Grabe, uff Bühel, Halbe, Roa,
Uff alla bina Weäge mengs Schwesterle bi bir,
D'rum banket ber bu Herze all' Kinberlen berfüer.

Verblickt a ftillem Oertle an alte, graue Ma
Die himmelblaue Blüemlen, woaß Gott! as grift
e-n- a.
Ar fahrt mit fina Finger wehmüethig über's G'ficht,
Unb benkt a mengs berboret unb tob Vergiß=
meinnicht. —

Wo bu bift, o bo lächlet jeb's Gräsle, jebar Halm,
Unb's Keäferle unb b' Grille fingt um be Pfalm
uff Pfalm.
Wo bu bift, will mer bunke, ob gär all's schöner seh,
As ift, als ob ber Himmel bes Plätzle g'wiehe hei.

Doch all's, was uff 'er Weält ift, bes grüenet, blüeiht,
fallt ab,
Was Taufeba hot g'falle, finkt langsam halt i 's Grab.
Viellicht mueßft bu scho welke im nächste Ougeblick,
Wie alle Blueft unb Bluema, wie jebas Erbeglück.

Leäb' wohl, du Kinderblüemle! Gott schenk' der
menga Tag!
O freu' de no am Früehling, am frohe Amselschlag!
Mit dina Himmelsfarba o tröst' mer no mengs Herz,
Und gieb em wieder Hoffnung i Kummer und i Schmerz!

Leäb' wohl für alle Zita, und setzt ma eppa mir
Viellicht uff's Grab amole a Schwesterle du dir,
Denn soll as mer all's grüeße dohoam i Freud'
und Trur,
All', alle treue Seela, weär Gott liebt und d' Natur.

Der Klapperhans.

I-n- ema Pfardorf im Altbahrische nomma do dunda
Sitzet in 'ar Spätherbstnacht sechs Moatla bi'r
Stubat,
Luter junge G'schöpf' in ihra glücklichsta Johre,
Leäbesfroh und dischgursiv, blauöügig, geälg'hooret.
Jede treit a Kopftüechle, wie-n-as det dunda der
Bruch ist.
Hätt' s' an Fremde g'seähe, ar hätt' ganz sicher
behauptet,
Stif und fest, as sitzet luter Schwestera voar em.
Alle spinnet um a'n runde Stubetisch umme,
Mitta dinna brinnt a-n- Unschligkerze im Liechtstock,
Und trüebselig gloastet a Lämpele über 'na domma
Voar 'am alte verrouchete Muettergottesbild dana.
D' Heälle ist nit wichtig i der g'müethliche Stube.
D'-Mädlen iert as nit viel, verzellet G'schichta uff
G'schichta,
Singet eäppamol a Lied, a G'sätzle zuer Kurzwil.
Hinder 'em Kachelofe dunda uff 'ema Steffel

Huckt a-n- alts Wibsbild, Susann' oder Sandel
mit Name,

Meh als siebezg Jährle hot se hinder 'em Rucke.

Trüeb ist ihr G'sicht, verdrosse, sie macht a Leäfze,
als ob se

's Vatterunser verspielt hei, und be Gloube verkeglet.

's Wibsbild sitzt do wie verlore, ist murrig, grätig
und lütschü.

Säppamol nickt se mit dem Kopf, und brummlet
wie wislos,

Brutschelet uverständliche Wort', und lot se nit störe,

Git der junge Waar' koa-n- Acht, und nuppet
am Ofe.

's Stüble singt und klingt, as ist so hoamele dinna,

Und beäm Mädlevölkle beianander a wöhle!

Aber dussa, hu! wie toset und toret der Nachtsturm!

Uff 'em Kirchethurn domma giret die rostige Fähne,

Daß as Da'm duer Mark und Boa goht, so thuet
as, wie 's Wuethas.

Uebernatürle schlöcht as a Thüera, Feänster und Läbe,

Pfift und rottlet und bruset, daß as frisch 's Liechtle
verwoblet.

D' Spindel hoppet, 's Rädle surrt, und Schwanewirths Burgel

Ist so eäbe grad' mit 'ar grusige Goasterg'schicht' fertig,

Die se dohoam amole vu-n-'ar Beättlare g'hört hot,

Als a wohre G'schicht', natüerle, des beärf se nit fehle.

„Jeges, loset, Mädle!" rüeft die schnabelschneäll'
Rosel,

„Hu, potz taused Dutzad Epfelküechle, wie waiht as!
Des ist a Nacht! Ma sott koa'n Hund frisch
usselo hienacht!"

„Los' ma doch, ane, ane!" jommert die buebe=
närrsch' Bäbel,

„Wie der Luft im Brünnele ruschet, ar rißt is
fast 's Hus um!"

„Jetzeba wird deär deänna, gloubet's, ihr Mädle,"
seit d' Sepha,

D' Töchter us 'em Hus, und putzet ordele d' Kerze,

„Wird der Klapperhans im Todtehüsle viel z'
thue ho."

D' Liesel, a bluetjungs G'schöpf, a Bäsle zu Sepha
und Nanni,

Jetzeba just uff B'suech do us 'am andere Dörfle,
Hebt ihr Näble, verschüttlet d' Ohreglonggar und
loset.

„Ho vum Klapperhans oh scho g'hört; ei, säget
mir doch o,

Gond, verzellet mer doch o, Mädle, was ist as
denn mit em?"

„O, do ka-n-i biene," seit Sepha's Schwesterle,
d' Nanni,

Nimmt a Zwetschge i's Mul als Netze. „Host
deänna im Boahus

Dena wiße Knochema im Winkel nie g'seähe?"

„Woll, am Sunntag voar acht Tag'", seit 's Liesele
wundrig,

„Kumm' am Obed vum Krämar 's nächst' Weägle
über 'e Kirchhof,

Nu, der Wunder hot mi g'stoche bim Boahus,
wie billig,

Und was sieh-n-i? a langmächtigs Todteg'ripp binna!

Ufreächt, bolzg'rab' stoht as do, as ist mer fast
g'schwunde.

Mueß ufrichtig scho säge, as ist mer kötzelig woare."

„Eäbe des ist der Klapperhans!" git b' Nanni
zur Antwort.

„Ueber zwoanzg und etle Jährle stoht ar scho binna."

„Klapperhans? Worum denn hot ar beä g'späſſige
Name?"

Froget neugierig 's Liesele d'ruf, und ornet be Spuele.

D' Nanni zupft am rothe Wickebändel und munklet:

„O beä Name hot ar, wil ar i sturmischa Nächte

Mit be Knoche und Beäner schlottert, klappert und
raßlet,

Daß ma's bobe wit hört. Jo, gang nu buere uff's
Gängle!

Frog' nu be Schoppar und si Wib, die wisset's
am Beste."

„Klappere mueß ar z' Nacht und des und nint
anders", seit b' Rosel,

„Wil ar als junga Bursch a bravs, bravs, orbelis
Mädle

Ehrlos hindergange, uglückle g'macht hot, so hoaßt as."
„Nu, i will's verzelle, so guet i 's g'hört ho," seit
b' Nanni.

„D' Ahna selig hot's mengmol g'brocht denn unber
'er Linde.

Voar a-n- etle fufzg Johre ist im Dörfle an
Bursch g'sy,

Hübsch, des fehlt se nit, und wie a Tännele
g'wachse,

I der ganze Nochberschaft hot ma koa'n stärkere
g'funde.

Herzhaft ist ar g'sy, und g'fürchtet hot ar koa'n
Teixel.

D' Mädlen hond e alle möge, und hond e ver=
hätschlet,

Hond em g'wunke und nohe g'lueget, wo-n-ar se
zoagt hot.

Menge hätt' b' Finger noch em g'schleäcket; aber
des Bürschle,

Aber beär Hans hot nomma-n-a Mädle b'sunders
gern g'seähe,

's Mädle ihn o, as sey dem Pfauebure si Makd g'sy,
Suber, aber bluetarm. A Jährle weähret die
Liebschaft.

I-n-'ar Herbstnacht a 'ma Sunntag kunnt ar o
wieder,

Und det offeriert em si Liebste im tiffte Vertroue
Und mit Jommere, daß se i-n-'am andere Stand seh.

Hans will nint d'rum wisse, verzornet, bringt Voar=
wurf uff Voarwurf,

Wirft er b' Utreu' voar, und gottet und mentet
ufinnig.

Nint, nint, gär nint wöll' ar meh vu-n-er wisse
und höre.

Nu, a-n- etle Täg' dernoh kunnt 's Mädle zum
Liebste,

Klagt em 's Elend mit ufg'hobena Hände und briegget,
Und beschwört e voar Gott, bi alla heiliga Näme,
Rutschet uff 'e Knine zei em ane und bittet:
„O verlaß, verlaß me nit, dur taufed Gotts Wille!‘
Do verhebt der Umensch b' Ohre, springt ummar
wie b'seässe,

Hot se g'schlage, daß sie blüetet us Mul und Nase,
Nimmt se bim Arm, und stoßt und wirft se zur
Stubethüer usse.

Prisg'geä der Schand', dem Elend, der höchste Noth
und Verzwiflung,

Goht des arm Mädle us 'em Dorf bi Nacht und
bi Neäbel,

Wo se aneg'rothe-n-ist, hot Niemed erfahre. —
's Bürschle lot se nit a graus Härle wachse deßweäge,

Macht's, wie mengar Ander, (o b' Mannsbilder,
                                    die kennt ma!)
Kümmert se nit gär viel, hot bald 's arm Mäkdle
                                    vergeässe;
Niftet se liftig i bernoh bim b'häbigfte Bure,
(G'moandsroth ift ar im Dorf,) ft oanzigs Töch-
                                    terle g'fallt em,
Hans dem Töchterle o, der Batter git em fi Jowort.
's Brutpaar wird verkünd't, ob Niemed a Hinderniß
                                    voarbring'.
Niemed im Kirchdorf regt se; aber an Andere
                                    meäld't se.
Circa fünf, sechs Obed voar 'er Hochzig, so hoaßt as,
Schaffet Hans im Schrofe, und hout a Birkele nieder,
Und verschlüpft und rutschet, bocket du Felse zu Felse,
Mustod hond f' en z' Nacht do g'funde dunda im
                                    Tobel.
Ohne Loab und Reue ift ar i b' Ewigkeit umme.
Zwoanzgmol ift mit Blätter und Bluest der Früehling
                                    i's Land g'ku,
Zwoanzgmol hot der Herbst all' Blätter g'falbet
                                    und abg'stroaft,
Sit ma de Hans vergrabe hot bi'r Kirchhofmur dana.
Und was g'schiecht? Do grabt der Schoppar amole
                                    a Grab uf
Aber Mur und hot—a ganzes Menscheg'ripp' g'funde.
All's, all's hanget no a-n-anander, wie ma de Tod molt,

Ob ma's künftle z'sämmetg'füegt hei mit Bänder
und Stiftle.

Nu, der Schoppar nimmt des G'ripp', macht b'
Azoag' bim Pfarar.

Noch 'er Lag' vum Grab erkennt ma's für denas
vu Hanse,

Deär si'n Schatz verstoße hei so treulos und ehrlos.

Guet. Der Schoppar lornet's i's Boahus, wo-n-as
just Platz hot;

Aber verschrickt nit wenig, wenn ar's i stürmischa Nächte
Groat, groat bis an 'n Morge rumore und klappere
g'hört hot.

Z'ersches moant ar, as kumm' vum Zugluft i Klimsa
und Spälte,

Deär si Weäse trib' i denar boufällige Hütte.

Wie-n-as aber nit ufhört und nohgit, gloubt Karle,
der Schoppar,

Des sey bestimmt a trurige Strof' vum Himmel,
nint anders,

Die dem tobt'ne Buebe füer si'n Freävel sey ufg'leit.

Und so stoßt des G'ripp' sit bena Zita im Boahus,
Raßlet und klappert i-n-oa'm Tromm i luftiga Nächte,
Bis as vu sinar Pi und Strof' amole verlöst wird."

„Des ist doch a trurigs G'schichtle!" rüeft b' Liesel
trüebselig,

„Daß der arm', arm' Tropf so lang, lang klappere
mueß no,

Und koa Rueh und koa Raſt füer ſi Verſchulde
ka finde."

„Lang? O des iſt it lang!" ſo brummlet ietz d'
Sandel wehmüethig,

Wacklet mit dem Kopf und zittert a Hände und Füeße.

D' Mädlen lueget anander a, verſchricket und ſtunet.

„O ar mueß no länger klappere, länger, viel länger;
Denn ſi arm's Mädle hot o lang, lang g'briegget
und truret,

Woaßt koa Menſch und koa Seel' wie lang, —
ihr thätet's it gloube."

„Ei, ei, alte Sandel," brächtet b' Nanni, „jo hoſt du
Denas Mädle no g'kennt? O gang, verzell' is
o nommas!"

„G'kennt?" frogt hohl und klanglos die Alt' miß=
trouiſch und ſüfzget.

„Wohl, wohl ho-n-i's g'kennt, jo wohl, jo frile,
jo frile!

O as iſt a Mädle g'ſy, ſo luſtig wie 's Leäbe,

Suber, rothg'backet, brug'hooret, wie 's Rohr im
Weihar 'ufg'ſchoſſe.

Na, ihr thätet ſe nimma kenne, wenn er ſe ſähet!"

„Gougel, was fallt der denn i?" frogt Schwane=
wirths muntere Burgel.

„Hm, der Klapperhans iſt über zwoanzg Johr' ſcho
im Hüttle,

Und iſt früeher no länger im Kirchhofbode dinn g'leäge?

O do mueß jo denas Mädle jo lang, lang scho
tod sy?!"

„Tod, wohl tod, . . . jo lang scho tod, tod!" stöhnet
ietz b' Sandel,

„Lang scho Herz und Uschuld, Glück und Hoffnung
all's tod, tod!" ——'

„Nanni, los', i mueß der scho säge," seit's Liesele
wieder,

„Mir ist nomma ganz curios, ganz schub'rig um 's
Mieder,

Und nit anderst, als ob ma mer a'n Kübel kalt's
Wasser

Ueber 'e Rucke abe g'schütt't hei, gloubet's nu sicher."

„Des ist der Tod, der Tod, der Sensema!" kitteret
b' Nanni.

„De s ist der Tod, der voarig über bi Gräble ist g'loffe."

„Nanni, bedärfst it spotte, mueß der scho säge,"
warnt b' Rosel;

„Mir ist bi deär G'schicht' o ganz uhoamelig woare."

„Gond aweäk! was fallt ene i?" rüeft Schwanewirths Töchter,

„Wend er ne gär no füerchte viellicht? Gond
hinder 'e Ofe!

Wenn i des wüßt', minar Treu'! so thät i zuer
Strof' g'rad'

Us 'em Boahus heär beä Klapperma hie nacht no holle,

Anestelle mir nint und bir nint mitta i b' Stube!"

„Hui", ſchreit b' Liefel. „Jeſſeslehle, Mädle, was
ſeiſt bo!"

D' Nanni lachet a'n Scholle: „Du? Des ließteſt
woll blibe!"

„Uff 'e Kirchhof buere bu ſo ſpät no?" frogt
b' Bäbel,

„J-n-ar ſo a bunkle Nacht bi Sturme unb Schneie?
Des loſt ſy! Du biſt bie Guraſchierteſt no nie g'ſy!"

D' Sepha zitteret, loſet mit Mul unb Ohre uff
b' Burgel.

„Thoanb it ſo bumm, ſo füerchtelig!" ſchnaberet
bie bo. „Was gilt as?"

„G'rab' mi golbes Fingerringle," rüeft b' Nanni
unb lachet.

„Jverſtanbe," ſchreit ganz herzhaft Schwanewirths
Töchter.

„Guet, i ſetz' mi ſilberis Sunntagnüſter bagege!"
„Nu, as gilt! Schlag i!" ſeit b' Nanni. „Alle ſinb Zügel
Aber, Burgel, loſ', wenn witt bes Wogſtuckusfüehre?"

„G'rab' ietz uff 'er Stell'," git b' Burgel luſtig zuer
Antwort.

„Jetz g'rab'?" froget a brei, a vier, unb ſchuberet
z'ſämmet.

„Thuer be nit verſünbige, thuer it freävle!" ſeit
b' Roſel.

„Gang, gang, laß es geälte, laß es geälte, i roth' der's.
Denn i woaß der bo vur Muetter a grüſeligs G'ſchichtle.

Los', amole hot a Wib o g'wettet vu deär Art.
Nu, as gilt a hohe Wett', woaß nimma, wie viel just,
Daß se z' Nacht vum Kirchhof wöll' a Tobteg'ripp'
holle.
's Wib it ful, macht Ernst, goht uff 'e Kirchhof
um Zwölfe.
Wie se mit beäm G'ripp' im Arm dem Hus zue
schlabuchet,
Het as se uff amole a se g'klammeret fest, fest,
Und erst loufe lo, bis se i der grüleste Tobsangst
Bittet hei um Schonung füer a-n- uschulbigs Leäbe,
Des die Muetter desseällmol unber 'em Herze
g'rab' treit hot.
Burgel, b'sinn' de! mit be Tobt'na lot se nit g'spasse."
„O i fürcht' die Tobtne nit; sie thoand is jo
nint meh.
Na, die G'storbene, na, die Tobtne kummet wohl
nimma;
Sind se a 'ma guete-n- Oertle, so möget se nimma,
Sind se aber a 'ma böse, so beärfet se nimma.
Gär all's, was ma über ihr Wiederkumme ver=
zellt hot,
Ist verloge, ist nu Abergloube und Blendwerk."
D' Waldburg seit's, stoht uf, stellt hofele b' Kunkel
uff b' Site.
„Nanni, b' Wett' soll geälte: Di Ringle ober mi
Nüster!"

Und mit deäna Wort' ist richtig 's Mädle ver=
　　　　　　　schwunde.

„Je, je, as wird er doch it Ernst sy?" froget do
　　　　　　　b' Nanni.

„A mitsammtem" muschelet b' Rosel; „i kenn' se,
　　　　　　　i kenn' se!

Wette will i, sie stoht bi'r Stubethüer dussa und loset,
Und as freut se, wenn mer zittere thätet wie b' Hase."

„O do wird se se brenne," rüeft a-n- andere wieder.
„Allo, lustig wemmer sy, reächt gorig und gisplig,
Merke soll se, daß se Koane koa Brösele füerchtet."

„Jo, des wemmer, des wemmer! Allo, singet a G'sätzle!"
Aber mit dem Lache und Lustigsy hot as si Weäse;
Dane um die anber will singe; aber as thuet's it,
Und 's Verzelle goht nomma o nit g'hörig du statte.
Alla ist so b'sunder um's Herz, verberge ka's koane.
D' Burgel lot se nit blicke, und as bötterlet alla.
Uff ananber ane bucket und schmucket se b' Moatla,
Lueget ananber a, a 's Kerzeputze denkt Niemed.
Dane um die anber schout zuer Stubethüer abe.
Nu die alt' Sandel blibt uff ihrem Plätzle und loret,
Und verschüttlet de Kopf im Ofewinkele hinda.

Ueber a guets, guets Wile hört ma loufe uff 's
　　　　　　　Hus zue.

Alle spannet und loset. As regt se koa Spindel
　　　　　　　koa Räble,

Niemeb mukiert se i der Stube, koa Schnusarle
hört ma.

Tobtestille ringsummar. Uff amole schnellt b'
Thüer' uf,

D' Mädle wäret stuchewiß unb schreiet voar
Schreäcke.

Uff 'er Schwelle stoht b' Burgel mit verzusleta Hoore,

Mit dem Tobteg'ripp' in Arme, verschneit unb
verluftet.

„So, bo honber be Klapperhans! Ar möcht' se o
g'wärme!"

Rüeft se lut, verschütt't be Kopf unb schüttlet be
Schnee ab,

Bringt e inar, lornet unb stellt e manierle a b'
Wand hi.

Jebe gißet unb schreit, unb wehrt se mit Hände
unb Füeße,

Alle springet i's Ed bo uff a Hüsele ane,

Hület unb hünet unb streket b' Köpf' i b' Schooßa
voar Gruse,

Unb dem Liesele wirb bi'r Kammerthüer bana
stoaübel.

„Usse, usse mit em! Jeges! Dur taused Gott's Wille!"

Schreit all's bueranander. „Usse mit em, g'schwind
usse!"

„Mine Wett' ist g'wunne!" lachet Schwanewirths
Töchter.

„Alle find Zäge! Nanni, Nanni, heär mit bi'm
Ringle!"

„Weäge minar," fchreit bie, „nu uffe mit em,
nu woalle!"

„Arma Häutar, fo kumm ietz, wil o niena an Gaft bift,
Weber im Grab, noch über em Rueh' unb Friebe
kaft finbe.

Kumm, i will be wieber i bi Kämmerle träge."

D' Walbburg feit's, unb lupft be Knochema wieber
uff b' Achfel, —

D' Stubethüer goht uf, unb weär kunnt inar?
ber Pfarar.

Kunnt g'rab' bu 'ma Kranke heär, unb wie-n-ar
verbei will

Ueber 'e Mühlefteäg bem Pfarhof g'mächle zuewattet,
Hört ar us 'er Stube uffar a jämmerlis Schreie.
Volla Schnee, hunbsmüeba kunnt ar inar, go luege.

„Guete-n- Obeb, ihr Kinber!" — „O a'n guete,
Herr Pfarar!"

Säget bo Alle. Unb ber Herr verfchüttlet be
Mantel,

Wirft be Schnee vum Huet, fahrt mit be Finger
i b' Brille:

„Ei, was fchreiet ihr benn a fo? Was git as?
Was honber?

Mäble, was ift as? Wirb boch eppa koa-n- Uglück
paffiert fy?"

„Nei, nei," stotteret Dane um die Anber und
                                    schämmt se.
„Ach, . . . der Klapperhans, . . . Hochwürden Herr
                                    Pfarar".. seit b' Nanni,
Streckt verbatteret b' Hand us, zoagt uff 's Tobte-
                                    g'ripp' ane.
„Was, der Klapperhans?" rüeft lut der Pfarar
                                    und stunet,
Wie-n-ar des G'ripp' am Uhrehüsle bana verlüggert.
„Ei, was thuet denn deär bo i der Stube bo hinna?"
„D' Burgel ist Schuld, Herr Pfarar!" mulet die
                                    schnablig Rosel.
„O as hot a G'wett' nu g'golte, Hochwürden,"
                                    seit b' Burgel.
„Schmälet Se nit, Herr Pfarar! — ob i sovel
                                    Gurasche
Heb' und deä Knochema vum Kirchhof i b' Stube
                                    künn' bringe.
Uebermueth ist as frile, frile; aber wie goht as! . . .
D'rum hond Alle so g'schroue, b'rum sind Alle
                                    verschrocke."
„Dundersmoatla, na, weä m möcht' so nommas ifalle!
Schouet, die Tobtne soll ma i Rueh' und Friede
                                    nit störe.
Burgel, nimm e, und träg e wieder i's Tobtehus buere!
Daß ar a-n- Enb' und Ort kumm', gang i mit
                                    der bis ane.

Aber voar allem, loset, soll em a Jedas abbitte,
Wil ma 'n übermüethig vu fi'm Oertle hot g'numme.
Jede bo hinna soll em orbele b' Hand geä unb säge:
Klapperhans, tröst' be Gott, unb schlof' in Friede
unb Rueh' ietz!"

„Ach, bu liebar Himmel! J trou mer fast it!"
klagt b' Nanni.

„Je, weär wött bie mobrige Finger arüehre?"
rüeft b' Rofel.

„Hu, mir grufet, mir grufet as!" schreit b' Bäbel
unb b' Sepha.

„Des fey bie heilsam Strof' füer euera Voar=
witz, ihr Fausla,

Unb a-n- anbersmol heiet meh Ehrfurcht gegen
bie Tobtne,

Unb geg' All's, was eppa vu be G'storbena heärrüehrt.
Nanni, gang bu z'erst ane, mach koa Umstänb' unb
folg' mer!"

Muchtlos, wie an verhagelte Haf', goht's Mäble
bo zuehe,

Will em ihre Hand geä, lot se g'schwinb falle
voar Schuder.

Uff a'n frünbliche Wink vum Herre kriegt se Gurasche,
Schüttlet b' Knochehanb keäck, unb feit zum Tobtene
herzhaft:

„Klapperhans, tröst' be Gott, unb schlof in Friebe
unb Rueh' ietz!"

„Hoſt be wacker g'halte, Mädle," ſeit der Herr
Pfarar.

·„Jetzeba trifft as Rosle. Gang ane woalle, nu
woalle!"

Ugern, ugern ſchlicht ſe ane, und machet 's wie
b' Nanni,

Und benn trifft as b' Burgel, nochart b' Bäbel
und b' Sepha.

Ane, wie a naſſes Kalb ſchier zitteret b' Liesel,

Wicklet b' Schooß um b' Hand, und faßt zwä
Finger vum Tobtne,

Seit des Sprüchle, lot b' Finger bobe woalle
bo fahre.

„Honb em ietz Alle bohinna b' Hand g'geä?" froget
ber Pfarar.

„All's, all's!" rüefet bo All', „ietz, Burgel, nu uſſe,
nu uſſe!"

„Halt", nickt bie bo, „b' Sanbel iſt no übrig im
Winkel,

Dene ſoll em oh no b' Hand geä, benn ſimmer
ſo fertig."

„Wirb em ſe oh nit geä!" murrt b' Sanbel uſehr
und bittlos.

„Und warum nit?" froget der Herr mit Stune.
— „Warum nit?

Sanbel, Sanbel, bebenk', bie chriſtlich Milbe verlangt bes,

Daß ma jeb's Ureächt herzle abbittet, bes ma be-
              gange
A de Leäbiga, a de Todtna, wie billig, nit minder.
Jede Ubild ſtroft der Herr, langmüethig doch ſicher;
Schout de Menſche uff b' Weäg', uff ihre Hand-
              lunga merkt ar.
Sandel! Mach' nint ugrad's! Gib dem Klapper-
              hans b' Hand o!"

„Mine Hand, na kriegt ar nit!" rüeft 's Muffele
              ſchnouzig
Und verſchüttlet Kopf und Hand mit funkliga
              Duge.

„Sandel! Und b' Urſach wär? Ei, ſäg mer, beärf
              ma's o wiſſe?"

„Wiſſet er wohl, warum ar klapperet, niena koa'n
              Friede
Und koa Rueh' ka finde under und über 'em
              Bode?"

„Woll, i woaß es," ſeit der Herr, „ar hot ſe amole
Schwer verſündiget a-n- ema arme, flißige Mäble."
„Schwer, ſchwer," ſüfzget b' Sandel. „Glück und
              Hoffnung und b' Freuba
Bu 'ma ganze Menſcheleäbe hot ar vernichtet.
O, ihr wiſſet nit, wie ſe hot g'briegget, g'ſchroue
              und g'hület
Uff 'e Knine voar em bana, baß ſe hätt' möge
Friſch an Kieſelſtoa verbarme, umſus und vergeäbes!

O, ihr wiſſet nit, wie-n-ar zornig b' Ohre ver=
hebt hot,

Wie-n-ar ſe g'ſchlage hot, und uſſeg'ſtoße zuer
Husthüer,

Prisg'geä der Schand' und Verachtung, der Noth,
dem bitterſte Elend!

O ihr wiſſet nit, wie ſe mit ihrem Büntele
fort iſt

J der dunkelſte Nacht, koa Weägle, koa Steägle
meh g'kennt hot.

Barfueß, ohne Troſt und Hilf' und ſchnatt'rig voar
Kälte!

O ihr wiſſet nit, was ſe g'litte, wie ſe ſe
g'krümmt hot,

Ach, i Muetterſchmerze uff 'er offene Landſtroß

Muetterſeelsalloa, vu Gott und Menſche verlaſſe, ...

Faſt verzwiflet iſt voar 'em todgeboarene Würmle!

Wie ſe um a Suppe hot g'beättlet, des wiſſet er
all's it!

Wie-n-as ſe g'hungeret hot, und wie ſe g'runge
und g'manglet,

Ach, des wiſſet er all's it, all's it; aber ih
woaß es!

O ih woaß es, woaß es, woaß es," ... jommeret
's Wibsbild.

„Ka verzelle dervu; denn denas Mädle — bin
ih g'ſy!"

„Du?" rüeft verhofft der Herr, und will be-n-
Ohre nit troue.

„D' Sandel?!" schreit Dane um die Ander voll
Stune und Wuuder.

Alle Mädlen lueget bald uff 's Todteg'ripp' ane,
Bald uff 's duckelet Wibsbild. Wie a Bildful
stoht d' Sandel

Mit dem Kopf i der Schooß dinn ietzeda voar
ena dana.

„O du arma Tropf du!" nickt der Herr Pfarar
wehmüethig.

„Du hoft viel usg'ftande, viel, viel g'litte, i gloub' ber's!
Tröft' de mit dem Gloube a-n-a g'reächte Ver=
geältung,

Tröft' de mit der Hoffnung uff a glücklichers
Jenfeits!

Sey verföhnle gege di'n Beleidiger, Sandel!
O der Tod hebt all's uf, heiest o noch so viel
g'dulbet;

Denn der Gottmensch feit: ,Vergeäbet euera Finde,
Und so wird o eu vergeäbe weäre amole.'
Sandel, lof', kumm' füerar, gib em b' Hand und
verzih em

Mit be troftlicha Worte: Hans, so schlof ietz im
Friede!"

Wie-n-ar des g'feit hot, so schlöcht der Luft a b'
Schiba wie wüethig,

Und im ganze Hus dinn rafflet, schnellt as und
braschlet.

Jetzeda schlöcht o fine Knoche 's Todteg'ripp'
z'sämmet,

Daß as klipperet, klapperet, klepft uhoamle duer
b' Stube.

Alla fahrt an kalte Schuder über 'e Rucke.

„Sandel, denk' a's End'," mahnt wieder der Seelehirt ernstle.

„Hoft a'n Fueß scho im Grab. Laß alle Findschaft
b'rum fahre!

,Iß und vergiß!' so lutet a Sprüchle. Beäteft
jo tägle

Seäll im Vatterunser: ,Vergieb uns unsere Schulden,
Also auch wir vergeben unseren Schuldigern.'
Zoag' ietz,

Daß die tägliche Bitta nit blos über bi Leäfze,

Daß sie wohrhaftig us bi'm Herze kummet, be-
wis' es!

Gieb em b' Hand, säg' fründle: Hans, so schlof
ietz im Friede!"

Bis i's Mark erschütteret, stoht se voar ena dana.

Tife, tife-n- Otham hollt se, sinnet und schnufet,
Roth- und thotlos stoht se a Wile no dana,
uschlüssig.

Us de hohle-n- Ouge rinnet großmächtige Tropfe
Ueber 's ig'falle G'sicht, und über die runzlige Backe.

G'mach und zitterig schwanket b' Sandel am Steäcke
zum G'ripp' hi,
B'sinnt se nimma gär lang, faßt b' Knochehand
mit zwä Finger.
„Hans," so rüeft se, und bringt voar Zittere,
Schnupfe und Briegge
Schier be Name blos ussar, „Hans, so schlof' ietz
im Friede!"
Aber noch hot se b' Todtehand, die dür, dür nit
losg'lo, —
Uff amole rißt der Nachtsturm Feänster und Thür' uf,
Und as fahrt an wilde Luftstoß inar i b' Stube.
's Lämpele bim Mariabild domma verlöscht ietz
mit Pfuzge,
Und im Ummeluege b' Unschligkerze im Liechtstock.
Rothe Funke trillt as und treit as ummar und
umme.
I ber ganze Stube ist an Dunst zum Versticke.
Wie ma bo Liecht macht, sieht ma uff 'am Hüsle
am Bode
G'löst us alla sina Fuega 's Todteg'ripp' liege,
Und bie alt' Sandel lit in Ohmacht wie leäblos
neäb bana.
„Tröst' e, tröst' e Gott! ber Himmel hot em verziehe,
Hot be-n-arma Häutar wieder ufg'no in Gnade!"
Seit der würdig Herr Pfarar zu be verschrockena
Mäble,

Die 's alt' Menschle aspritzet und netzet mit Wasser
und Essig.
„Mädle, thoand se ietz i's Kämmerle uffe, und machet
Füer 'e G'storbene voar er verschlofet, a'n frumme
Gedanke!
Moann am Morge wemmer sine Beäner bestatte,
Finde wird ar noch sovel Johre im g'wiehene Bode
Endle amole Friede und Rueh'. Gott tröst' e,
Gott tröst' e!" —
Und i's Kessele dupft der Herr, und git em 's
Wihwasser.

Und so ist as o g'scheähe. Am andere, sunnige
Morge
Hot ma Klapperhanse Knoche im Kirchhof vergrabe.
Jung und Alt, viel Volk ist g'kumme zum zweite
Begräbniß,
Hot em verziehe und a Vatterunserle g'beätet.
Fünf Tag' druf ist o do b' Sandel im Herre
verschiede.
Neäb' 'em alte Schatz da lit se frieble· vergrabe.

Der Tausendkünstler.

As git koa flotter' Vögel uff Gottes witar Weält
Als b' Herre Studiose mit oder ohne Geäld;
Denn, hond se Moos, wird g'sunge und g'laboriert
        viel Stund',
Und hond se koa's, wird pumpet, bis b' Sunne
       wieder kunnt.

In Wien dund ist amole, (woaß frile 's Johr it
       g'rad',)
An flotte Studiosus, an wisse Kammerat.
Uff was ar ist i'gschriebe, des hoaßt, i welam Fach,
Des lot se nimma meälbe, thuet wäger nint
       zuer Sach'.

Ar hot se i'ma Zimmer, nothdürftig möbeliert,
Mit Kufer und Tornister und Schachtel iquatiert.
Ar denkt: Des Loch ist dunkel, was blibt sußt
       Unseroa'm? —
D' Stubeänte sind bald z'friede; sie sind fast nie
       bohoam.

Nu, wie-n-as goht, beäm Bürschle sind Karta, Bier
und Wi
Und b' Mädle halt viel lieber, als alle Büecher g'sy.
Ar lot be Herr Professar a'n guete Ma sy do,
Hot Voartrag und College vergnüegt links liege lo.

As schint, ma hei des Schwänze im Vatterhus
entdeckt,
Ar kriegt du hoam a Briefle, hei 's i koa Feänster
g'steckt,
Verrißt voll Grimm und Erger i hundert Stuck'
's Papir,
Liest alle Feätze z'sämmet, und wirft s' i's Ofefür.

I sinar enge Kammer bringt buere sine Zit
Mit Zoachne, Bemsle, Mole mi gueta Eremit,
Und henkt denn, voar ar usgoht zum Nachtmohl
ober Bier,
A schwers, verroftets Markschloß a sine Zimmerthüer.

So goht des Ding a Wile, a fünf, sechs Wocha
lang,
Dem Husherr, ama Gizhals, wird um 'e Hus-
zins bang.
Ar benkt: Hm, hm, was sinnest, hm, hm, was
tribst ietz du?
Do mueß i ohne weiters bald us 'em Zwifel ku.

Amole trifft ar'n wieder just voar 'em Zimmer a.
„Wie goht as?" frogt der Husherr und grift em
uff 'e Zah.
‚Wie goht as, Musje Rallar? Sie seähet hecht-
g'sund us!
Was soll des Schloß bedüte? I ho koa'n Schelm
im Hus."

Der Bursch winkt mit dem Finger, und lüsterlet
ringsum,
Ob Niemed oba-n-abar, und b' Steäge-n-uffar
kumm',
Und muschelet: „Des Markschloß, o Husherr, g'hört
a b' Thüer'! ...
O kummet Se alloanig im Nommettag zu mir!"

Der Husbesitzar stutzet, kunnt richtig um a zwoa,
Und trifft de G'hoamnißkrämar ganz muetterseelsalloa.
„Was ist? I will's verrothe, Herr Rallar! Nu,
was gilt's?
Sie schribet Caressierbrief'! will wette!" seit der Filz.

Der Ander steckt de Riegel und stotteret: „I bitt',
Geehrta Herr von Hamster! ... Verrothet Se
me nit!"
Ar büchlet zei em ane, und seit em still i's Ohr:
„Weär wött it Pfifa schnide so mitta b'inn im Rohr?

As find ietz schleächte Zita, as klagt se Jedarma,
Ma mueß se z' heälfe wisse, probiere, was ma ka.
Der König wie der Beättlar will halt si täglis
Brod; —
I mach', ... i mach' ... Banknotta," so seit ar und
wird roth.

Der Alt' macht große Ouge, und duberet:
„Des wär!
Des G'schäftle wär it übel, des G'schäftle wär'
it leer!
So lond Se oane seähe, nu ob se g'rothe sey!"
Der Pfifficus zoagt hoamle a'n Fünfar, nagelneu.

Neugierig goht a's Feänster der blinzlig Huspatro.
„Der Teufel!" rüeft ar schmoachlig. „Wo hond Se
b' Stämpel g'no?
Jetz lueg ma doch beä Fünfar, beä Fünfar a,
füerwohr,
Ar glichet anam ächte, entschiede, uff a Hoor!

Der Tausend!" rüeft ar wieder, und nimmt ver=
gnüegt a'n Juck.
„Wie ist der Ablar g'rothe, Papir und Wasserdruck
's Banknottemache füercht' i sunst wie der Teufel
's Krüz;
Sie find, bei Gott, a Lueder! Sie find an Mallefiz!'

D'ruf zieht der Bocativus a Lab' uf mit dem Schueh,
Boll Werkzüg, Fila, Stämpfel, und stoßt se wieder zue.
„Der Teufel!" seit der Gizhals, „ei könntet Se
     denn nit
Mit Fußgarna probiere? Uff Ehr', denn halt' i mit!"

„Des wär' mer reächt!" moant Rallar; „denn b'
     Fünfar genb nint us.
O hätt' i nu a'n Fußgar, a Fußgare im Hus!"
„Do will i scho usheälfe!" So rüeft a selige
Der Wuecherar und hollet a-n- alte Fußgare.

Der Schlaukopf lacht behagle, und hot se dankbar g'nu,
Und seit, ar könn' beiläufig i zehe Tage ku,
Denn sey se fix und fertig, und g'lunge Bild und Satz,
As bruch' verfluemet Arbat, as gloub' 's koa Mensch,
     koa Katz'.

Der Pfenigspaltar wandert i sine Stube z'ruck,
Der Bursch nimmt us 'am Wiglas a'n wahre
     Helbeschluck,
Louft ohne Feäderleäse zum nächste Handlungshus,
Und tuscht die alt' Banknotte blos um a neue us.

As kunnt noch zehe Tage do wieder der Patro,
Der Kampel hot b' Banknotte voll Demueth
     seähe lo.

21*

Der Ander nimmt de Spiegel, unb setzt e wunbrig uf,
Unb lobt des Werk ubänbig, verglicht's bo gnauer
b'ruf.

Ar nimmt bo übeltrouig a-n- anb're us 'em Sack,
Verglicht se Strich füer Strichle, macht Ouge wie
an Drak,
Ar b'schout se hinb unb voarna, koan Fehlar wird
entbeckt,
Ar lupft si Sammatkäpple mit g'hörigem Respect:

„Sie sinb an Tausebskünstlar! Ei, könntet Se
benn nit
Mit Hunbertar probiere? Uff Ehr', benn halt' i mit!"
„So frile!" seit der Anber, „nu lustig oane heär!
Unb bruch' i fünf Tag länger, so freäß' me g'rab'
der Beär!"

Herr Hamster schnupft mit Wolluft, nimmt sine
Fufzgare,
Unb hollet us si'm Läble a Hunbertgülbige.
Der Stubiosus lachet unb breiht um's Mul be
Pflumm,
Unb burlet in a Hanblung, unb tuschet se blos um.

Nu guet. Sobalb verstriche, verbei ist beär Termi,
So stellt se o bim Künstlar ber Gizhals wieder i,

Und richtig wird voarg'wiese do funkelnagelneu
D' Banknotte hundertgülbig, und g'jubiliert derbei.

Der Husherr schout be Zeäbel mit Sperbarouge -n-a,
Jeb's Pünktle, jeba Schnürkel, und find't koa'n
Tabel b'ra.
„Na, schou' ma, bie ist g'rothe! — Voar allem
müsleftill!
Die ka ma herzhaft zoage und usgeä, wo ma will.

J ho woll g'wüßt, b' Stubeänte, bie seyet jo sit je
Usbenkter als ber Teufel, ietz zwifl' i nimma-
meh; —
Daß so an rare Vogel i mine Schloufta käm',
Des wär' mer nie ig'falle i mina bümmsta Träm'.

Wie 'wär' as, wenn mer thätet, — ma lot se halt
ber Wil', —
Mit Tausebar probiere? benn hätt' as gär koa
Jl'!" —
„Verstoht se," rüeft mi Bürschle, „o wenn i
oane hätt'!"
„J ho zum Glück g'rab' oane im Kaste ngäb'
'em Bett.

Ma zinset ietz a schleächte, a lüeberliche boch,
Denn will ma be Zinsgrosche zu allem ane noch!"

Ar goht und hollt b' Banknotte, der Künstlar möcht'
voar Luft
Ufjuble und ufjuzge, so selig ist ar just.

Der Husbrach' bringt se richtig, der Schalk rüeft:
„O scharmant!
Schätzbarsta Herr von Hamster!" und küßt em
sine Hand.
„Herr Jeges! Des git Arbat! Will z' Nacht ver-
hindert goh!
O ebla Husbesitzar! drei Wocha Lazio!

Denn wemmer 's G'schäft eröffne, und Seäge
kunnt i's Hus!
Denn lachet mer be Rothschild und alle Geälbsäck' us!
Denn hommer unser Schäfle im Truckene, was
gilt's!" —
„Bu Herze iverstande!" frohlocket ietz der Filz.

Was g'schiecht? Am and're Morge ist Rallars
Kammer leer.
Ma meäldet's bald dem Herre, beär futteret:
„Des wär'!
Des ka-n-i fast it gloube! Was? Hot se gär
am End'
Deär Tausedskünstlar g'socket? beär Himmelsa-
karment?"

Ar schießt i b' Kammer ine. — All's leer! Ar
        sieht unb finb't
Koa Kufer, koa'n Tornister, rings niena nint meh,
        nint. —
A Briefle steäckt im Spiegel, kohlrabeschwarz petschiert,
Der trurig Ma nimmt's abar, rißt's uf unb bu=
        stabiert:

„Wohlebla Herr unb Gönnar, von Hamster Innocenz!
I säg me los vum G'schäftle; as treit koa Lor=
        beerkränz'.
As bruckt ena mit Rüehrung im Geist bie ehrle
        Hanb
Ihr Dienar Pius Rallar, Banknottefabrikant.''

Wie hot der Gizhals g'fluechet unb g'weätteret,
        baß schier
Gär b' Sterne abarfallet vum himmlische Quatier!
Ar beärf si Noth it klage, ar ka nit wohl i's G'richt,
Koan Teufel i be Flamma macht je a settigs G'ficht!

Jetz fligt i sine Kuche der zornig Bieberma,
Keit üb'r 'e G'ftele-n-abar si ganzes Porzela,
Verschlöcht, verwirft jeb's G'schierle, des hinbersi',
        wo-n-ar woaßt,
Was Kachel, Blatte, Schüffel, was Krueg unb
        Hafe hoaßt.

Die Novize.

In 'am Frouekloſter iſt a junge Novizin
G'ſy amol, a-n-uverſchrockes, guraſchierts Mädle.
Wil ſe ſo thätig iſt, uff Fliß und Ornung hei g'halte,
So vertrout er b' Frou Muetter Priorin b' Schlüſſel
zuer Kirche.
's iſt an Ehrebienſt. Mi wackers Jumpferle goht der
Zwiſchet Für und Liecht amol wie g'wöhnle i b' Kirche,
Richtet des und bieſas no heär, und ornet und ſtoubet
Do und bet a'n Kircheſtuehl ab bi'r Gättere dana.
D' Feänſterflügel ſchlöcht ſe zue am farbige Spage,
Goht zum Glockeſoal ane, lütet 's Ave Maria,
Schout ietz nochamole, ob o b' Kirchethür zue ſeh,
Goht zuer Sankriſteithür uffe und lueget besgliche,
Findet all's in Ornung, und will denn 's Steägele uffe
Wieber i 's Kloſter, blickt no ummar und umme, und
wie ſe
Am Wihwaſſerkeſſel verbeigoht, netzt ſe zwä Finger,
Jetzeba macht ſe 's Krüz, und ſpritzt a bitzele uffe,
Seit a kurzes G'ſätzle berheär, und beätet be Lobſpruch·

Wie des g'schiecht, so sieht se im Bichtstuehl bim
Sitealtärle

Blos um 's Kenne de Voarhang woble. Des ist
ietz g'späſſig!

Denkt se; all's ist doch zue und goht doch niena
a Lüftle.

Herzhaft stroaft se de grüene Voarhang z'ruck, und
was siecht se?

Dinna im Bichtstuehl sitzt an schwarze, gräuliche Kerle,
Und a paar Ouge hot ar im Kopf dinn wie
glüeihige Kohle.

's Mädle lot a'n Schroa, springt woalle 's
Steägele uffe,

Loufst it, so gilt's it, fligt ine, bummeret b' Thüer'
zue, im Springe,

Steckt de Riegel, meäldet's g'schwind der Frou
Muetter Priorin.

Die ist bald b'schoſſe, schickt um Hilf' de Nochber
i 's Städtle.

Mane sind a-n-etle bald bo mit Säbel und Büchsa,
Kummet abar über 'e Chor, und abar i b' Kirche,
Findet richtig im Bichtstuehl no dinn' de bartige Kerle,
Machet kurze Proceß, sie bindet e, suechet em b'
Säck' us;

Fürzüg hot ar im Sack, a'n Dietrich, zwoa lange
Stileter,

Sitzt bald im Poartestüble dinn' im sichere G'wahrsam,

B'stoht dem Stadtknächt, daß ar 's ewig' Liechtle
hätt' usg'löscht,
Mitta i der Nacht be Kammerate hätt' uftho,
G'roubt und g'stohle, was ma ka träge, und z'letsches
no Für g'leit.
D' Mane gond hi, und löschet 's ewig' Liechtle
und passet.
Fast a Glockestund nochart hört ma um 's Thürnle
a Loufe,
Dussa klatscht eppar i d' Händ', und hinna klatschet
ma wieder.
Danar vum G'richt thuet hofele uf, und stellt se
zuer Thüer' hi,
Und zwä Kerle bächlet uff 'e Zehe i b' Kirche.
Jetzeda springt ma d'ra und d'ruf, und 's Pärle ist
g'fange,
Säck' und Blendlaterne hot ma bei ena g'funde.
All' brei füehrt ma uff 'ema Loaterwage der
Stadt zue,
Macht dem Landvokt d' Meäldung, und steckt die
Vögel i 's Nest.
Menga Roub kunnt ussar, und menge hoamliche
G'waltthat,
D' Undersuechung weähret lang, und 's Urthel
hot g'lutet:
„Kürzer um 'e Kopf duer 's Richtschwert macht
ma s' am Fritag."

Zinstag bis Dunnſtag ſtellt ma ſ' us, do hond
se no Lude,

Und zwä Herre kummet vum Kloſter, bereitet ſ'
zum Tob voar.

„Säg mer doch,“ hot zum Haupthalunke an Pater
im G'ſpräch' g'ſeit,

„Ka ma se ietzeba o voar Schelme ſicher verwahre?“
„Frile,“ hot ar g'nickt, „verſtoht se, Herr Pater,
verſtoht se!

Loſet Se: Nu dri gotzige Stuck' ſind, die ma
mueß merke.

Erſtens: Inwendtg' Läde; mit uſſera iſt ma
bald fertig;

Zweitens: A-n-Nachtliecht; denn des hommer
g'flohe und g'ſchohe;

Frei und frank buer 's Hus a Hündle, a Beäffzgarle,
drittens.

Mit de groa Kettenehund' in Mura und Höfe
Macht ma wenig Umſtänd'; zamſe ka ma ſ' wie
Lämmlen.

Wenn ma-n-eppa o nu oas du deäna dri Stuck' hot,
Iſt as koa lichte Ufgab', ine z' kumme mit Liebe;
Hot ma doch alle dri, ſo iſt an Ibruch it mögle.
Ei, hochwürdiga Herr! I möcht' no um eppas
erſueche,“

Seit der bartig' Spitzbue, „i hätt' a dringede
Bitt' no:

Die 's alt' Menschle afpritzet und netzet mit Wasser
und Essig.
„Mädle, thoand se ietz i's Kämmerle uffe, und machet
Füer 'e G'storbene voar er verschlofet, a'n frumme
Gedanke!
Moann am Morge wemmer sine Beäner bestatte,
Finde wird ar noch sovel Johre im g'wiehene Bode
Endle amole Friede und Rueh'.   Gott tröst' e,
Gott tröst' e!" —
Und i's Kessele bupft der Herr, und git em 's
Wihwasser.

Und so ist as o g'scheähe.   Am andere, sunnige
Morge
Hot ma Klapperhanse Knoche im Kirchhof vergrabe.
Jung und Alt, viel Volk ist g'kumme zum zweite
Begräbniß,
Hot em verziehe und a Vatterunserle g'beätet.
Fünf Tag' druf ist o bo b' Sandel im Herre
verschiede.
Neäb' 'em alte Schatz da lit se friedle· vergrabe.

———

Der Tausendkünstler.

———

As git koa flotter' Vögel uff Gottes witar Weält
Als b' Herre Studiose mit ober ohne Geäld;
Denn, hond se Moos, wirb g'sunge unb g'laboriert
               viel Stunb',
Unb honb se koa's, wirb pumpet, bis b' Sunne
               wieber kunnt.

In Wien bunb ist amole, (woaß frile 's Johr it
               g'rab',)
An flotte Studiosus, an wisse Kammerat.
Uff was ar ist i'gschriebe, bes hoaßt, i welam Fach,
Des lot se nimma meälbe, thuet wäger nint
               zuer Sach'.

Ar hot se i'ma Zimmer, nothbürftig möbeliert,
Mit Kufer unb Tornister unb Schachtel iquatiert.
Ar benkt: Des Loch ist bunkel, was blibt sunst
               Unseroa'm? —
D' Stubeänte sinb balb z'friebe; sie sinb fast nie
               bohoam.

Nu, wie-n-as goht, beäm Bürschle find Karta, Bier
unb Wi

Unb b' Mädle halt viel lieber, als alle Büecher g'sy.

Ar lot de Herr Professar a'n guete Ma sy do,

Hot Boartrag unb College vergnüegt links liege lo.

As schint, ma hei des Schwänze im Batterhus
entbeckt,

Ar kriegt vu hoam a Briefle, hei 's i koa Feänster
g'steckt,

Verrißt voll Grimm unb Erger i hundert Stuck'
's Papir,

Liest alle Feätze z'sämmet, unb wirft s' i's Ofefür.

I sinar enge Kammer bringt duere sine Zit

Mit Zoachne, Bemsle, Mole mi gueta Eremit,

Unb henkt denn, voar ar usgoht zum Nachtmohl
ober Bier,

A schwers, verroftets Markschloß a sine Zimmerthüer.

So goht des Ding a Wile, a fünf, sechs Wocha
lang,

Dem Husherr, ama Gizhals, wird um 'e Hus-
zins bang.

Ar denkt: Hm, hm, was sinnest, hm, hm, was
tribst ietz bu?

Do mueß i ohne weiters balb us 'em Zwifel tu.

Amole trifft ar'n wieder juſt voar 'em Zimmer a.
„Wie goht as?" frogt der Husherr und grift em
uff 'e Zah.
‚Wie goht as, Musje Rallar? Sie ſeähet hecht=
g'ſund us!
Was ſoll des Schloß bedüte? J ho koa'n Schelm
im Hus."

Der Burſch winkt mit dem Finger, und lüſterlet
ringsum,
Ob Niemed oba-n-abar, und b' Steäge-n-uffar
kumm',
Und muſchelet: „Des Markſchloß, o Husherr, g'hört
a b' Thüer'! . . .
O kummet Se alloanig im Nommettag zu mir!"

Der Husbeſitzar ſtutzet, kunnt richtig um a zwoa,
Und trifft de G'hoamnißkrämar ganz muetterſeelsalloa.
„Was iſt? J will's verrothe, Herr Rallar! Nu,
was gilt's?
Sie ſchribet Careſſierbrief'! will wette!" ſeit der Filz.

Der Ander ſteckt de Riegel und ſtotteret: „J bitt',
Geehrta Herr von Hamſter! . . . Verrothet Se
me nit!"
Ar büchlet zei em ane, und ſeit em ſtill i's Ohr:
„Weär wött it Pfifa ſchnide ſo mitta b'inn im Rohr?

As sind ietz schleächte Zita, as klagt se Jedarma,
Ma mueß se z' heälfe wisse, probiere, was ma ka.
Der König wie der Beättlar will halt si täglis
     Brod; —
I mach', … i mach' … Banknotta," so seit ar und
     wird roth.

Der Alt' macht große Auge, und buberet:
     „Des wär!
Des G'schäftle wär it übel, des G'schäftle wär'
     it leer!
So lond Se oane seähe, nu ob se g'rothe sey!"
Der Pfifficus zoagt hoamle a'n Fünfar, nagelneu.

Neugierig goht a's Feänster der blinzlig Huspatro.
„Der Teufel!" rüeft ar schmoachlig. „Wo hond Se
     b' Stämpel g'no?
Ietz lueg ma doch beä Fünfar, beä Fünfar a,
     füerwohr,
Ar glichet anam ächte, entschiede, uff a Hoor!

Der Tausend!" rüeft ar wieder, und nimmt ver=
     gnüegt a'n Iuck.
„Wie ist der Ablar g'rothe, Papir und Wasserbruck
's Banknottemache füercht' i sunst wie der Teufel
     's Krüz;
Sie sind, bei Gott, a Lueder! Sie sind an Mallefiz!'

D'ruf zieht der Vocativus a Lad' uf mit dem Schueh,
Voll Werkzüg, Fila, Stämpfel, und stoßt se wieder zue.
„Der Teufel!" seit der Gizhals, „ei könntet Se
        denn nit
Mit Fußgarna probiere? Uff Ehr', denn halt' i mit!"

„Des wär' mer reächt!" moant Rallar; „denn b'
        Fünfar gend nint us.
O hätt' i nu a'n Fußgar, a Fußgare im Hus!"
„Do will i scho usheälfe!" So rüeft a selige
Der Wuecherar und hollet a-n- alte Fußgare.

Der Schlaukopf lacht behagle, und hot se dankbar g'nu,
Und seit, ar könn' beiläufig i zehe Tage ku,
Denn seh se fix und fertig, und g'lunge Bild und Satz,
As bruch' verfluemet Arbat, as gloub' 's koa Mensch,
        koa Katz'.

Der Pfenigspaltar wandert i sine Stube z'ruck,
Der Bursch nimmt us 'am Wiglas a'n wahre
        Heldeschluck,
Louft ohne Feäberleäse zum nächste Handlungshus,
Und tuscht die alt' Banknotte blos um a neue us.

As kunnt noch zehe Tage do wieder der Patro,
Der Kampel hot b' Banknotte voll Demueth
        seähe lo.

Der Ander nimmt be Spiegel, und setzt e wunbrig uf,
Und lobt des Werk ubänbig, verglicht's bo gnauer
b'ruf.

Ar nimmt bo übeltrouig a-n- anb're us 'em Sack,
Verglicht se Strich fuer Strichle, macht Ouge wie
an Drak,
Ar b'schout se hinb und voarna, koan Fehlar wirb
entbeckt,
Ar lupft si Sammatkäpple mit g'hörigem Respect:

„Sie sinb an Tausebskünstlar! Ei, könntet Se
benn nit
Mit Hunbertar probiere? Uff Ehr', benn halt' i mit!"
„Jo frile!" seit der Ander, „nu lustig oane heär!
Und bruch' i fünf Tag länger, so freäß' me g'rab'
ber Beär!"

Herr Hamster schnupft mit Wolluft, nimmt sine
Fufzgare,
Und hollet us si'm Läble a Hunbertgülbige.
Der Studiosus lachet und breiht um's Mul be
Pflumm,
Und buzlet in a Hanblung, und tuschet se blos um.

Nu guet. Sobalb verstriche, verbei ist beär Termi,
So stellt se o bim Künstlar be'r Gizhals wieber i,

Und richtig wird voarg'wiese do funkelnagelneu
D' Banknotte hundertgüldig, und g'jubiliert derbei.

Der Husherr schout de Zeädel mit Sperbarouge -n-a,
Jeb's Pünktle, jeda Schnürkel, und find't koa'n
Tadel d'ra.
„Na, schou' ma, die ist g'rothe! — Voar allem
müsleftill!
Die ka ma herzhaft zoage und usgeä, wo ma will.

I ho woll g'wußt, b' Stubeänte, die sehet jo fit je
Usdenkter als der Teufel, ietz zwifl' i nimma=
meh; —
Daß so an rare Vogel i mine Schloufta käm',
Des wär' mer nie ig'falle i mina dümmsta Träm'.

Wie 'wär' as, wenn mer thätet, — ma lot se halt
der Wil', —
Mit Tausedar probiere? denn hätt' as gär koa
Jl'!" —
„Verstoht se," rüeft mi Bürschle, „o wenn i
oane hätt'!"
„I ho zum Glück g'rad' oane im Kaste ngäb'
'em Bett.

Ma zinset ietz a schleächte, a lüeberliche doch,
Denn will ma de Zinsgrosche zu allem ane noch!"

Ar goht und hollt b' Banknotte, der Künstlar möcht'
voar Luft

Ufjuble und ufjuzge, so selig ist ar just.

Der Husbrach' bringt se richtig, der Schalk rüeft:
„O scharmant!

Schätzbarsta Herr von Hamster!" und lüßt em
sine Hand.

„Herr Jeges! Des git Arbat! Will z' Nacht ver-
hindert goh!

O ebla Husbesitzar! drei Wocha Lazio!

Denn wemmer 's G'schäft eröffne, und Seäge
kunnt i's Hus!

Denn lachet mer be Rothschild und alle Geälbsäck' us!

Denn hommer unser Schäfle im Truckene, was
gilt's!" —

„Bu Herze iverstande!" frohlockt ietz der Filz.

Was g'schiecht? Am and're Morge ist Rallars
Kammer leer.

Ma meäldet's bald dem Herre, deär futteret:
„Des wär'!

Des ka-n-i fast it gloube! Was? Hot se gär
am End'

Deär Tausedskünstlar g'socket? deär Himmelsa-
karment?"

Ar schießt i b' Kammer ine. — All's leer! Ar
sieht unb sind't
Koa Kufer, koa'n Tornister, rings niena nint meh,
nint. —
A Briefle steäckt im Spiegel, kohlrabeschwarz petschiert,
Der trurig Ma nimmt's abar, rißt's uf unb bu=
stabiert:

„Wohlebla Herr unb Gönnar, von Hamster Innocenz!
I säg me los vum G'schäftle; as treit koa Lor=
beerkränz'.
As bruckt ena mit Rüehrung im Geist bie ehrle
Hanb
Ihr Dienar Pius Kallar, Banknottefabrikant."

Wie hot der Gizhals g'fluechet unb g'weätteret,
baß schier
Gär b' Sterne abarfallet vum himmlische Quatier!
Ar beärf si Noth it klage, ar ka nit wohl i's G'richt,
Koan Teufel i be Flamma macht je a settigs G'sicht!

Jetz fligt i sine Kuche der zornig Bieberma,
Keit üb'r 'e G'stele-n-abar si ganzes Porzela,
Verschlöckt, verwirft jeb's G'schierle, bes hinberst',
wo-n-ar woaßt,
Was Kachel, Blatte, Schüffel, was Krueg unb
Hafe hoaßt.

Die Novize.

———

In 'am Froueklofter ist a junge Novizin
G'sy amol, a-n-uverschrockes, guraschierts Mädle.
Wil se so thätig ist, uff Fliß und Ornung hei g'halte,
So vertrout er b' Frou Muetter Priorin b' Schlüffel
                                        zuer Kirche.
's ist an Ehrebienft. Mi wackers Jumpferle goht ber
Zwischet Für und Liecht amol wie g'wöhnle i b' Kirche,
Richtet bes und biesas no heär, und ornet und stoubet
Do und bet a'n Kirchestuehl ab bi'r Gättere bana.
D' Feänfterflügel schlöcht se zue am farbige Spage,
Goht zum Glockesoal ane, lütet 's Ave Maria,
Schout ietz nochamole, ob o b' Kirchethüer zue sey,
Goht zuer Sankrifteithüer uffe und lueget besgliche,
Findet all's in Ornung, und will benn 's Steägele uffe
Wieder i 's Klofter, blickt no ummar und umme, und
                                        wie se
Am Wihwafferkeffel verbeigoht, netzt se zwä Finger,
Jetzeba macht se 's Krüz, und spritzt a bitzele uffe,
Seit a kurzes G'sätzle berheär, und beätet de Lobspruch·

Wie des g'schiecht, so sieht se im Bichtstuehl bim
Sitealtärle

Blos um 's Kenne de Voarhang woble. Des ist
ietz g'spässig!

Denkt se; all's ist doch zue und goht doch niena
a Lüftle.

Herzhaft stroaft se de grüene Voarhang z'ruck, und
was siecht se?

Dinna im Bichtstuehl sitzt an schwarze, gräuliche Kerle,
Und a paar Ouge hot ar im Kopf dinn wie
glüeihige Kohle.

's Mädle lot a'n Schroa, springt woalle 's
Steägele uffe,

Loufft it, so gilt's it, fligt ine, bummeret b' Thüer'
zue, im Springe,

Steckt de Riegel, meäldet's g'schwind der Frou
Muetter Priorin.

Die ist bald b'schosse, schickt um Hilf' de Nochber
i 's Städtle.

Mane sind a-n-etle bald do mit Säbel und Büchsa,
Kummet abar über 'e Chor, und abar i b' Kirche,
Findet richtig im Bichtstuehl no dinn' de bartige Kerle,
Machet kurze Proceß, sie bindet e, suechet em b'
Säck' us;

Fürzüg hot ar im Sack, a'n Dietrich, zwoa lange
Stileter,

Sitzt bald im Poartestüble dinn' im sichere G'wahrsam,

B'stoht dem Stadtkneächt, daß ar 's ewig' Liechtle
hätt' usg'löscht,

Mitta i der Nacht de Kammerate hätt' uftho,

G'roubt und g'stohle, was ma ka träge, und z'letsches
no für g'leit.

D' Mane gond hi, und löschet 's ewig' Liechtle
und passet.

Fast a Glockestund nochart hört ma um 's Thürnle
a Loufe,

Dussa klatscht eppar i d' Händ', und hinna klatschet
ma wieder.

Danar vum G'richt thuet hofele uf, und stellt se
zuer Thüer' hi,

Und zwä Kerle bücklet uff 'e Zehe i d' Kirche.

Jetzeda springt ma d'ra und b'ruf, und 's Pärle ist
g'fange,

Säck' und Blendlaterne hot ma bei ena g'funde.

All' drei füehrt ma uff 'ema Loaterwage der
Stadt zue,

Macht dem Landvoikt d' Meäldung, und steckt die
Vögel i 's Nest.

Menga Roub kunnt ussar, und menge hoamliche
G'waltthat,

D' Undersuechung weähret lang, und 's Urthel
hot g'lutet:

„Kürzer um 'e Kopf duer 's Richtschwert macht
ma f' am Fritag."

Zinstag bis Dunnstag stellt ma s' us, do hond
se no Lube,

Und zwä Herre kummet vum Kloster, bereitet s'
zum Tod vоаr.

„Säg mer doch," hot zum Haupthalunke an Pater
im G'spräch' g'seit,

„Ka ma se ietzeda o voar Schelme sicher verwahre?"
„Frile," hot ar g'nickt, „verstoht se, Herr Pater,
verstoht se!

Loset Se: Nu dri gotzige Stuck' sind, die ma
mueß merke.

Erstens: Inwendig' Läbe; mit ussera ist ma
bald fertig;

Zweitens: A-n-Nachtliecht; denn des hommer
g'flohe und g'schohe;

Frei und frank buer 's|Hus a Hündle, a Beäffzgarle,
brittens.

Mit be großa Kettenehund' in Mura und Höfe
Macht ma wenig Umstänb'; zamse ka ma s' wie
Lämmlen.

Wenn ma-n-eppa o nu oas vu beäna dri Stuck' hot,
Ist as koa lichte Ufgab', ine z' kumme mit Liebe;
Hot ma doch alle dri, so ist an Jbruch it mögle.
Ei, hochwürdiga Herr! I möcht' no um eppas
ersueche,"

Seit der bartig' Spitzbue, „i hätt' a bringede
Bitt' no:

Dene bildschä Klosterjumpfer möcht' i no seähe,
Die so herzhaft g'sy ist, die-n-is hot alle verrothe;
Voar i stirb, so möcht' i des Mädle n o ch a m o l seähe!"
Weär em aber it g'tu ist, des sey halt mine Novizin.
All' drei Gaunar hond Bueß tho und seyet reumüethig
                                        bo g'storbe
Unber 'em Schwert und Unserherrget sey ena gnädig!

Der Fund des Hirtenknaben.

———

As ist, — wo, fallt mer g'rab' it i;
Weär wött die Näme b'halte?
Amol a Hirtebüeble g'sy,
Hot Vatters Goaßa g'halte.

Nu, wie-n-as denn bim Halte kunnt,
Bald ist as beänn', bald heänna,
Bald ist as domm, bald ist as dunb,
Bald wieder heänn', bald beänna.

Amol ist a 'ma schwüele Tag
Im Bergwald tif des Büeble,
Kunnt zue 'ma dicke Schwarzdornhag,
Und zue 'ma Fröschegrüeble.

Schlift woalle umme duer a Loch,
Sieht große Mura dinna.
I bi, so denkt as, mengmol doch
No witer g'sy bo hinna.

Ho feänd do g'halte fort und fort,
Mengs Buschel Zietrut g'bunde;
Doch Mura honi a deäm Ort
Nie g'seähe und nie g'funde.

Des ist mer a curjoses G'mür!
Sa wie, do mueß i luege!
Schou, schou, 's Portal brandschwarz vum Für,
Mengs Stoa ist usser Fuege

Ei, schou ma do, ei lueg ma do,
Wie schwarz ist all's vum Reäge!
Do stond a-n-etle Thürnle no!
A Stuck vu'r Schneäckesteäge!

Des merkt ma uff 'e-n-erste Blick,
As ist a wackers Schloß g'sy!
Die Mur ist elementisch dick!
Dem G'spur noh do a Roß g'sy!

Der Goaßhirt wundert wist und hott,
Und fangt im Hof a z' stoare.
As wär' em schier gär allebott
Uhoamelig bald woare.

Verblickt a Weiharle drinninn,
Hört us 'em Grund a Tose,
Sieht Unserherrgetskoßbe binn,
Die schönste Wasserrose.

Blickt mengemole b'huetsam um,
'Duer Murspält' und duer Klimsa.
Koa Mensch, koa Seel' ist dummedum,
Nu d' Flige surrt um b' Bimsa.

Was glitzgeret bim Thoar so heäll?
Bim Hufe Loub det dunda?
So denkt des Büeble bei em seäll,
Ist bald vum Bühel hunda.

Potz Sack! A Kante lit voll Loub
I halbverfulta Blätter.
As leert se flink vu Loub und Stoub
Der Hirt, und macht se netter.

Ar hot koa Rast und hot koa Rueh',
Härzt über Hag und Gatter,
Tribt d' Goaßa g'not der Hoamath zue,
Und zoagt be Fund dem Batter.

„Potz Krieseblueft! Jo, Peterle,
Des nimmt, des nimmt me Wunder!.
Die Kante ist jo silbere!
Wie tönt se heäll, bim Dunder!"

Der Bue verzellt ietz, wie-n-ar bob
Zu Mur und Schloßhof g'ku sey,
Die Kante g'funde hei gottlob,
Und wie-n-ar flink derou sey.

„O was er doch füer Tropfe sind!
　Jetz schou' ma des Begeähre!
Des hinderst' Thierle hot si'n Find;
　As beärf it anderst weäre!"

Ar hot zum Glück be Guete g'hett,
　Tunkt b' Feäbere in 'n Tiegel,
Schribt brunbert hi „Begnehmiget"
　Mit Unberschrift und Siegel.

So sind uff settig' Art und Wis'
　In alla Rich' und Lande
Die liebe, guete Fleäbermüs'
　Entsprunge und entstande.

Der unverſchämte Bettler.

An Generalvicare um Augsburg nomma bet
Deär hot a'n Jugebg'ſpiele unb Schuelkamm'rate g'hett,
A'n ſeeleguete Herre, lieb wie der Sunneſchi,
Ar ſey Dekan unb Pfarar im Allge bomma g'ſy.

Deä hot ar flißig hoamg'ſuecht als lieba, lieba Gaſt
Im küehlere September all'-, allemole faſt.
Denn honb ſe mitananber bie ſchönſte Usflüg' g'macht,
Unb über mengs Erleäbniß us vollem Herze g'lacht.

Nu, wie ſe a 'ma-n-Obeb ſe mitananber gonb,
Duer Berg unb Walb a Wanb'rung ganz rüſtig g'machet
honb,
Verblickt ma wit in Feälber a'n Beättlar näher ku,
Do rüeft mi gueta Pfarar: „So, Melchar, biſch es du?

Deſ iſt an b'ſunb're Kerle, halb Narr, halb
Sunberling!
Ar hot be Kopf voll Schrulla unb oageartig' Sprüng',
Reb't wenig um a'n Groſche unb buzet jebarma,
Unb nimmt nu Kupfermünza, burchus koa Silber a.“

Und wie se kummet uff e' Platz,
Wo 's Hirtle b' Mur hot g'funde, —
Do ist koa G'mür meh do, koan Schatz,
All's mitanand verschwunde.

Der Patermörder.

I woaß a hohe Schloßmur, an Bergsee lit neäbzue,
Det höret mengmol hüne der Waldhirt und sin Bue.
Im G'wässer dunba rostet, im bodelose Grund,
Sit etle hundert Johre an schwere Schlüsselbund.

Der Junkar hei nit g'folget, amol voar Zorn brinnroth,
Bi Nacht und Dunnerweätter dem Vatter gräule droht.
Der Zwingherr zicht vu Leäder, und springt in allar
     Wueth
Uff Junkar Eberharde, uff 's oage Fleisch und Bluet.

Und b' Schloßfrou tritt i's Mittel, und louft zuer
     Abwehr hi,
Der Junkar stoßt se witer, fahrt mit dem Jagd=
     dolch b'ri.
Der Vatter schreit: „O Jeses!" und trümmlet um
     und fallt
Der Froue us 'e-n-Arme, schneekridewiß und kalt.

Mit rothem Dolch und Gruse stoht voar 'em Eberhard.
Mit Jommerhüle starret si Muetter hi, und fahrt
        22*

Mit ihrar Hand i b' Wunde und hebt brei Finger uf,
Und streckt brei bluetig' Finger zum Flamme=
    himmel b'ruf:

„So viel b' Schloßlinde Blätter im Herbst abfalle lot,
So viel der Schwarzwald Nobla i hundert Früeh=
    ling hot,
So viel der Himmel Feätze i tauseb Winter schneit:
So vielmol, Battermörbar, seh bu vermaledeit!"

Sie schreit's, springt uff b' Altane, und wirft
    i benar Stund'
In 'n tife Bergsee abe be schwere Schlüsselbund.
Bum Himmel zuckt an Blitzstrahl, as kracht an
    Weätterschlag,
In Flamme stoht die Zwingburg, als seh as heälle Tag.

Und was us Beiba woare bi Brassle, Brunst und Brand,
Des woaßt uff Erde Niemeb, bes ist nu Gott bekannt,
Ka sy viellicht, baß Muetter und 's ehrvergässe Kind
Mit Kneächte, Thurn= und Thoarwart verstickt, ver=
    brunne sind. —

Und sibert stond die Mura bim öbe G'wässer ba,
Koa Stübele, koa Gräsle, koan Halm wachst b'ruf
    und b'ra.
Und goaste mueß der Junkar so lang no, bis berbei
Der Schlüsselbund im Seegrund zu Stoub verfalle seh.

Das Heirathspulver.

Annemei an Rosa.

Gott grüeß' de, liebe Rosa! Jetz bini wieder do,
Und will der uffem Städtle a Briefle zueku lo.
O könnt' i mit der schwätze, was gäb' i d'rum it, lue!
I mueß und mueß der schribe; as lot mer halt
koa Rueh'.

Los' nu: I krieg' verwiche a wackers Buech i b' Hand.
Was stond füer nette Sacha do dinna nochanand,
Volkssaga, Märle, Landsbrüch' vum schöne Land
Tirol!*)
Ufrichtig will i meälde: Sie g'fallet mer so wohl!

Do hosch es, liebe Rosa, do hosch es noch 'er Wahl.
O 's Leäse freut mi besser, als Fasnat oder Bal!
O a G'schichtle g'fallt mer b'sunders, a G'schichtle
so curjos!
I will der's go verzelle. Mit Andacht hör' und los:

*) Sagen, Märchen und Gebräuche aus Tirol. Ge=
sammelt und herausgegeben von J. V. Zingerle. Inns=
bruck, Wagner 1859. S. 308.

As macht amol an Beättlar vum Ort Sanct Leonhard
Uff Dorfschuehmachars Rappe a klenne Beättelfahrt.
Ar louft duer 's Thal Passeier, und lot se wohl
der Wil',
Und wanderet i's Vinschgou, hot übrigens koa Il'.

Nu, wie-n-ar ummarkesslet, duer Ortschaft i und us,
A Geälble z'fämmetfischet, so kunnt ar in a Hus,
Wo just a Buremädle, a Jumpfer, hübsch und hold,
Die schönste Nudla kochet, so geäl wie 's g'schlage Gold.

Der Beättlar sieht's und schmunzlet, ersuecht und
bittet um
A Schüffele voll Nudla; as ist em wäger b'rum.
Nu, 's Mädle nickt so fründle, und schaffet ohne Raft,
Wie fertig ist des Eäffe, so kriegt si'n Thoal der Gaft.

Der Wanderer postiert se zum Stubetischle hi,
Und ladet zum Mithalte die fuber Köchin i.
Die lächlet, wehrt se z'ersches, und denkt berbei: Jo nu!
Goht ane, und verkostet a Brösele bervu.

Vu bet a hot des Mädle beä schöne Herzesbieb,
Des g'rollet Wanderbürschle, beä Beättlar, sterbeslieb.
Und wie-n-ar witer schuehet be Hoamathberge zue,
So hot mi hübsches Mädle koa Rüebigs meh,
koa Rueh'.

Sie denkt a gär nint anders, hot justament sit det
A Hange und Verlange, a grausigs, noch em g'hett.
As hot se nimma g'litte, sie goht und zicht em noh; —
Ar hei a „Hirothspulver" i dene Nubla tho.

Sie kunnt i's Thal Passeier, verliebter als a Katz',
Und find't de Bursch allendle, hirothet ihren Schatz.
Und 's Hüsle, wo se g'hufet und g'leäbt hond bis
a 's End',
Des existiert noch allab, wird „'s Schneäckehüsle"
g'nennt.

O liebe Schuelkamm'rätin und Jugebfreundin, schou!
Du bist wit ummarg'kumme, du bist a b'leäs'ne Frou,
Du bist a Wib wie Cocus, gloubst weleweäg it ring
A jeda Hokuspokus, und überleist a Ding;

Du host a'n g'schickte Herre, a'n wohlerfahr'ne Ma,
Deär schout a Sach' mit kluega, mit g'sunda Ouge-n-a;
O säg mer offeherzig und im Vertroue doch:
Was ist a Hirothspulver? Und existiert as noch?

Wo ka ma doch des Mittel, o säg, a welam Ort
Ufgable und uftribe um Geälb und guete Wort'?
Wo ka ma's heärverschribe, ou welam Hand=
lungshus?
Was ließt' i mi nit koste! O lach' mi doch it us!

Na, Rosa, wenn as mögle, nu menschemögle ist,
Daß Eppar nomma dana des Pülverle verwischt,
(Wenn's Dane ka verschaffe, bestimmt, so bist es Du,) ·
So schick' mer uff 's Neujährle a Müsterle dervu!

O könnt' i mit der schwätze! I denk' a bi so viel,
A taused Kinderfreuda, a Tanz und Pfänderspiel!
Leäb' wohl mit Ma und Kinde, und sorgelos derbei!
O schrib, o schrib bald wieder der treue Annemei!

Die Bittschrift der Mäuse.

As fehl' se nit, seh richtig wohr,
  Verzellet no die Alte,
's ganz' Musg'schlecht hei voar viela Johr'
  A Hauptversammlung g'halte.

Sie sehet nomma uff 'ar Hoab'
  Us alla Himmelsstriche
Ganz kummerhaft, voll Noth und Loab
  Amole z'sämmetg'schliche.

Was Müsle hoaßt, des blibt it us,
  Des kunnt vu Wald und Oua,
Vu Heselbosche, Feäld und Hus
  Mit Fasel und mit Froua.

Vu'r Spitzmus bis zum stolze Scheär
  Vu Berg und Wassergründe
Kunnt ohne Widerred' derheär
  Gär all's mit Wib und Kinde.

As loufet Alag' um Alaga-n-i.
  Wie lot ma 's Röpfle henke!
As fey der frisch a-n-Elend g'fy!
  Des ka fe Jedar denke.

Die Dante klaget des und des,
  As hei koa Ziel, koa Gränz' meh,
Ma heb' 's an alla Orte bös,
  As fey koa Existenz meh.

As zoaget fe im hohe Roth
  Die willig, die bockboanig.
Ma wird, wie 's o be Lüte goht,
  Um alle Weält it oanig.

Mit finar Scheälle mueß am End'
  Bald die du beäna Müfe,
Und dene bald der Präfident
  Zu Pflocht und Ornung wife.

So rothet fe a volle Nacht,
  Ma fchreit, wird matt und matter.
An alte Scheär verfaßt und macht
  A Bittg'fuech an 'n Gottvatter.

A Kirchemus fchlicht zumpfer hi,
  Und lisplet im Vertroue:
„Thuer o a klä latinifch d'ri!
  As künnt' denn beffer houe."

Do setzt der Scheär a Brille-n-uf,
 Putzt b' Nase-n-ab und scheället.
All's müslestill. Flott liest ar b'ruf,
 Derwil as grau't und heället:

„Gottvatter, hör', o hör' is a!
 O laß, o laß be rüehre!
A reächte Mus salvene ka
 Jetz nimma existiere.

Ka sovel Tobsinb' o wie mir
 A-n-Erbeg'schöpf ufwise?
Weäm wird vum Mensche und vum Thier
 Meh nohg'stellt, als be Müse?

As broht der Undergang füerwohr
 Go bode balb uns Alla.
Der Mensch erbenkt fast alle Johr'
 Spitzsindig neue Falla.

A Trappel macht balb still und stumm,
 Und lot is it lang libe.
Wie gonb boch b' Katza mit is um!
 Koan Griffel meälb't's, koa Kribe!

Wie gonb is b' Wieselen uff b' Nächt',
 Fuchs, Iltiß, Marbar, Igel!
D' Vierfüeßlar fast vu-n-A bis Z!
 Der Falk und 's Ueleg'flügel!

Herr, was ist füer a Leäbe des!
  As hot koa Ziel, koa Gränz' meh!
As ist, wie g'meälbet, meh als bös,
  Mit Lieb' koa Existenz meh!

Wie hot amole Katz' und Mus
  So friedle künne schnarche
Hert neäbanand im Balkehus,
  J Vatter Noahs Arche!

Ma woaßt no wohl, no wohl dervu,
  Ka's do und det uffschlage,
Wie mir als Gottesg'richt sind g'ku
  Zu Bischof Hatto's Tage.

Und ietz mueß jedam Thier, o Fluech!
  A Mus de Hunger stille . . .
O Herr, as wär' a ganzes Buech
  Mit luter Klaga z' fülle!

Und dennoch hörst du viela Lüt'
  J deäm und diesam Hüsle:
‚Was wohr ist, blibt halt wohr; as git
  Nint netters als a Müsle.'

J b'haupt', Gottvatter, stif und fest
  Voar sovel tauseb Züge:
O laß is, Herr, as wär' des Best',
  Wie b' Vögel ummarflige!

O heft' is broate Flügel a!
  Mir bittet b'rum manierle,
Nu, daß ma sicher leäbe ka,
  Wie jedas anber Thierle.

Erhör' is, Herr, die brünstig' Bitt',
  Mit Unberschrift unb Datum!
Verlaß uns arme Thierle nit!
  Nunc finis, punctum satum."

So liest mit lutar Stimm' ber Scheär
  Voll Ifer neäb' 'ar Ibe,
Rüeft woalle Mus um Mus berheär,
  Deä Boge z' unberschribe.

Bun alla Müse hot se nu
  A Zwölftel unberschriebe;
Die anbere sinb wilb bervu,
  Honb 's ifrig hinbertriebe.

Was g'schiecht? Die Müsle=Bittschrift wirb,
  So viel i woaß, im Maie
I b' Himmelskanzellei spebiert
  Do buer a'n Leiblakaie.

Gottvatter nimmt se in Empfang.
  Wie hot ar se vertummlet!
Ar liest b'rin ummar bobe lang,
  Verschütt't be Kopf unb brummlet:

„O was er doch füer Tropfe find!
    Jetz schou' ma des Begeähre!
Des hinderst' Thierle hot fi'n Finb;
    As beärf it anberst weäre!"

Ar hot zum Glück be Guete g'hett,
    Tunkt b' Feäbere in 'n Tiegel,
Schribt brunbert hi „Begnehmiget"
    Mit Unberschrift unb Siegel.

So finb uff settig' Art unb Wif'
    In alla Rich' unb Lanbe
Die liebe, guete Fleäbermüf'
    Entsprunge unb entstanbe.

Der unverschämte Bettler.

An Generalvicare um Augsburg nomma bet
Deär hot a'n Jugedg'spiele und Schuelkamm'rate g'hett,
A'n seeleguete Herre, lieb wie der Sunnescht,
Ar sey Dekan und Pfarar im Allge domma g'sy.

Deä hot ar flißig hoamg'suecht als lieba, lieba Gast
Im küehlere September all'=, allemole fast.
Denn honb se mitanander die schönste Usflüg' g'macht,
Und über mengs Erleäbniß us vollem Herze g'lacht.

Nu, wie se a 'ma-n-Obed se mitanander gonb,
Duer Berg und Wald a Wand'rung ganz rüftig g'machet
                                    honb,
Verblickt ma wit in Feälder a'n Beättlar näher ku,
Do rüeft mi gueta Pfarar: „So, Melchar, bisch es du?

Des ist an b'sund're Kerle, halb Narr, halb
                                    Sunderling!
Ar hot de Kopf voll Schrulla und oageartig' Sprüng',
Reb't wenig um a'n Grosche und buzet jedarma,
Und nimmt nu Kupfermünza, durchus koa Silber a.“

Na, do kunnst mer it z' Schmutz, do bist a Brösele
z' spät b'ra.

Dummedum do kennt f' Niemed beffer; i will me
nit lobe.

Kaft de Seägar do dund, mithalb kaft b' Huebarlüt' froge.

Hm, do wirst be woll brenne! I deäm Stuck laff'
i mi sueche.

Dreih' mer b' Ouge, wie b' witt, und wenn b'
it z'friede bist, Kerle,

Steck' weäg' minar a'n Steäcke derzue; i ka der
it heälfe."

„Gilt as a Wett'?" seit diesar, „ohne weiters!"
der ander,

Fahrt mit si'm wißg'spieglete Schnupftuech über
si Löschhorn,

Und verschüttlet b' Hand: „Mir machet kurze
Prozeß do:

In a Tage a nü, am Zinstag, kunnst zeimer!" —
„Wo hufest?"

„Hufe," moant der Krättlar, „thuer i eigetle niena;
Aber i gang der i und us i Nummere fufzge.
Mine Herberg' stoht am Bach, a trurige Gehre,
Kaft it fehle; wo nint als Vögel hörst pfife,
gohst ine.
Kumm am Zinstag am Morge, i zoag' der a'n
g'späffige Vogel.

Merkst, i gieb der a ganzes Glockehalbstünble Be=
denkzit;

Wenn b' e kennst, so laßt mi Seel' ho, des und
nint anders!

Wenn b' e aber nit kennst, gieb Obacht, so bringst
mer und füllst mer

Uff' er Stell' mi Wanne dohoam voll Feäderethalar!

Host Gurasche? Host a Muge? Ei säg' mer, wie
sieht as?

Jetz host b' Wahl, jetz thuer, was b' witt und was
bi halt g'lustet."

„Guet, guet! As ist zum Geä und Neäh," so
huestet der Jägar,

Grift in 'n Sack und zicht a wißes, verrumpflet's
Papirle

Und a Feädere ussar, kretzt Wendle a Bitzle am
Arm da,

Füllt be Feäderekiel voll Bluet, und git e dem
Nochber.

Ernstle schribt ar mit großa Husbuestabe si'n Name
„Wendelin Schwalm", und macht a munters
Schnürkele ane.

Wart', wart', denkt ar, i will be über 'e Löffel
balbiere!

Wart', i will go mit der z' Ackar fahre, was gilt as!

Hörnlar, wart', ih zünd' der hoamwärts ohne
Laterne!

Wie-n-e b' Muetter Doarethee
Juſt amol im Stüble binn
Wieder üb'r 'e grüene Klee
Hebt und lobt, rüeft b' Nochberin
Volla Wundervitz: „Hoho!
Säg' mer doch, was iſt ar o?"

„Vef", ſeit b' Spinnare bim Rad,
„Mahnſt me, daß i 's nit vergiß,
's lit mer uff 'er Zunge g'rab',
Thuet ſe ‚rale‘, des iſt g'wiß.
Woaß it, iſt ar Jeneral,
Ober iſt ar gär Kap'ral."

Der Edelknabe.

———

Der König Fritz vu Preuße, deär hot im Kabinet
A'n Junkar, Falk mit Name, als Edelknabe g'hett.
Deär ist a b'sengta Kampel, an Schalk, an Sacardi,
Deär ist mit kurza Worte — an Galgevogel g'sy.

Bi alla lustig' Streäche, bi jedar Lumparei,
Ist denar Weätterskerle halt allemol derbei.
Ma hot em vielmol bräuet, bereits be Poste g'künd't.
Was hot as aber g'holfe? Viel weniger als nint.

Amol schickt im Aprille der König us Berlin
Die allarerste Kriese der guete Königin
Do nomma in a Lustschloß, just a ma-n-Obed spät,
Die erste us 'em Tribhus, a wahre Rarität!

Min Edelknab' kriegt b' Wisung, nimmt b' Land-
stroß under b' Füeß',
Ar gablet us si'm Körble a Kriese hunigsüeß,

28*

Ar langet oas um 's anber im Loufe ugschiniert,
Unb voar 'em Schloßhof bana — finb alle
gschnabeliert.

Der Zehet' wär' verschrocke, verbatteret, eär nit,
Kehrt hofle um, nimmt g'müethle 's leer Körble
wieber mit.
Ar buxlet still Berlin zue, als seh nint Ug'rab's
g'scheäh',
Unb benkt: Des wirb a subers, a wackers Trink=
geälb geä!

Am Morge noch be Sechfa hot Fritz si Froue g'weckt,
Frogt heiter, wie-n-er gestert bie Kriese heiet g'schmeckt.
Nu, b' Königin ribt b' Ouge, unb stunet fort unb fort,
Verwunb'ret se, wie billig, unb seit, sie wiff'
koa Wort.

O Jeges, wie verzornet mi g'strenga König Fritz!
Wie schießt us fina Ouge unb Sterne Blitz uff Blitz!
Ar grift i's Libletäschle g'rab' mit ber ganze Hanb,
Unb schnupft sechs=, siebemole wie b'seäffe nochananb.

Ar hot in Mura binna koa Rast meh unb koa Rueh',
Lot woalle wieber sattle, unb fligt [ber Haupt=
stabt zue.
Des goht ber an a Scheälle i Fritze Kabinet!
Der Ebelknab' louft ine, unb kriegt a Billiet.

„Des treist", befiehlt der König, „zum Hauptwach-
kommandant!
Nu voarwärts, ohne Umständ'! Der Handel ist pressant,
Und duldet koa Versumme.   Reächts um und
abmarschiert!
Du wirst bald Antwort kriege und hurtig expediert."

Mi Fälkle nimmt die Order, denkt: Hoppas, des
ist g'fehlt!
Jetz gond der Katze b' Hoor' us, bist kamplet,
Falk, und g'strählt!
As brennt em i de Hände der königlich Befeähl,
Und wird em uff 'er Gasse um b' Duge grüe und geäl.

Verblickt a'n Schacherjude; lacht hoamle, winkt em
g'schwind,
Und klocket em uff b' Achsel: „Willkumme, gueta Fründ!
Los', wärest it so g'fällig füer Geäld und guete Wort',
Und trüegest mer des Briefle uff b' Hauptwacht a
si Ort?

Do hoft drei guete Grosche! Ih ka umögle hi;
As treit der ohne Zwifel a saftigs Trinkgeäld i."
„Warum nit!" seit der Ander. „Was soll i des
it thue?"
Nimmt 's Geälble, dankt und schuehet vergnüegt
der Hauptwacht zue.

Der Offizier nimmt 's Briefle voll Ehrfurcht in
Empfang,

Bricht 's Petschaft uf, stutzohret und liest im Sulegang:
„Dem Herre Ueberbringar sind ohne Gnod' und Wahl
Zwölf Prügel abarz'meässe vum stärkste Korporal!"

Des Jüble macht der Ouge wie Butzeschiba schier!
„Gott's Wunder! Ih bi schulblos, ach mai, ka
nix berfüer!"
Ar pflennet gottserbärmle, ar wird so wiß wie Schnee,
Ma git em sine Prügel, koa'n minder und koa'n meh.

Z'letscht mueß ar se bedanke, nimmt 's Büntele
und goht,
Hebt b' Hosa, woaßt voar Brenne und Suse
frisch koa'n Roth.
Ar hoppet elend witer, Verbärmstniß hot woll all's,
Und fluechet denam Strolche all' Teufel uff
e Hals. —

Z' Mittag deckt mir nint, bir nint der Edelknab'
de Tisch,
Und richtet oas um 's anber ganz pudelwohl
und frisch.
Der König schout und stunet: „Ist b' Orber
expediert?"
Und hört, der Ueberbringar sey g'hörig regaliert.

„Der Teufel!" murrt der König. „Deär macht
a luſtigs G'ſicht!" —
Frogt nohe, hört mit Erger die trurig' Judeg'ſchicht'.
Der Wildfang wird do b'ruefe, erſchint voll Angſt
und Reu',
Wie a verſcheuchte Henne, und b'ſtoht's do frank
und frei.

Fritz dunnert: „As gebüehret voar Gott und
allar Weält
Dem Jude zwölf Dugote Erſatz und Schmerzegeälb!
Und des kriegt noch beä Obed der arm', ver=
prüglet' Alt',
Wird us bi'm oag'ne Bütel und oag'ne Seckel
zahlt!

Und ietzeba, loſ', Lalle, iſt wirkle b' Aex am Bomm,
Und hör' i wieder klage, ſo kriegſt a'n and'ra
Zomm, —
Quatier und Koſt in Spandau, denn krichſt mer
g'wiß zum Krüz,
Und lernſt mer Gott erkenne, du Dundersmalleſiz!"

In der Branntweinschenke.

An Invalid', an alte Knab',
   Hinkt underfiechts i b' „Gans".
Der Wirth nimmt 's Sammatkäpple ab:
   „Gott grüeß' de, lieba Hans!"

„Des fublet ietz, as ift a Luft!
   Und Dächle honi koa's.
A Gläsle künnt' it schade juft.
   Gang, Matthis, lang' mer oa's!"

Deär lupft a volle Gutture
   Bum Ofeloch, schenkt i,
Und git dem Steälzfueß orbele
   Si Obedschnäppsle hi:

„Verzell' a G'schicht' mit Bibelsprüch'!
   Du bift jo Fründ derbu!
Du kennst jo alle Tüch' und Schlich',
   Und weär verzellt wie bu?"

„As ist mer nomma wenig b'rum.
　　Verzell' uns du a G'schicht'!
As goht mer wieder schief und krumm . . .
　　O die verfluemet' Gicht!"

Hans muschelet's und strichlet b' Katz',
　　Und stört se i der Rueh',
Ar sitzt maßloarig uff si'n Platz,
　　Dem Kachelofe zue.

Do findet se a siebe, –n-acht
　　Husare bald b'ruff i,
Vermuethle du der nächste Wacht,
　　Verlanget Bränntewi.

Der Herbergsvatter hollt und bringt
　　Des Tränkle a si Ort.
Ma trinkt und neäblet, schreit und singt,
　　Hört nimma 's oage Wort.

A Bürschle mit 'am Dudelsack,
　　So schwarz, als wie an Rab',
Tanzt ungerisch, tribt Schabernack,
　　Und hoppet uf und ab.

Ar lot si Oug' vergottet keäck,
　　Frei schieße um und um,
Bum Kachelofe nit aweäk;
　　Der Hans woaßt wohl warum.

Und allab bunkler wird as b'ruf;
 De Ganswirth reut halt 's Oel.
Nu, endle zahlt ma und bricht uf
 Mit Stampfe und Grageel.

Bim Goh hot an Husar im Nu
 Und schönste Doppelschritt
D' Schnappsfläsche und'r 'e Mantel g'nu,
 Des merkt der Matthis it.

Der Steälzfueß zoagt betrüebt dernoh
 Still uff 's leer' Ofeloch.
Der Wirth stoht wie an Oelgötz bo,
 Und stunet allab noch.

Do süfzget Hans: „O seligs End'!
 O Wirth, die ist verreis't! ...
Es ist vollbracht! In seine Händ'
 Empfehl' ich deinen Geist!"

Der Wundervogel.

———

Anama mudrige Sunntag im Herbst am Morge
um Achte,
Weähred se dund im Kirchele orglet, singet und
beätet,
Stoht i sinar dunkle Moasehütte im Wald dinn
Mit ufg'stürmeta Hemmedermel an hoorige Kerle,
Wendel, si's Zoaches und Handwerks sunst an
g'lernete Krättlar;
Was ar amole g'seähe hot, probiert ar und macht ar,
D'rum o wird ar Tausedskünstlar überal g'namset.
Wisse wend etle im Dorf, ar könn' o banne; gloub
's schwerle.
Müslestill lornet ar bo mit sinar Schnupftubaknase,
Locket und pfift de Moasa wacker, blinzlet und lueget
Wie an Häftlemachar uff 'e Klobe und duckt se,
Gücklet usse zum Loch im Dos, sieht niena koa
Meäsle.
„Hüt' ist nomma koa Moaseweätter!" mulet ar
wildlecht.

Wie-n-ar so bostoht, wartet unb passet unb lüsterlet,
tönt as

„Guete Morge!" uff amole hinber em bana.

„O a'n guete!" sett ber Vogelnarr, breiht se unb
streckt se,

Sieht a'n frembe, grüeg'munbierte, langmächtige
Jägar

Voar em bana, mißt e vum Wirbel bis abe zuer
Sohle,

Jeges! unb verblickt — a'n Roßfueß. Jetzeba goht em
Woalle a Liechtle uf, ar kennt be subere Vogel.

„Herkules! gilt as a Schilbisbobel, bes ist ber
Hörnlar!"

Seit ar zue-n-em seäll, ist aber koa Bitzle verschrocke;
Denn an Tausebskünstlar füercht't koa'n Goast unb
koa'n Uholb.

Hofele huckt ber Jägar neäbe-n- ane unb frogt e,
Ob ar hüt' scho nommas verwischt hei, was as
füer Vögel

Ober sunstigs G'fieber bo geäb' i beär walbige
Gegnet.

Wenbel git orbele Reb' unb Antwort, blibt em
nint schulbig,

Nimmt koa Blatt voar 's Mul; füer b' Vögel
leäbt ar unb stirbt ar.

Bu be Golme wirb bischguriert, bu Amsel unb
Drostel,

Diſtelsvogel, Schwarzblättle und Speächt, Krüz=
schnabel und Lerche,

Knrz vu Hack und Nachtül' bis zum Zuschlüpfarle
abar.

Wie ma mit beäm Vogelverzall bo fertig und greä iſt,

Reb't ma vu Moaſehütte, vu Garn und Netze,
Kleäbruetha,

Und vu Vogelſchlag, Klobe, Maſchebreät, Schlinga
und Schloufta,

Bu be G'richtle, Gättera, Trillekeſe und Trügel,

Redet vu Fuetter und Krut, und z'letſches kummet
ſe z' ſtrite;

Danar kennt b' Vögel beſſer als der anber, natürle.

„Gang mer aweäk!" rüeft Wendel. „Dine Rettich'
ſind weſel!"

„Mach' mer de Schimmel it ſchüch!" ſeit bieſar
und lachet uhoamle.

„Kaſt mer g'ſtohle weäre!" rüeft nochamol Wendel,
verzornet,

Zicht bie beäne Tubakbüchſ' uſſar und klöcklet a
paarmol

Mit dem Deckel a ſe und nimmt a zünftige Priſe.

„Loſ', loſ', i ſäg' der blos: Du lernſt mer b' Vögel
it z' kenne!

Laß be nit uslache! Lehr' du be Katza no 's Muſe!

Als an Schlotzarbue honi mi beſſer ſcho usg'kennt,
als Mengar.

Na, do kunnst mer it z' Schmutz, do bist a Brösele
z' spät b'ra.

Dummedum do kennt s' Niemed besser; i will me
nit lobe.

Kaft de Seägar do bund, mithalb kaft b' Huebarlüt' froge.

Hm, do wirst be woll brenne! I beäm Stuck laß'
i mi sueche.

Dreih' mer b' Ouge, wie b' witt, und wenn b'
it z'friede bist, Kerle,

Steck' weäg' minar a'n Steäcke derzue; i ka der
it heälfe."

„Gilt as a Wett'?" seit diesar, „ohne weiters!"
der ander,

Fahrt mit si'm wißg'spieglete Schnupftuech über
si Löschhorn,

Und verschüttlet b' Hand: „Mir machet kurze
Prozeß do:

In a Tage a nü, am Zinstag, kunnst zeimer!" —
„Wo husest?"

„Huse," moant der Krättlar, „thuer i eigetle niena;
Aber i gang der i und us i Nummere fufzge.
Mine Herberg' stoht am Bach, a trurige Gehre,
Kaft it fehle; wo nint als Vögel hörst pfife,
gohst ine.

Kumm am Zinstag am Morge, i zoag' der a'n
g'spässige Vogel.

Merkst, i gieb der a ganzes Glockehalbstündle Be=
benkzit;

Wenn d' e kennst, so laßt mi Seel' ho, des und
nint anders!

Wenn d' e aber nit kennst, gieb Obacht, so bringst
mer und füllst mer

Uff' er Stell' mi Wanne dohoam voll Feäberethalar!

Host Gurasche? Host a Muge? Ei säg' mer, wie
sieht as?

Jetz host b' Wahl, jetz thuer, was b' witt und was
bi halt g'luftet."

„Guet, guet! As ist zum Geä und Neäh," so
huestet der Jägar,

Grift in 'n Sack und zicht a wißes, verrumpflet's
Papirle

Und a Feäbere ussar, kretzt Wendle a Bitzle am
Arm da,

Füllt be Feäberekiel voll Bluet, und git e bem
Nochber.

Ernstle schribt ar mit großa Husbuestabe si'n Name
„Wendelin Schwalm", und macht a munters
Schnürkele ane.

Wart', wart', benkt ar, i will be über 'e Löffel
balbiere!

Wart', i will go mit der z' Ackar fahre, was gilt as!

Hörnlar, wart', ih zünd' der hoamwärts ohne
Laterne!

„Dine Seel' ist mi, bo nützt koa Hüne, koa
Streäble!

Mina Klaua verfallst, wart', Prahlhans, i will be
scho zamse!"

Brummlet der Jägar i 'n Bart, und ist in Tanna
verschwunde.

Balb b'ryf krist an dicke Neäbel über 'e Berg heär,
Uffamol zoaget se rings um b' Hütte hufewis
Moasa.

Wendel locket wie wild, fangt s' z'sämmet, daß as
a Freud' ist,

Wehrt se wie b'seässe, ka's alloanig schier nimma
vermache,

Gablet s' vum Klobe aweäk, so woalle, als as
nu agoht,

Steckt s' in etle Strümpf'. Die Moasa wimmslet
bo binna!

Wendle lacht 's Herz im Lib, ar möcht' g'rab'
überlut juhzge,

Brutschelet mit se seäll, nu, wie-n-as mengmol sin
Bruch ist:

„Desmol hout as mer be Steäcke, und treit mer
a'n Nutze!

Ist doch richtig: ,Gott verlot koa'n Dütsche', bewahre;
,Hungeret as e nit, so bürst't as e', säget die Alte."

Dund im Kirchethurn lütet as Elfe. Der Krättlar
packt z'sämmet,

Nimmt a Ding in 'n Sack und duzlet und büchlet
dem Dorf zue
Allad be Bosche noch, und louft, wie Michel in 'n
Himmel.

Wie-n-ar hoamkunnt, lot ar b' Vögel under 'e Ofe.
's Stüble ist a luters Kefe, meh will i nit säge.
Möchtest g'rad' frisch tripelsinnig weäre wohrhaftig
Voar beäm Pfife, Flubere, Kreäble, Hacke und
Bicke.
A ber Erste seit ar koa Sterbeswörtle dem Wible.
I si'm Tubeschlag domma näggelet, bäschlet und
schafft ar
Uff 'em Schnidesel g'narret b'ruf los, ar schnipflet
und klocket,
Hoblet, seäget, verlib't vum früehe Morge bis z' Obed.
„Ei, ei," froget endle 's Wib, „was pröblest und
tribst denn?
Ei, was verkopfest be denn a so, was sinnest und
lorest?
Witt viellicht be-n- ewig' Umgang wieder erfinde?"
Wendel statzget a klä, will's nimma verblüemle,
verzellt ietz
Hoorklor b' Wett' vum Sunntag mit si'm subere
G'spane.
„Joches!" jommeret 's Wib. „O Jesses, Mareia,
Marona!

Hagen. Dichtungen. I.   24

Deärige, settige Stückle fangst a? — As möcht'
Da'm g'rab' grüle!

Na, ietz möcht' i doch g'rab' polisch weäre, wohrhaftig!

Hätt' i des g'wüßt, Kerle! As könnt' Da'm bümmer
nit trome,

Na, do möcht' doch oa's leibhaftig in 'n Bobe
versinke!

Wäreft z' Tripstrill mit bina mallegusischa Vögel!

Schou, i laff' der doch noch amole, was Flügel
hot, flige,

Schlag' der ohne Reu' und Loab all' Kefener
z'sämmet,

Wirf' f' in 'n Ofe, denn kaft nocheluege weäg'
minar. · —

Wendel, schou, du kunnst um Sack und Bändel
no heilig!

Bu be Feädera noch uff's Stroh, und des und
nint anders!

Um bi'n ganze Vogelhandel gieb i koa'n Krüzar,

It a'n Zweiar, koa'n Pfennig, it a'n Helvezar=
halbbatze!

Fort mit beäm freäßige G'flügel! 's Cardinalsvögele
b'halt' i."

„Wib, i säg der: Mach' me nit giftig! Laß me
nu mache!"

„Säg', ist des a-n-Art, am hoalige Sunntag in
'n Wald goh?

Wie der Teufel 's Krüz, ringsinnig be Gottesdienst
mide?

Schämmst de voar 'em Buebe nit, du nintiga Läsche?

Under 'em Wirthstisch sind bine Füeß' am Beste
versorget.

Wendel, lueg, du bist und blibst a glichgültiga Lalle!

Wo ma lueget, wo ma schout, bist hinda am Karre!

Steckst koa Schindel am Dach, und richtest koa
Oartbreät im Garte.

All's ist verlotteret am Hus, du-n-oba bis unda.

Ane, wie hätt' i so fürchtig gern a Züberle möge,
Wäschsoal, Spera und Kluppa! I ka s' um 's Leäbe
nit kriege!

Wie an Boterema kast schwätze und spreäche, denn
hot as.

Bist a Kerle wie Wachs, du lost be du Jedam
verzeichle."

„Schou, was brucht as allab des Stiefere? ,Weär
uff Bleäch schlöcht,

Deärf koa'n Silberton erwarte', meäldet a Sprüchle.

Ueber a Hundshus, Ageth, bout ma koa'n Blitzableitar.

O du Tabernakelmüsle, mach me nit fuchtig!

Schou, i wött, du säßest uff 'er Mäbelesgabel! —

Kast doch fast gär nint, als allewil beälfere, bräße
und kipple!

Bist a Meängg, a Jommermei, denn punktum
und satum!

24*

Ageth, schou, i thuer 's us Noth, sunst kumm' i
nit z' Glufet.

Noth bricht Ise; 's Hungerlibe ist mer verbloabet.

Drei Tag' honi no Lazio; ietz siehni scho usse.

Uff 'e letschte Nothknopf usse verschieb' i koa Dingle.

D' Arbat goht vu statte, as la mer und la mer
it fehle.

's Hannesle richt' i ab, o laß des Wendle nu über!

Los', los', wenn as Pfifa soll geä, so mueß as am
Holz sy.

Alletag hot ar a Kraihstund', bu möchtest vergitzle
voar Lache."

„Hosches vergeässe? Woascht, be g'schiba Katza
vertriunet

Säppanamol o b' Müs'. Du Freävlar, ma sott
be g'rab' prügle!"

Wendel, der Krättlar, lot se pulvere, sumset si Liedle:
„Vögele, Vögele, bick' am Bomm," und trillet
no luter:

„Ist a schöne Jumpfere bomm!" und johlet wie
b' Hirte.

Aber wie 's Wib it hört, so louft ar vu'r Riebelesuppe.

Voar 'e Viera scho am neäblige Morge vum Zinstag
Nimmt der Taufebskünstlar si'n fünfjähriga Buebe, —
Weleweäg sus an verschlagene, schlaue, udreäsene
Bäste, —

Uffar us 'em Neäſt, verſchüttlet, weckt e und
ſtricht e,

Salbet und ſchmirbt e-n-i mit Hunig über und über.

Kleäbt e voll Pflumm und Feädereballa vu allarhand Vögel

G'hörig z'ſämmetg'ſtellt, vu-n- alla möglicha Farba,

Setzt em a'n Vogelkopf uf mit Kamme, Schuppe
und Schnabel,

Limt em a Händ' und Füeß' ſchwarzbrune, langmächtige Kralla,

Heftet em vu 'ma Königsablar g'waltige Flügel,

Was füer a'n ſchöne, koſtliche Pfaufeädereſchwanz a!

Jetzeda, wie der prächtig Vogel ſuber g'mundiert iſt,

Spert ar'n in a großmächtigs, brähtis Keſe mit
Thürnlen,

's Thüerle ribt ar zue, und treit all's abe i b' Stube,

Hollet b' Wanne vum Ufzug abar, und ſtellt ſe
uff b' Gutſche.

„Bürſchle, Bürſchle, halt' di guet; ſus wär' as
a-n- Elend!

Wenn i ſchnupf', ſo kraihſt, und witers halt'ſt bi
a b' Rolle.“

„Aber loſ' du, Vatter,“ ſeit 's g'fiederet Hannesle
hoamle,

„Geält, denn krieg' i Tirolarknödel wieder amole?

Ziegernubla und Wälbarkäſ', und a'n Thalar in
'n Bütel?“

„Ohneweiters, Büeble, gär all's wemmer denn
g'moa ho,

G'rab' wie b' Buebe b' Vogelneäster. Duck' be,
halt' 's Mul ietz!"

D' Muetter kunnt inar und sieht's, und hebt beid'
Sita voar Lache,

Hört be Klockar a der Husthüer, springt woalle
in 'n Gade.

Wendel louft uffe, zicht be Riegel, thuet hofele
b' Thüer uf.

Richtig, as ist e! I-n-ema schwarze, flattrige
Mantel

Kunnt der Jägar i's nieber Stüble, buckt se und
setzt se,

Lueget ummar und umme, und lot ietz b' Ouge brav
schieße,

Moant, ar könn' blos ku, a Seel' abfasse, denn
holla!

„So, do bini! Bist it lützel verseähe mit Vögel!

Host mer b' Wett' vergeässe? Wo host denn beä
g'späsſige Vogel?"

D' Rarität wird zoagt und b' Stubeuhr rasslet
g'rab' Fünfe.

„Was? a'n vierfüeßige Vogel? Was? und beärige
Flügel?

Settige Kralla und Feäbara! Lueg' ma, do mueß
i verstune!"

Diesar lächlet, zicht b' Büchf' und schnupft. Der
Vogel im Kefe
Regt se und wie an wälsche Gockelar schreit ar
und kraiht ar.
Jorum, wie stutzohret der Jägar oamol um's anber!
Ueber a Wile bickt der Vogel a b'Stängele ane,
Schreit oatönig, wehmüethig, du moanst, du hörest
a Muche.
Ueber a Wile schnurret und spinnt ar wie schmoach=
lige Katza,
Schlöcht wie b' Wachtla, rugguset wie b' Kutter, und
gazget wie b' Henna.
Ueber a Wile pfucht ar wie an zornige Gansar.
Jetzeba sitzt der Gast g'rab' uff 'e Bobe und glotzet,
Loset mit Mul und Ohre, verschüttlet sine Barocke,
Schout de' Vogel heänna und beänna, vu oba
und unba,
Vorna und hinba g'nau, g'nau a, und sinnet und sinnet,
Musteret 's Fuetter, verblickt Geälrüeba im irdene
Trügel,
Und a'n Brocke rouhs Fleisch, und etliche Peterle=
wurza,
Hebt de Kopf, ribt b' Stirne, ka des G'fieder
it hoamthue.
Wieder wird g'schnupft, der Vogel kraiht no stärker,
als 's Erstmol,
Hünet wie b' Uhu, wie a Wetzstoaschlife im Tobel.

„Grüena", seit Wendel, „gieb Obacht, ietz sind
as no zehe Minuta,

Ietz hoft nint meh z' versumme, wehr' be, kaft be
vertummle!

Geält, beär Mallefiz-Vogel git der z'schaffe? Sin
Name·

Lit der wie an viereckige Knöbel im Mage! Du
bur'ft me!"

Ane, dem Jägar fallt vu'r Stirne Tropfe um Tropfe!

Gär it ugern möcht' ar flueche, wird grätig und
stampfet:

„Na, a settigs Feädereweäse, a'n settige Vogel,

Mueß i bekenne, honi minar Leäbtag' nie g'seähe!"

Ietz ift b' Aex am Bomm. Ar schnufet, zocket
und mulet,

Wehrt se wie b' Katz' am Bändel, rollet b' Duge
und pfuzget,

Fangt a z' griesgramme, z' resoniere, daß as a-n-
Art hot.

Endle lot ar b' Flügel lampe, verstillet, ergit se.

„Halbe sechse!" rüeft Wendel, und schnupft a wackere
Ladung.

Heälluf kraiht der Vogel, verschüttlet Schuppe und
Kamme.

„Hoft verlore, heär do mit bina Feäberethalar!"

Zornig füllt der Anber b' Wanne mit glanziga
Thalar,

Funkelnagelneu.   Der Krättlar buckt se, bedankt se,
Nimmt si Handschrift z'ruck, i klenne Feätze verrisse,
Zupft be Nochber, hebt b' Hand a's Mul und
                                      muschelet frünble:
„Im Vertroue: Des ist ber — Wundervogel,
                                      ietz merk' der's!
Wenn b' e wieder amole triffft, a–n– andersmol
                                      kennst e."
Diesar uf und fort, der Tausebskünstlar schnupft ifrig.
Ei, wie kraiht, wie juhzget und lachet der Vogel
                                      im Kefe!
's Wib im Gabe binna hebt 's Balsambüchsle a
                                      b' Nase.

Wendel ist a g'machta Ma, ar schaffet und huset,
Henkt be Klobe a'n Nagel, hot be Friede mit Allem;
Aber vu bet a seh ar am Sunntag nie meh
                                      neäb' b' Kirche.

Einem Jugendgenossen.

———

Wie g'späffig goht as mengmol doch,
  Wie keiig under'm Mo!
Auf was uff Erde kaft be noch
  Mit Sicherheit verlo?

Host Werthpapir', a schöne Sach',
  Und beära Waar' im Hus,
So kunnt der über b' Nacht an „Krach",
  Bift arm, wie b' Kirchemus.

O gloub' mer, b' Freundschaft ift und b' Lieb'.
  So feälte ächt und treu.
Wie woalle ift bin Himmel trüeb!
  Lernft viel mit Schmerz berbei.

Host Hus und Garte nomma buff'
  Und moanft, as batt' und füeg',
So ploget be nu balb Verbruß,
  Der ewig' Hennekrieg.

Hilfſt beäm und dieſam uſſem Kleäb,
    So ſeit ar i der Noth,
Ar denk' der d'ra, ſo lang' ar leäb'
    Ar dank' der bis in 'n Tod.

Wart', wart' nu zue! Lueg' hi, lueg' hi!
    Was ernteſt füer a'n Dank? —
O deckel' de wie d' Schneäcke -n-i,
    Suech' Troſt bim Obedtrank!

Denn ſtopf' a Pfifle i di'm Weh!
    Was blibt der übrig ſunſt?
Verrouch' di Load! As iſt ſit je
    Halt all's nu Rouch und Dunſt!

Der heilige Christoph.

Legende.

As hot voar graua Johre im schöne, g'lobte Land
An Hoab' amole g'huset als Offero bekannt,
An Mensch, so stark wie Ise, an wahre Felsema,
An Ma vu Riesegröße, so meälbet b' Chronika.

Im G'fühl vu sinar Stärke, vu sinar G'walt und Kraft
Macht Offero viel Roasa vu Volk zu Völkerschaft.
Ar hot se voarg'no z' biene als Spieß- und Waffeg'sell
Dem Mächtigste uff Erbe, und seh ar, wo-n-ar wöll'.

Ar froget noch 'am König, deär als der mächtigst' gilt,
Deär nimmt e zum Trabante, und git 'em Schwert
                                    und Schild.
Ar hot woll rüebig Stunba im gold'ne Königshus;
Doch merkt ar, baß dem Herre stark voar 'em
                                    Teufel gruf'.

Ar denkt: Deär ist der stärker und mächtiger, verlot
Bald 's königlich' Hoflager in allar Stille, goht
Denn sine Stroßa witer, und tritt bim Vollmoscht
Als Famulus bim Teufel, bim Mächtigere i.

Sie strüelet mit anander amole duer a'n Wald,
Und kummet uff a Krüzstroß, gond witer, seähet bald
Just an 'ar Weättertanne a mächtigs Christusbild,
Des blickt so liebrich abar, wehmüethigle und mild.

Der Bös' schlöcht b' Duge nieder, ar zitteret und wicht
G'schneäll uff die ander Site vum Strä\u00dfele und flicht.
As dötterlet si'm G'spane, ar denkt si'n Thoal derbei,
Daß Gottmensch Jesus Christus der allarmächtigst' sey.

Ar simuliert und sinnet, hot Teufels Dienst verlo,
Und wöhler wird dem Helde, und wöhler bald dernoh.
As tribt e wit und witer am starke Pilgarstab,
Um Jesus Christus z'sueche, ihm z' diene bis a's Grab.

Ar wanderet duer Waldung, Danöde, Thal und Fluß,
Duer Berg' und Wüsteneia bi Tag und Finsternuß.
Do trifft ar a-n- 'am Morge hoch a-n- 'am Felse da
Bu wildem Wi verwachse a Klausnarhütte -n-a.

Und voar 'am Krüz da knielet a-n- Eremiteg'stalt,
Ehrwürdig, silberbartig, stark g'schuggelet und alt.

Deär labt e mit Queällwaſſer, mit Hunig, Milch
unb Brot,
Sie rebet mit ananber bis noch 'em Obebroth.

Unb beäm verzellt ar troule unb ohne Lug unb Trug
Si ganz bisheärigs Leäbe unb Weäbe Zug für Zug.
Der Gottesma belehrt e, unb klärt e ſorgſam uf,
Unb git bem frumme Schüelar bie heilig' Touf
bo b'ruf.

Ar bienet bem Walbbrueber, unb leit ſe z' Nacht
uff 's Moos,
Moant ſpäter, ſo a-n- Arbat, bie g'fall' em
lützel blos.
Des hot be-n- Eremite nint wenigers als g'keit,
Ar zoagt em a wilb's G'wäſſer vum Felſe-n-us
unb ſeit:

„So viel, viel Frembe kummet buer 's Johr im
Pilgarg'wanb,
Unb wenb gi Paläſtina, i's hochg'lobt', heilig' Lanb;
Doch könnet ſe nit witer; der Walbſtrom hinbert ſ' bo,
Koa Bruck, koan Steäg, koa Schiffle, koan Fähr
iſt wit unb noh.

Dir hot b' Natur an Kräfta g'rab' übermenſchle g'geä,
Kaſt ſorglos ummewatte, uff b' Achſel b' Pilgar neäh,

A 's ander Ufer träge, der Himmel lohnt derfüer,
Denn wirst be Herre finde, denn ist der Herr
mit dir."

Christ Offero ist willig, verspricht, bes lieber z' thue,
Und hout a'n junge Bommstamm als Wander=
steäcke zue.
Ar zimmeret a Hütte bim wilbe Waffer bund,
Und wartet uverbroffe, treit buer 'e Fluß, weär kunnt.

Ar lit uff finar Streue amol um Mitternacht.
Der Oftnar hült und tofet, und Offero verwacht,
Vernimmt a lifes Rüefe bi Sturm und Wirbelwind,
Goht uffe, sieht am Waffer a wunderherzigs Kind.

Nimmt 's hofele uff b' Schulter, und wattet fest bermit
I 's dunkel G'wäffer ine, und kunnt it zehe Schritt,
Do wird em allab schwerer und schwerer fine Last,
Ar moant, ar müeff' verfinke; bie Wucht ver=
bruckt e fast.

Ar schout uff 's Kind, o Wunder! an niemols=
g'feäh'ne Glanz
Umstrahlt fi Lockeköpfle, an gold'ne Strahlekranz!
„Du treist nit b' Weält alloanig, bu treist ietz bena o,
Deär 's Weältall hot erschaffe," rüeft 's Kind und
lächlet froh.

's Chrisktinble ist verschwunde, sin Trägar stoht
wie bannt,

Ar pflanzet zum Wohrzoache be Bommstamm tif
i's Sanb,

Unb lueg ma, was passiert ietz am büre Hanb=
griff bomm?

Der Stamm schlöcht us, tribt Blätter, unb wachst
zum hohe Bomm.

Us allem sieht ar bütle unb allab bütlicher

Si B'ruefung unb si Senbung als Heilsverkünbiger,

Unb wil ar Christum treit hot bieseäll Nacht buer
e Fluß,

So hoaßt ar Christusträgar, bes wär' Christo=
phorus.

Ar zicht bu Lanb zu Lanbe, ar goht bu Ort zu Ort,

Unb prebiget be Völker voll Ifer Christi Wort.

Verklagt, verfolgt unb g'fange, ig'kerkeret, verhört,

Bekennt ar voar 'e Hoabe, was Unserherrget lehrt.

Wirb g'folteret, abg'urthlet unb grausam g'marteret.

Ma leit e in a großes, wißglüeihigs, ises Bett,

Unb setzt em b'ruf a'n Sturmhuet, a'n glüeihig=
g'machte, -n-uf.

An Schwarm Solbate schießet mit scharfa Pfile
b'ruf.

Die prallet ab unb schmerzlos ist jeba Bogeschuß,
Bum Henkar wird enthauptet bernoh Christophorus.
Im Himmel host bu g'erntet, was bu uff Erde g'sait;
Du host bi'n Herre g'funde in alle Ewigkeit.

———

Das dürre Sträußchen.

———

Sträußle, Sträußle, pulverdür,
  Du ma Rosestöckle!
Agedenke, lieb und thür,
  Mit de Maieglöckle!

Mueß be mine alte Hand
  Noch amole finde!
Füehrst me z'ruck i's Hoamathland,
  Under b' Schloßberglinde.

's halb Johrhundert ist verbei,
  Daß mer det sind g'seäße.
Ist mer, ob as gestert sey;
  Ho 's wohl nie vergeässe!

Wilhelm, zürnest nimma, geält,
  Förstars Friederikle!
Guet und Geäld regiert halt b' Weält;
  Macht nit allad glückle!

D' Elt're honb me dir it glo
 I de Maietage . . .
Wilhelm, was i g'litte ho,
 Deärf i Niemed klage. —

'Du bist tod, und Freud' und Lust
 Ka me nimma labe.
Mit dem Sträußle uff 'er Brust
 Soll ma me vergrabe.

Der letzte Abend im Vaterhause.

———

Gottlob, gottlob, so simmer, so wäret mer am Ziel!
A Brut, a Brut sy, ane! ist a curioses Gf'ühl!
Der Gottfried wird mi Mändle, wird moann min
Schirm und Schild,
Mi Hange und Verlange, mi Hoffe ist erfüllt.

So mueß i a Gott's Name! vum Hoamathbobe goh,
Und Vatter, Brüeder, Schwester uff allewil verlo!
I gang mit schwerem Herze vu mengam liebe-n-Ort,
Vu mengam frohe Plätzle mit nassa Ouge fort.

Du Garte, wo bi Setzling, Kohlrabe, Karfiol,
Wo mir bi Köhl und Rabis so wohl ist g'sy, so wohl!
Du netta Bluemegarte mit Bank und Imbehus!
Vergeält's Gott füer all' Freuba, füer menga
Bluemestruß!

Ihr Hummelbeer' und Schnellar, Johannesbeerlestöck'!
Ihr schöne, wälsche Cäpper bet bund am Stabeleck!
Det hot mer 's Osterhäsle die g'molte Eier g'leit;
I möcht' vu Herze danke füer jede Kinderfreud'!

Du Henneſtal am Mürle, du Tubeſchlag bo bomm,
Du alta Pferſichſlore, Witſeälbarbierebomm,
Ihr ſunnehafte Reäba, ihr Epfelbämm' um's Hus!
Ietz mueß, ietz mueß i witer, und b' Hoamath=
           freub' iſt us!

Du herzigfrei's Luſthüsle im buftige Schasmi!
Wie iſt uns bet a wöhle, a himmelwöhle g'ſh!
Wie hommer uff 'er Gritſchlat us vollem Herze
           g'lacht,
Um Pflummebomm und Gatter ſo menge G'ſpieler
           g'macht!

Du Brunne, wo–n–i Schäfle ho tränkt und Kalb
           und Kueh,
Du rohreſt, loufft und plätſcheſt und ſprubleſt
           allab zue
I 's Bächle munter abe, wo b' Silberpappla ſtonb,
Und mir als Kinder Schiffle und Trilla g'machet
           honb.

So wenig als bes Waſſer je ufwärts rinnt zue'r
           Bruck,
So wenig bringt mer b' Zuekunft be Kinderhimmel
           z'ruck.
I ho no all's voar Ouge, als ob as erſt g'ſh ſeh;
Die allarſchönſte Jährle ſinb wie an Trom verbei!

Flueh, Ortsname, Berggemeinde ober Bregenz.

Foal, adj., feil, käuflich.

Foahre, f., Föhre, Kiefer (pinus sylvestris). Ahd. foraha, mhd. vorhe.

Frette, v., mühselig, hart arbeiten, subst. **Frettar,** m. Mhd. vreten, reiben.

Für, Füür, n., Feuer. Ahd. fiur, fuir, mhd. viur. Adj. **fürig.**

Füerar (fürher), adv., herfür, hervor.

Fürchtelig, adj., furchtsam, ängstlich. **Fürchtelar,** m., furchtsamer Mensch, Hasenfuß; **fürchtig,** adv., furchtbar.

Funketag, m., der erste Fastensonntag, an dem Mittags die „Funkenküchlein" gebacken und Nachts auf Hügeln und Bergen zusammengetragene Holzhcufen, — sogenannte Funken, — von jungen Burschen angeschürt werden

Futtere, v., fluchen, vom franz. foudre.

G.

Gade, m., Stube, Kammer, Gemach. Mhd. gadem, gaben.

Gärtle, v., gärtnern, den Garten bestellen.

Gättere, f., Gitter, Gegitter; in kathol. Kirchen das Gitter der Communionbank. Mhd. gater.

Gaug, imperat., geh'; i gaug, praes. indicat. und conjunct des v. goh, gan, gehen.

Geä, v., geben, vom mhd. gên, geben; part. g'geä, gegeben.

Geähre, v., gehren, verlangen; vom alten ger, die Begehr.

Gehre, f., schräge Richtung. **A–n–alte Gehre,** ein altes, schiefstehendes Haus.

Gemmer, assimilirt aus **geud mer,** gebt mir; geben wir.

Gestert, adv., gestern.

G'frett, n., Mühsal. S. **frette.**

G'heue, g'heie, v., geheuen, verdrießen.

Gi, praepos., gen, nach. **Gi Linde,** nach Lindau.

Gire, v., girren, knarren, ein längst aus der Schrift-sprache verschwundenes, treffliches Schallwort.

Gisse, v., unartikulirte Töne ausstoßen vor Schrecken und Grauen, widerlich schreien; subst. **Giß, m.,** Aufschrei, Mhd. gigsen.

Gisplig, adj., muthwillig, ausgelassen, v. **gisple;** subst. **Gispel, m.**

Glafer, n., Gewäsche, leeres Geschwätze. Mhd. klaffe. **Läfere,** v., sinnlos reden gleich einem Betrunkenen; subst. **Läferar, m.**

Glarnet, n., Clarinet.

G'leit, part., gelegt, von **lege,** v., legen.

Glitzgerig, adj., glänzend, strahlend. Ahd. clizan, mhd. glizen = gleißen, glänzen.

Gloaste, v., glosten, glimmen. Mhd. glosen, glühen; glänzen.

Glockesoal, n., Glockenseil.

Glüeihig (—v), adj., glühend.

G'lüt', n., Geläute, von **lüte,** v., läuten, part. **g'lüte, g'litte.** Ahd. luttan; mhd. liuten, luten, lüten.

G'mür, n., Gemäuer. Mhd. gemur.

G'nieglet, part., übervoll. Aus **niggelen** = wackeln, rütteln. **Der Bomm ist g'nieglet voll Hänfla,** der Baum ist übervoll von Hanfbirnen.

G'no, g'nomme, g'nu, g'numme, part., von **neäh,** v., nehmen. Mhd. genomen, genumen.

Jetz ist, jetz ist se bunba mit ihrem letschta Schi!
So schoadet oas um 's anber, all's nochananber
hi! . . .
I wind' a Bluemekränzle unb brock' mit Wehmueth ab
Vergißmeinnicht' am Bächle uff 's lieb', lieb'
Muettergrab.

As dämmeret unb nachtet. Der Sunntag ist verbei.
O Vatter, gueta Vatter! Der Himmel sey mit eu! . . .
Jetz, Kränzle, wärest fertig. Du nimmst be herzig us!
Des ist mi letschte Arbat im liebe Vatterhus!

Worterklärungen.

A.

A in Zusammensetzungen für die Vorsylbe an. Z. B. ageä, angeben, ag'geä, angegeben.

A, zuweilen für na, nein; a, bewahre, nein, bewahre.

A (Nominativ und Accusativ), numeral., eine, ein (n.) Z. B. a Mus, a Hus, eine Maus, ein Haus. Folgt ein Vocal, tritt das euphonische n dazwischen. Z. B. A-n-Alte, eine Alte, a-n-Uhr, eine Uhr.

A, praepos., an. A-n-'am, an einem, a-n-'ar, an einer. Z. B. a-n-'am Pfohl, an einem Pfahl, a-n-'ar Wand, an einer Wand.

Abar (abher), adv., herab.

Abarlälle, v., herabzüngeln.

Abe (mit tonlosem Auslaute), verb., abnehmen, schwinden, daher Abend.

Abe (mit betontem Auslaute), adv., (abhin) hinab.

Aehne, Nähne, m., Großvater. Ahd. âno.

Aescharmilte, m., Aschermittwoch.

Afange (— — v) v., anfangen, beginnen; subst., Afang, m., Anfang.

Afange (v—v) adv., endlich, nach und nach.

Abebe, adv., wie das vorige.

Ahnd, Nahna, f., Großmutter. Ahd. âna.

Binde, f., 1. wie hochb., 2. Speckabschnitt.

Biß, imperat., seh. Alte Form des Inf. sy, sîn, syn, wesen, sehn.

Bisch, vor Vocalen zuweilen für bist. **Bisch es?** Bist bu es?

Bittlos, adj., übellaunig, unwirsch. Tirol. pitlos, pitloas.

Bitzle, bitzele, n., bischen; **a bitzle,** ein bischen.

Bläcke, f., großes, breites Blatt, bef. an Küchenpflanzen, z. B. **Kohlrabi=, Krut=, Mangel=** b i. Mangold=bläcka. Schwäb. Blätsch, schweiz. Blacke, Blatsche.

Bläftig, adj., windig, v. **blose,** blasen, winden. Ahb. plassan. **Blost,** m., Athem; Sturmwind. Ahb. plast.

Blaugere, plaugere, v. (aus dem mhb. mich belanget), sehnsüchtig verlangen, erwarten.

B'leäse, adj., belesen.

Bloacht, bleicht, v. **bloache,** bleichen. **Bloache,** f., Bleiche. **Bloachar,** m., Bleicher.

Bluest, m. u. f., Blüthe. Mhb. bluost, bluft.

Blüeihe (zweisylbig), v., blühen. Ahb. bluojen, bluowen, mhb. blüejen, blüewen.

Blutzgar, —ger, m., verschollene Scheidemünze in Graubünden im Werthe von 3 Pfennigen.

Boa, n., Bein, zuweilen synekdochisch für Mensch. R. A.: **Koa reächts Boa ist do,** kein rechter Mensch ist da; plur., **Beäner** u. **Boauer. Boahus,** Beinhaus (ossuarium); Schelte auf einen hagern, zaundürren Menschen; dim. **Boahüsle.**

Bocke, v., fallen, mit Gepolter herabstürzen, **abarbocke.** Mhb. bocken, niederstürzen. Urspr. wohl von **Bock,** m., Gestell aus einem geraden Stücke Holz mit Füßen bestehend, etwas darauf zu legen, oder zu stellen, z. B. Maurerbock, Zimmermannsbock.

Bode, adv., ziemlich. **Bode muſper**, ziemlich munter.

Bohr, f., Bahre, Todtenbahre. Ahd. pâra, mhd. bâre.

Bomm, m., Baum; Sarg. Ahd. boum, mhd. boum, bom.

Boſche, m., Busch. Mhd. bosche und busch, ital. bosco.

Boterema, m., Rosenkranzhändler, Paternosterverkäufer. **Botere**, f., dim. **Bäterle**, ein Korn, Kügelchen des Paternosters, volksthüml. Nüſters oder Nusters.

Brächte, prächte, v., laut reden, einem Halbtauben in das Ohr ſchreien, lärmen. Ahd. prahtan, mhd. brehten; bracht, Lärm; Stimme.

Bränntewinar, m., ein länglicher, rothwangiger, ſchmack= hafter Apfel mit großem Kernhauſe.

Braſchle, praſchle, v., zerberſten, praſſeln, mit Gepolter zuſammenbrechen; mhd. brâzeln.

Breäm, m., Bremſe, Roßbremſe, ahd. prëmo, mhd. brëme.

Briegge, v., weinen, Mhd. briefe, f., Verzerrung des Geſichts.

Brochat, m., Brachmond, Juni. Mhd. brachot, brachat.

B'romig Fritag, der Tag nach dem unſinnigen (gum= pigen) Donnerstage, an dem das junge Volk ſich gegenſeitig aus Scherz das Geſicht ankohlt, anrußt, d. i. bromig macht. Mhd. ram, rom, Ruß, Schmutz; berämen, beromen, berußen.

Broß, m., Knospe, Sproſſe. Ahd. proz, mhd. broz, v. briezen, anſchwellen, knospen.

Broſele, f, Broſame, vom veralteten broſen, zerkrümeln, zerbrechen. Ahd. brosmâ, mhd. broſam, broſem, gr. βρωσιμον.

Bru, adj., braun. Mhd. prun, brun.

Brüehl, m., Brühl, ein ſumpfiger, bebuſchter Ort, Grund. Mlt. brogilus, broilus.

Brusele, v., franz. briser, rauschend durch die Zweige fallen. Mhd. brusen, prusen = brausen.

Brutschele, v., unverständlich, mit schwerer Zunge sprechen.

B'schosse, adj., beschossen, entschlossen.

B'seugt, part., verschmitzt, übel angeschrieben, v. **b'seägue**, besegnen. A b'seugte Kerle, ein Mensch, vor dem man sich besegnen und behüten muß.

Buch, m., Bauch. Ahd. bûh, mhd. bûch, pûch.

Buckarle, n., dim. von **Buckar**, m., Bückling, Knicks. Aus **bucke**, v., bücken.

Budel, m., Flüssigkeitsmaß, ¼ Schoppen.

Buech, n., Buch. Mhd. Buoch.•

Büechele, n., 1. junge Buche, 2. Buchnuß, Bucheichel, Buchecker, die Frucht der Rothbuche.

Bühel, m., Hügel. Ahd. puhil, mhd. bühel aus **biugan**, biegen, gebildet.

Bünbt, f., ein abgetheiltes, meist umfriedetes Stück Land. Ahd. biunt, mhd. peunt, beunt, mittellat. **biunda**.

Büntele, n., dim. von **Buntel**, m., Bündel.

Büttle, **Bittle**, n., dim, Bachbutt, Pfrille (cyprinus aphya), das niedliche Quellwasserfischchen.

Bummere (lautmalend), 1. v. intr., dumpf tönen, erdröhnen, 2. v. tr., etwas mit dumpfem Gepolter verrichten; **zubummere**, v., mit starkem Geräusch ein Thor, eine Thüre, einen Fensterladen 2c. schließen.

Burgel, Walbburg, n. pr., Walburga, dim. **Burgele**.

Butzeschibe, f., alte, runde, bleigefaßte Fensterscheibe, die in der Mitte einen Butzen (Nabel) hat.

Buschele, v., Reisigbüschel, d. s. **Buschla**, machen; sing. **Buschel**, f.

Bufele, n., Kosename des Kälbchens in der Kinder=
sprache. So auch Busekatze, Busekätzchen. Buse, f.,
hochd. das ganz feine Haar der Katzen 2c.

Bust, m., Bausch, Tragring, Kringen.

C.

Cardinalsvögele, n., in der Sprache des schlichten Land=
mannes für Canarienvogel (Fringilla Canaria).

Cüntle, n., dim. von Cunte, m., Rechnung. Ital.
conto.

D.

D', 1. du, 2. die. Z. B. Wenn d' kunnst, so kriegst
d' Biere = wenn du kommst, so kriegst die Birne.

Dach, n., 1. wie hochd., 2. Regendach, Regenschirm;
dim. Dächle.

· Dachle, v., stark regnen, wenn in Folge dessen das
Regenwasser über Dach und Fach plätschert.

Dana (da an), adv., da, dabei.

De, di (Accus.), pron. pers., dich.

De (Accus.), den. I ho de und de Buebe g'seähe, ich
habe dich und den Buben gesehen.

· De nanna duere (de–n–anhin durchhin), den ganzen
Weg hinüber, hindurch.

Deänn, deänna, adv., drüben. Schwäbisch dernen.

Deär, der, die (mit hörbarem e), die, des, das.

Deärig, derartig, dergleichen, ein aus dem pron. genit.
deära, deren, gebildetes Adjectiv.

Deliquent, m., Delinquent, armer Sünder.

Denar, dene, denas, pron. demonst., jener, jene,
jenes.

Denn, adv. u. conj. dann; denn.

Der (mit tonlosem e) 1. Art., der. 2. pron. pers. dir. Z. B. i will der ku, ich will dir kommen.

Derbei, adv., dabei.

Derbis, adv., unterdessen.

Derduer, adv., dadurch, hindurch.

Derheär, adv., daher.

Dernoch, dernoh, adv., darnach, hernach.

Dervu, adv., davon, hinweg.

Derzue, adv., dazu, hinzu.

Det, döt, dert', dört, adv., dort, daselbst; damals. Mhd. dërt.

Di, din, pron. poss., dein, dine, deine. Mhd. din.

Di, de (mit tonlosem Auslaut), pron. pers., dich.

Diche, tiche, v., schleichen; dim. dichle, düchle. Mhd. tichen.

Diesar, diese, diesas, pron. demonst., dieser, diese, dieses. Im Munde des Landmannes klingt diesar ꝛc. meist mit hörbarem e.

Dinn, dinna, adv., drinnen.

Dischgursiv, adj., gesprächig, von dischguriere, v., discuriren, sich besprechen, unterreden. Lat. discurrere; subst. Dischgurs, m., lat. discursus, Unterredung.

Do, adv., da. Mhd. do.

Dob, doba, domm, domma, adv., droben, da oben.

Docke, f., dim. Dockele, Spielpuppe; schon mhd. tocke.

Dötterle (vom altital. dottaro, fürchten), ahnen, im voraus fühlen.

Doge, adj., gekrümmt, gebeugt; wahrscheinlich aus ahd. bhuhen, mhd. diuhen, tiuhen, buhen, bauhen, brücken, hinunterbrücken; schieben ꝛc. entstanden.

Dos, n., Tannenreisig. Wohl aus taxus baccata, Eibe, entstanden.

D'ra, adv., daran.

Draiße, dräße, v., sich beklagen, seufzen; subst. Draißar, Dräßar, m., Draiß, Dräß, f.; vom althd. brasen, trasen, mhd. bräsen, schnauben.

Dreihe, dreie, v., drehen; Dreiar, m., Dreher, Drechsler.

Duckelet, duggelet, adj., gebückt, gebeugt, gekrümmt. Ahd. buhjan, brücken; mhd. tuchen, tauchen.

Düchle, dichle, dim. von düche, diche, mit gebücktem Kopfe schleichen, um nicht beobachtet zu werden, wohl aus dem vorigen entstanden. Mhd. tichen.

Duer, praepos., zuweilen der (mit tonlosem e). Z. B. Duer 'e Wald, durch den Wald; der taused Gott's Wille, durch tausend Gottes Willen.

Duere (durchhin), adv., hindurch, hinüber.

Duhle, f., Dohle. Mhd. tule, tuole, tuol.

Dummedum (da um und um), adv., da rund um, ringsum.

Dunb, dunba, adv., da unten, drunten. S. nuda.

Duß, Dussa, adv., braußen, da außen. Mhd. buze, dussen.

Duxle, ducksle, v., sich heimlich entfernen, sich duckend, um weniger bemerkt zu werden, aus dem Staube machen.

E.

E, 1. pron. pers., ihn. Z. B. um e, füer e, um ihn, für ihn Mhd. en, in = ihn. 2. den. Z. B. duer 'e Bomm, durch den Baum.

E, als Auslaut eines Wortes, das männl. Stand und männliche Verrichtung anzeigt, für in. Z. B. Fischar, Fischare, Fischer, Fischerin.

Eäbe, adv., eben (modo).

Eäbbex, n., Epheu.

Eäpper, n., Erdbeere, **eäppere**, v., Erdbeeren pflücken. Ahd. ërdperi, — beri, mhd. ërtber, ërtper.

Eb, conjunct., ob.

Ebe, adj., eben (aequus).

Eggaß, f., Eidechse, dim. **Eggeäßle**, Eidechschen. Ahd. egidëhse, mhd. egedëhse.

Egle, n., der gemeine Barsch, Bürstling, Börstling (perca fluviatilis), der bekannte, schmackhafte Bodenseeraubfisch, seiner Stachelflossen wegen auch Kretzer genannt.

Ehreg'sell', m., der ledige Trauungszeuge.

Elementisch, adv., sehr, überaus.

Em, pron. pers., ihm. **Säg' em**, sag' ihm.

Eua (vv), pron. pers., ihnen. Z. B. I ho-n-eua g'schriebe, ich habe ihnen geschrieben.

Eue (vv), pron. p. (Dat. u. Accus.) euch; Mhd. iu; iuch. I ho-n-eue's g'seit, ich hab' es euch gesagt. I ho-n-eue g'seähe, ich hab' euch gesehen.

Engere, f., Engerling; Maikäfer. Larve und Käfer. Ahd. angâri, mhd. angar.

Eppa, eappe, eäppa, adv., etwa. Ahd. ëtewâr, mhd. ëtewa, ëtwa.

Eppamole, eappamole, eäppamole, adv., etwa einmal.

Eppar, epper (etwer), pron. subst., Jemand. Mhd. etwer.

Eppas, eäppas, etwas. R.=A.: Hot der eppa eppar eppas g'tho? Hat dir etwa Jemand etwas gethan. Mhd. etewas.

Er (tonlos) als Suffix ihr. **Gieber**, gieb ihr; **honder, wender, sinder**, habt ihr, wollt ihr, seyd ihr. Mhd. er, ir = ihr.

Est', Aest', m. plur., Aeste, Baumäste.

Etle, pron. adj. plur., etliche. Mhd. etelich, etlich.

Eu, pron. pers., euch.

F.

Fangis, Genitiv von fange, v., Fangspiel der Kinder,

Fasnat, Fasnacht, f., Fastnacht. Mhd. vasenaht.

Fausel, f., plur. **Fausla.** Kosewort bei kleinen Mädchen. Tirolisch Fausen = Grillen, Schrullen.

Feäderethalar, m., Kronenthaler, 2 fl. 42 kr. R.=W. früher im Werthe. Da das Landvolk die auf denselben befindlichen Palmzweige für die Fahne einer Schreibfeder ansah, so entstand diese volksthümliche Benennung.

Feäl, n. 1. Fell, 2. eine von der Oberhaut durch Friction, Contusion ꝛc. entblößte Hautstelle.

Feänd, adv., feändrig, adj., vorjährig, firn. Mhd. verne, vern, fernt.

Fer (tonlos), füer, praep. u. adv., für.

Fimmle, v., den weiblichen Hanf (Fimmel, m.) ausziehen und vom männlichen absondern.

Fitze, v., mit einem dünnen, biegsamen Körper, bef. mit der dünnen Schnur einer Peitsche schlagen oder hauen, schmitzen.

Flegelhenke, Pflegelhenke, f., das alljährlich den Dreschern gespendete Nachtmahl mit obligatem Trunke nach beendigter Drescharbeit.

Flige, f., Fliege, plur. **Fliga.**

Flittersch, f., Schmetterling, Falter, von flittern.

Fluder, m., der Taucher (mergus). Ahd. tuchil, büchel.

Fludere, v., flattern. Tirol. flobern.

Flueh, f., hervorstehende und jäh abfallende Felswand. Ahd. fluoh, fluah.

Fluch, Ortsname, Berggemeinde ober Bregenz.

Foal, adj., feil, käuflich.

Foahre, f., Föhre, Kiefer (pinus sylvestris). Ahd. foraha, mhd. vorhe.

Frette, v., mühselig, hart arbeiten, subst. **Frettar,** m. Mhd. vreten, reiben.

Für, Füür, n., Feuer. Ahd. fiur, futr, mhd. viur. Adj. fürig.

Füerar (fürher), adv., herfür, hervor.

Fürchtelig, adj., furchtsam, ängstlich. **Fürchtelar,** m., furchtsamer Mensch, Hasenfuß; **fürchtig,** adv., furchtbar.

Funketag, m., der erste Fastensonntag, an dem Mittags die „Funkenküchlein" gebacken und Nachts auf Hügeln und Bergen zusammengetragene Holzhaufen, — sogenannte Funken, — von jungen Burschen angeschürt werden

Futtere, v., fluchen, vom franz. foudre.

G.

Gade, m., Stube, Kammer, Gemach. Mhd. gadem, gaden.

Gärtle, v., gärtnern, den Garten bestellen.

Gättere, f., Gitter, Gegitter; in kathol. Kirchen das Gitter der Communionbank. Mhd. gater.

Gang, imperat., geh'; i gang, praes. indicat. und conjunct des v. goh, gan, gehen.

Geä, v., geben, vom mhd. gën, geben; part. g'geä, gegeben.

Geähre, v., gehren, verlangen; vom alten ger, die Begehr.

Gehre, f., schräge Richtung. **A-n-alte Gehre,** ein altes, schiefstehendes Haus.

Gemmer, assimilirt aus **geud mer,** gebt mir; geben wir.

Gestert, adv., gestern.

G'frett, n., Mühsal. S. **fretten.**

G'heue, g'heie, v., geheuen, verdrießen.

Gi, praepos., gen, nach. **Gi Linde,** nach Lindau.

Gire, v., girren, knarren, ein längst aus der Schrift-sprache verschwundenes, treffliches Schallwort.

Gitze, v., unartikulirte Töne ausstoßen vor Schrecken und Grauen, widerlich schreien; subst. **Gitz,** m., Aufschrei, Mhd. gigsen.

Gisplig, adj., muthwillig, ausgelassen, v. **gisple;** subst. **Gispel,** m.

Glafer, n., Gewäsche, leeres Geschwätze. Mhd. klaffe. **Läfere,** v., sinnlos reden gleich einem Betrunkenen; subst. **Läferar,** m.

Glarnet, n., Clarinet.

G'leit, part., gelegt, von **lege,** v., legen.

Glitzgerig, adj., glänzend, strahlend. Ahd. clizan, mhd. alizen = gleißen, glänzen.

Gloaste, v., glosten, glimmen. Mhd. glofen, glühen; glänzen.

Glockesoal, n., Glockenseil.

Glüeihig (—v), adj., glühend.

G'lüt', n., Geläute, von **lüte,** v., läuten, part. **g'lüte, g'litte.** Ahd. luttan; mhd. liuten, luten, lüten.

G'mür, n., Gemäuer. Mhd. gemur.

G'nieglet, part., übervoll. Aus **niggelen** = wackeln, rütteln. **Der Bomm ist g'nieglet voll Hänsla,** der Baum ist übervoll von Hanfbirnen.

G'no, g'nomme, g'nu, g'numme, part., von **neäh,** v., nehmen. Mhd. genomen, genumen.

G'noth, adv., genöthig, schnell, eilig. Ahd. ginôto, gnôto, mhd. genote, gnote, gnot = dringlich.

G'un, g'umme. Vgl. g'us.

G'une, g'uueg, adv., genug.

Go, nun, gleich, sofort; eigentl. der Inf. goh, gan, gehen.

Goaß, f., Geiß, Ziege, plur. Goaße. Gr. αἴξ.

Goaste, v., spuken, als Geist herumirren; subst. Goast, m., Geist.

Goh, v., vom mhd. gan, gen, gehen, part. g'gange, gegangen.

Golgbrunne, m., Pumpbrunnen, von v. golgge, kolken (ingurgitare), und dieses von kolk, m., 1. Strudel in fließendem Wasser. 2. Cisterne, Wassertrog.

Gorig, adj., gleichbedeutend wie gißlig; subst. Gore, m.

Gotte, v., im Zornausbruche den Ausruf bi Gott! häufig im Munde führen. Vergl. meute.

Gotzig, adj., einzig, aus dem Worte Gott entstanden.

Gougel, f., Gaukel, muthwillige, närrische Weibsperson. Ahd. goucal, coukel, mhd. gougel, goukel, Zauber, Blendwerk; Gaukelei, närrisches Treiben. **Gouglig**, adj., gougle, gouggle, v., herzaubern.

Gouppig, adj, lustig, vom v. gouppe, das Spielen der jungen Katzen.

Grabe, f., Grabschaufel, Spaten. Ahd. crapa, mhd. grabe.

Grätig, adj, übellaunig, unwillig.

Greä, adj., bereit, geschickt. Ahd. gareh, gereh. Sind er greä? Seid ihr fertig?

Grenne, f., Grimasse, Fratze: grenne, v., unwillig den Mund verziehen. Aus greinen, mhd. grinen, entstanden.

G'richtle, n. plur. (von **richte**), die beiden Fanghölzchen des Vogelschlages.

Griesgramme, v., mit den Zähnen kirren, knirschen, fletschen.

Gritschlat, f., Kinderschaukel, **gritschle**, v., schaukeln, von grätschen, die Beine auseinander spreizen.

Groat, adv., deutlich. Mhd. gereite, gereit, gereid. **Ma hört's groat**, man hört es deutlich.

G'rollet, adj., krauslockig, inf., **rolle**, rollen, kräuseln.

Grope, v., greifen, tasten, im Finstern herumtappen. Aus dem alten grapen, goth. greipan, ahd. grîfan entstanden. Dim. **gröple**, v.

Gruebe, v., ausruhen. Mhd. ruowen, geruowen, geruoven.

Grülest', superl. v. **grüle**, grüli, adj., gräulich; **grüle**, v., grausen.

Grüselig, grusig, adj., grausig.

Gruste, v., altes Gerümpel (**Grust**, n.) durchstöbern. Schwäbisch krusten.

G'sätzle, n., Absatz, Strophe.

G'saft, m., reiner Obstmost.

G'schäfferle, v., das Spielen der Kinder. Dim. von schaffe, v.

G'schier, n., Geschirr in allen hochd. Bedeutungen.

G'schneäll, adv., verstärkt durch die Vorsilbe ge, schnell, hurtig.

G'schohe, part. von schühe, v., scheuen. Ahd. sciuhen, mhd. schiuhen, scheuhen.

G'schoß, n., Entzündung der Zahnnerven.

G'schroue, part., geschrien (mhd. geschriuwen); von schreie, v., schreien; **G'schroa**, n., Geschrei.

G'schnckelet, g'schuggelet, adj., gekrümmt, gebeugt durch Alter, Krankheit 2c.

G'schune, part., geschienen; inf. schine, scheinen. Ahd. scînan, schînan, mhd. schînen.

G'schuppet, adj., geschopft, einen Schopf (Schuppe, m., crista) auf dem Kopfe tragend.

G'schwerzt, G'schwärzt, part., geschwärzt, inf. schwerze, schwarze, schwärzen, schmuggeln; subst. Schwerzar, m., Schwerzare, f. Der Name rührt bekanntlich vom Anschwärzen, Berußen des Gesichtes, her.

G'schwunde, part. von g'schwinde, v., die Besinnung verlieren. Ahd. swintan, mhd. swinden.

G'seit, part., gesagt, inf. säge. Mhd. geseit.

G'stächt, n. (Gestehe), Gedränge, Volksgewimmel. Mhd. gestân, geston, gestên, stehen bleiben.

G'stät, adv., langsam, sachte, vorsichtig. Aus dem mhd. stäte.

G'stele, m., Schüsselgestell.

G'striebel, n., Gewimmel, Gewirre, von streäble, v., zappeln.

G'suechle, n., dimin. von G'suech, n., Bittgesuch, Bitt=schrift.

Gucke, v., gucken, sehen; dim. gückle, v.

Gucke, gugge, v., das Rufen des Kukuks. Guckar, Gugger, m, Kukuk, lat. cuculus, gr. κοκκυξ, hchd. gauch, ahd. couch.

Guet, (mit betontem u), n., Grasboden, Wiese, dim. Güetle.

Guet, m., die gute Laune, der gute Humor; daher die elliptische RA.: Ar hot de Guete, er ist bei guter Laune.

Guggele, Guckele, f., plur. Guggela, Guckela, die schar=mützelförmigen Spanabfälle der Föhrenstämme beim Brunnenrohrbohren.

Gunne, v., gönnen, part. **g'gunnt; vergunne,** v. (ent=
gegengesetzt der hochd. Bedeutung) mißgönnen.

Gumpe, m., Pfuhl, kleines Wasser, das keinen Abfluß
hat; tirol. tiefe Stelle in den Wildbächen.

Gurasche, n., Muth, Herzhaftigkeit; **guraschiert,** adj.,
herzhaft, aus dem ital. coraggio.

Gutsche, f., 1. Kutsche, 2. Ruhebank, Lotterbank am
Ofen in Bauernhäusern. Ital. cuccia, Bett, Lager;
Hundshütte.

Guttere, f., Flasche, dim. **Gütterle.** Schwäb. Gutter,
bayer. Guttere. Bedeutete urspr. ein Gefäß mit
engem Halse. Lat. **guttur,** Kehle, Gurgel; **guttus,**
Gießkanne; ein Gefäß mit engem Halse, scherzweise
auf eine Alte angewandt.

G'wiehe, part., geweiht, von **wihe,** v., weihen.

H.

Hack, Hennehack, Hennevogel, m., Hacht, Hennenhacht,
Gabelweihe, der rothe Milan (falco milvus).

Häß (mit gedehntem ä), n., Kleidung. Mhd. **häze,**
welches Wort das Collectivum von **hâz,** m., Kleid, ist.

Häre, v., rufen, schreien. Ahd. **haren.**

Härze, v., klettern.

Hageschwanz, m., Farrenschwanz, Ochsenziemer. Sb.
Hagen, m., Zuchtstier; schweiz. Hegi, Hegel.

Halde, f., Anhöhe, Hügel, von **helde,** v., neigen.

Halte, v., das Vieh hüten, hirten. Ahd. **halban,**
haltan.

Hampfel, f., Handvoll; dimin. **Hämpfele.**

Heäfflüechle, n., Bauern= oder Ausziehküchlein; **Heäff,**
f., Hefe.

Heälfeboa, n., Elfenbein. Ahd. **helfenpein.**

Heänn, heänna, (hie an), adv., herüber. Schwäb. hernen.

Heb', praes. conj. (habeam etc.) von hä, haben. Vgl. das gleichbedeutende hei zc.

Hei (Doppellaut), interject. auf! plur. heiet! auf, auf! Lat. surgite! Franz. allons!

Hei (mit hörbarem e), praesens conj. des Zeitw. hä, han, haben. I hei, dn heiest, ar, sie, ma hei, ich habe, du habest, er, sie, man habe; mir heiet, ihr heiet, sie heiet, wir haben, ihr habet, sie haben.

Hennehack. S. Hack.

Hereleäble, n., Herrenlaibchen, Kümmellaibchen, ein vor= arlbergisches Wirthshausbrot.

Herr Je! ein Ausruf der Verwunderung, des Schreckens, gekürzt aus Herr Jesus, dessen heil. Namen man nicht unnütze aussprechen will. Vergleiche die euphe= mistischen Verkleidungen in Herr Jela, Jemine, je= rum, jorum zc. und die ähnlichen aus dem Worte Gott entstandenen Bezeichnungen: potz, botz, lotz zc.

Hert, adj. u. adv., hart. RA.: As ist hert g'nue, es ist mehr als genug. Ahd. herte, hart, schwer.

Hesel, m., Hasel. Ahd. heselin, Ursprungsadjectiv zu Hesel.

Hi, hina, adv., hin. Ahd. hina, mhd. hine, hin.

Hienacht, adv., heute nachts. Mhd. hinaht, hinat, hineht.

Hind, hinda, adv., hinten. Ahd. hintana, mhd. hinden.

Hinder, propos. u. adv., hinter. Hindersche, hinter sich, zurück. Ahd. hintar, mhd. hinder.

Hindere, adv., hinten hin.

Hin, hinna (hie innen), adv., herinnen. Mhd. hinne, hinnen.

Hoad', m., Heide (paganus). Ahd. heidan.

Hoad', f., Heide, ungebautes Land. Ahd. heida, mhd. heide.

Hoamath, f., Heimath, Heimstätte, dim. **Hoamathle.**

Hob, hoba (hie oben), homm, homma, adv., heroben.

Hochzig, f., Hochzeit. Mhd. hochzit, hochcith.

Hörnlar (cornutus), m., der Teufel, der auch glattweg der **Under**, der **Bös'** genannt wird.

Hosele, hosle, adv., langsam, sachte. Aus dem mhd. Adj. hovelich, höbelich, hoflich entstanden.

Hogge, m., Haken (uncus), dimin. **Häggle.**

Holder, m., Hollunder. Mhd. holunter, holter.

Holzbierar, m., Holzbirnbaum, pirus silvestris; **Holz= biere**, f., Holzbirne.

Hommer, angeglichen aus **houd mer**, haben mir; ha= ben wir.

Houd, (wir, ihr, sie) haben, ahd. hand, mhd. hânt aus habent; v. inf. **ho**, han, haben.

Houd er, habt ihr. Mhd. habt er (ir).

Hoore, v., haaren, sich in die Haare gerathen, streiten, zanken; subst. **Hoorarei**, f., Raufhandel.

Horn, n., 1 wie hochd.; 2. ein unverträglicher kotzen= grober Mensch. **Hornar**, **Horner**, m., ein Bauern= schlitten zur Fortschaffung des Holzes ꝛc.

Hornere, v., das Auftreten der Hornungstürme.

Host, vor einem Vocale zuweilen **bosch**, hast. **Hosch es?** Hast du es?

Hott, adv., rechts. Zuruf an Zugpferde. **Hotte**, v., von statten gehen.

Huebar, m., Miethsmann, plur. **Huebarlüt'**, Miethleute, von **huebe**, v., zur Miethe wohnen. Ursprünglich war der Huebar Besitzer eines halben Hofes, oder einer Hube (**Hueb'**), Hufe.

Hüle, v., heulen, subst. **Hülar**, m., Heuler, **G'hül**, n., Geheul.

Hüne, v., jämmerlich heulen. Ahd. honon, dann honen, hönen, hünen. Schwäb. heinen.

Hür, adv., heuer, in diesem Jahre. Ahd. hiuro, mhd. hiure, hiuwer.

Hürling, m., Heuerling, der schmackhafteste Bodensee⸗fisch, heißt ausgewachsen **Felchen, Fölchen, Blau⸗felchen** (Salmo caeruleus Wartmanni). Im ersten Jahre heißt er „Hürling", im zweiten „Stübe", im dritten „Gangfisch", im vierten „Renke", im fünften „Halbfelch", im sechsten „Dreier", und erst vom siebenten an „Blaufelch"; der Oberleib ist nämlich bläulich, der Unterleib aber weiß.

Hüsle, v., das Spielen der Kinder, wobei sie **Hüsle**, Häuschen, bauen.

Huet, m., Hut, Männer⸗ und Frauenhut. Ahd. huot; dim. **Hüetle**.

Hüt', adv., heute. Mhd. hiute, hiut.

Hufe, m., Haufe, dim. **Hüfle, Hüfele**. Ahd. hufo, huffo, mhd. hufe, huffe.

Huffe, f., Hüfte. Mhd. huf.

Hummelbeer', n. plur., Himbeeren (baccae rubi Idaei).

Hund, **hunda** (hie unda), adv., hier unten.

Hunde, v., ein Hundeleben führen, sich mit Mühsal durchbringen.

Hunig, Hung, m., Honig. Ahd. honag, hounog.

Hus, n., Haus, Wohnung, Haushaltung. Mhd. hus, huß, hûs.

Huß, **huffa**, adv., heraußen. Zusammengezogen aus hie auß, hie außen; mhd. huze.

J.

J, praepos., in. J der Nacht, in der Nacht.

J-u-'am, i-u-'ar, in einem, in einer.

J-n-em, i-n-er, in ihm, in ihr.

Jägg (mit gedehntem ä), m., Nußhäher (corvus glandarius), dim. Jäggle.

Jäuche, jeuche, verjeuche, v. tr., jagen, scheuchen, verscheuchen. Mhd. jöuchen.

Jbe, f., Eibe, Eibenbaum, Taxusbaum. Ahd. iwa (taxus baccata); ibe, adj., eiben.

Jeger, jegerle, jeges, jegesle, jemine, jarum, jerum, jorum, interj. Vgl. Herr Je.

Jere, v., irren. RA.: as soll e niut meh iere, es soll ihn nicht mehr irren, zum Vorwurfe gereichen.

Jesses, interj., dim. Jesseslehle (— v — v), Ausdrücke des Erstaunens, des Schreckens ꝛc. aus dem Worte Jesus entstanden.

Jgel, m., 1. wie hochd. 2. die Zapfenfrucht der Lärchen und Föhren, wohl ihrer Form wegen so benannt.

Jlo, v., einlan, einlassen, das Vieh von der Weide heimtreiben, wobei die Hirten rufen: „Hotscha! hotscha!“

Jmm, Jmb, m., Jmme, Biene; dim. Jmmle, Jmble. Mhd. imbe, imb, imme, imm.

Jnar, ihar (inher), adv., herein. Mhd. herin.

Jne (inhin), adv., hinein.

Joches, Jaches, interj. des Erstaunens und Verwunderns.

Joppaleh, interj., gegenseitiger Zuruf der viehhütenden (haltenden) Hirtenknaben.

Js, n., Eis. Mhd. is, iis.

J's, in's, in das.

Is, üs, pron. pers., uns. Mhd. uns, unß, üns, ünß. Ar hot is Is i's Keärle g'the, er hat uns Eis in's Kellerlein gethan.

Ise, n., Eisen. Ahd. isarn, isan, mhd. isen, isin; ise. adj., eisern. Ahd. isarnin, isanin, mhd. isenin, ysin, von Eisen.

It, ita, das alte icht, so viel als nit, nita, nicht.

Johle, v., schreien, rufen, jobeln. Mhd. jolen; subst. G'johl, n., Gejobel.

Juhzg, Juzg, Juzgar, m., Jauchzer; juhzge, juzge, v., jauchzen. Mhd. jûwen, jûwezen.

K.

Kabis, m., Kopfkohl (oleracea capitata). Ahd. chapuz, mhd. kabez, ital. capuccio, fr. cabus.

Kämmet, Kämme (—v), Kami (v—), n., Kamin, Schornstein. Ahd. cheminâtâ, mhd. kemenâte, lat. caminus.

Kätter, n. p., Katharina, dim. Kätterle.

Kätze, n., Geschirr aus Metall zum Schöpfen von Flüssigkeiten. Ital. cazza.

Kampel, m. 1. Kamm (pecten), 2. Kumpan, lustiger Mensch. Altfranz. compaing, mittellat. companium.

Kante, f., Kanne, dim. Käntle. Ahd. kanneta, chanta, channa, mhd. kanne. Lat. cantharus.

Kappele, n., Kapellchen. Lat. capella.

Kap'ral, m., Korporal. Ital. caporale.

Keär, m., Keller, dim., Keärle. Vielleicht aus dem mhd. kar, Gefäß, Trog, Vertiefung.

Kefe, n., Käfig, plur. Kefener, dim. Kefele. Figürl. Gewahrsam, Fronveste, Gefängniß.

Kehr, m., einzelne, geringe Verrichtung; dim. Kehrle.

Reiig, adj. u. adv., ärgerlich, betrübend, widerwärtig, fatal, von **keie,** v., erzürnen; subst. **Reiarei,** f.

Restezar, Restezer, (— v v), m., sing. u. plur., **Köste,** Kastanie. Mhd. kestene.

Ki, n., Kinn. Mhd. chinne.

Kibe, v., keifen, zanken. **Kib, Kip,** m., Streit. Mhd. kiben, scheltend zanken, keifen.

Kicher, Kichere, f., Bohne, Fisole. Lat. cicer, cicera; die Samen von phaseolus vulgar., nanus und multiflorus.

Kipple, v., hänseln, tadeln; verhöhnen, dim., von **kippe,** v., kippen, eigentlich schneiden, Münzen beschneiden, wie es in der ersten Hälfte des 17. Jahrh. die **Kipper** und **Wipper** thaten.

Kirbe, f., Kirchweihe, Kirmes. **Kumm' mer uff d' Kirbe!** Landübliche, derbe Abweisung.

Kissele, n., dim., von **Kisse,** n., Kissen, Bettkissen. Mhd. küsse.

Kittere, v., kichern, heimlich lachen, mit einem feinen, zitternden Tone lachen. **Kitterarei,** f., Gekicher.

Klä, Klei, Kleun, adj., klein. Ahd. chleine, mhd. klin.

Klatter, f., plur. **Klattera,** Mistklunker an Kühen, Schafen ꝛc.; Schelte auf ein unsauberes Weibsbild.

Kleäb, m., Leim, Vogelleim; figürl. Bedrängniß, Noth. **Kleäbe,** v., kleben.

Klimsa, plur. v. **Klimse,** f., Riß, Spalt. Mhd. klumse.

Klobe, m., zwei mit einander verbundene schwanke Hölzer mit einem Faden zum Vogelfange versehen. Ahd. chlobo, mhd. klobe. Scherzweise für Tabakpfeife.

Klos, n. p., Klaus, Nikolaus. **Klosetag,** m., Nikolaustag, 6. Dezember, der Jubeltag der Kinder, an

welchem sie in aller Frühe den „Klosen", das Niko-
lausgeschenk, erhalten.

Kluppe, f., das Klemmholz, Zwangholz, zur Befesti-
gung der beim Winde zu trocknenden Wäsche auf
dem Waschseile; vom mhd. klieben, spalten.

Klus, f., Engpaß, die historische Bregenzerklause. Ahd.
chlusa, mhd. kluse, klus. Mlat. clusa.

Kniele, v., knien, mhd. kniewen. **Kni**, n., Knie. Ahd.
chniu, knio, mhd. knie, kniu, knü. Uff 'e Kniue,
auf den Knieen.

Koa'm, (Dativ.), keinem, mhd. keime.

Koanar, koane, koa's, pron. indef., keiner, keine, keines.

Koarat, n. p., Konrad.

Kögle, dim. von Kog, m., Aas. Mißstelltes Kosewort.
Mhd. koge.

Kötzelig, adj., Brechreiz, Brechneigung fühlend; **kötzele**,
v., Brechreiz fühlen; **kotze**, v., sich erbrechen.

Kohlar, m., Hirschschröter (lucanus cervus).

Koluba, **Koleba**, n. p., Kolumban.

Kostez, Ortsn., Kostnitz, Konstanz.

Kothbittele, n., Kohlmeise.

Krämle, n., (in der Kindersprache Mämele), dim. von
Krom, m., Kram, Mitbring von einer Reise, Wallfahrt, Hochzeit oder einem Jahrmarkte.

Krathe, **Kraie**, f., Krähe. Ahd. chrâa, chraja, mhd. kra,
kräje, kreie.

K'ralle, f., Koralle, l'rälle, adj., korallen; daher

K'rallemäudle, n., das Maikäfermännchen mit korallen-
rothem Rückenschilde, von den Kindern gern gesucht.

Kratte, m., Armkorb (crates), dim. **Krättle**; **Krättlar**,
m., Korbmacher.

Kreäble, v., krabbeln. Collectiv. **G'kreäbel**, n., Ge-
krabbel.

Kreiß, n., Collectivum Gereise, Tannenreiser. Schweiz. chres.

Kriche, v., kriechen. Mhd. krichen.

Kriese, n., Kirsche. Mhd. kriese, kerse. Lat. cerasum.

Krippele, n., dim. von Kripp', f., das Weihnachts= krippchen.

Krise, v., kreisen, das Herumkriechen (Ummarkrise) der Kinder auf dem Stubenboden.

Kuche, v. intensiv. von huche, v., hauchen; subst. Kuch, m., Hauch.

Kuder, n., Werg, Werrig, Hede.

Küche, v., keuchen.

Kümmi, m., Kümmel; **Kümmileäble**, n., Kümmellaib= chen; **Kümmispaltar**, m., Geizhals.

Kürbse, m. sing. u. plur., Kürbis.

Kufer, n., Koffer.

Kurlemunter, kurlemusper, adj., kürlich d. i. besonders, sehr, ausgezeichnet munter, sonderlich fröhlich.

L.

Läsche, m., läppischer, boshafter Mensch, Laffe.

Lätsche, v., (lautmalend) das Plätschern des Brunnens, Baches, Regens ꝛc.

Lall, f., leichtfertiges Weibsbild, v. lalle, ummarlalle, herumstreifen.

Lalle, m., Wildfang, Laffe, nachlässiger Mensch.

Lavette, f., Grimasse, vom ital. larvetto?

Lazio (—v—), f., Lation, Verzögerung, Aufschub. Lat. dilatio, ital. dilazione.

Leäß (superlat. v. ahd. laz.), adj. u. adv., laß, unwohl, unpaß, krank; verkehrt, falsch; böse, schlimm. Mhd. letze.

Mahr, adj., mürbe. Mhd. mar; daher **Mahreneäst,** n., Aufbewahrungsort für auszureifendes Obst. Schwäbisch **Maukenest,** vom alten **muchen, mauchen,** verbergen, im badischen Schwarzwald **Mutti.**

Maie, Maaje, m., Blume; Strauß. Mhd. meie, maie, meige, Mai; Maibaum; Blumenstrauß.

Maienü, n. (Maienneu), Neumond im Mai, ein großer Loostag der Alten.

Mallefizisch, adj., verflucht, vermaledeit. Lat. maleficus.

Mallegussisch, euphemistisches Abject. für **mallefizisch.** S. dieses.

Mane, m. plur., Männer, Mannen.

Markschloß, n., Vorhängschloß, gebräuchlich zum Schließen der Marktbuben über Nacht. Mhd. mark = Markt.

Marona, interject., wohl das verstümmelte **patrona.**

Marouche, f., Morchel; bayer. **Maurachen.** Ahd. moraha, mhd. morhe, morche, Möhre.

Mart, m., für Markt; **marte,** v., markten, feilschen. Ahd. merkat, marchat, mhd. market, markit, mart. Lat. mercatus.

Me, mi (Accus.), pron. pers., mich. **Ar hot me** ober **mi g'seähe,** er hat mich gesehen.

Meänggar, m., Weiner, Schreihals von **meängge,** v., schreien.

Meh, adj. u. adv., mehr. Mhd. me.

Mei, n. p., Maria, dimin. Meile.

Mengar, menge, mengs, pron. indefin., mancher, manche, manches. Ahd. manac, manog, mhd. manec, manech, maneg, menig.

Mengmol, mengemol, adv., manchesmal.

Mente, sacramente, v., sacramentiren, beim Fluchen u. Poltern das Wort Sacrament im Munde führen.

Mer, (tonlos), pron. pers., mir; wir.

Meßmar, m., Meßner, Kirchendiener.

Mi, mî, pron. possess., mein. Mhd. min.

Mi (Accus.), pron. pers., mich. S. me.

Mies, n., Moos. Schon ahd. bestehen die Formen mos und mios, mhd. mos u. mies neben einander. **Miese**, v., Moos sammeln.

Milchare, f., Milchhändlerin. **Milke, meälche**, v., melken.

Mir, pron. pers., mir; wir. Mir sind = mir sind, wir sind.

Mitzeleholz, n., Weidenholz mit Blüthenkätzchen, auch Palmkätzchen genannt, in der Kindersprache „Mitzele" von Salix capraea etc. Ital. mizia, Katze.

Mo, m., Mond. Ahd. mâno, mhd. mâne, maen. **Mentag**, m., Montag.

Moan', moann', (ich) meine (puto), praes. u. imperativ. von **moane, moanne**, v.; **Moanung**, f., Meinung.

Moarn, moann, adv., morgen.

Moatle, n., plur. **Moatla**, Mädchen.

Mode, m., Surrogatkaffee, Cichorienkaffee.

Mole, v., malen; **Molar, Molare**, Maler, Malerin.

Most, m., Obstwein, Lat. mustum, ital. mosto; **moste**, v.

Motte, v., ausgejätetes Krautwerk ꝛc. im Garten oder Felde verbrennen, um die Asche zum Düngen zu verwenden.

Muche, f., Feuerkröte, Unke (pelobates igneus), von **muche**, v., verbergen.

Muchtlos, adj., muthlos.

Mürle, dimin. von **Mur**, f., Mauer.

Muffele, n., altes, eingeborrtes Weiblein, eigentlich ein häßliches Gesicht mit herabhängenden Lefzen. Ahd.

mupfan, den Mund verziehen. Ital. muffare, verschimmeln.

Muge, f. (Möge), Luft, Liebe. Muge, müge, möge, v.,
mögen; vermögen; gern haben, lieben, part. wie
infin. Mhd. mugen, mügen. Muget er Kriese?
Wollt ihr Kirschen?

Multhür, adj., kleinlaut; subst. Multhüre, f., Maul-
theurung.

Mulverthierle, n., Marien-, Frauenkäferchen, Gottes-
lämmchen (coccinella septempunctata).

Muschele, v., mauscheln, munkeln, heimlich reden.

Musper, adj., munter. Bei Hebel busper. Vom lat.
prosper?

Mutzele (lautmalend), Schmützle, n., Küßchen in der
Kindersprache. Schweiz. Müntscheli, Münbchen,
Mäulchen.

N.

Das euphonische n steht häufig zwischen Vocalen. Z. B.
I ho-n-e g'hört, ich hab' ihn gehört; kumm' zue-n-is,
komm' zu uns.

Na, nei, nein.

'na, ihnen. Vergl. ena.

Nachtül', f., Nachteule.

Nächt, adv., gestern nachts. Mhd. nähten, nächten,
nächt.

Nädling, m., der eingefädelte Faden.

Näggele, v., so viel wie bäschle. S. dieses.

Naihe, naie, v., nähen. Mhd. näjen. Naiare, f.,
Näherin, Nähterin; Naiat, f., Näharbeit.

Närrsch, adj., sonderbar, komisch; einfältig, närrisch,
wahnsinnig. Mhd. narresch, närrsch.

Neäb', praepos., neben.

Neäbelspalter, m., dreispitziger Hut, Dreispitz, wie noch in Schwaben gebräuchlich.

Neäble, 1. v. neutr., nebeln, 2. v. act., scherzweise stark rauchen, qualmen.

Neäbzue, adv., nebenbei, nebenan.

Neäh', neämme, v., nehmen, part. g'no, g'nomme, g'un, g'numme, genommen.

Neäspel, f., Mispel. Ital. nespola.

Nes, n. p., Agnes, dim. Nesle.

Netze, f., gedörrtes Obst zum Anfeuchten und Benetzen des Mundes beim Spinnen.

Nick, n., Genick. Lat. nucha.

Niena, adv., nirgend, nienameh, nirgendmehr. Ahd. niener.

Nimm, nimma, numma, adv., nimmer. Nimemameh, nimmermehr.

Nint, nichts. Nintig, adj., nichtig, nichtsnutzig, werthlos.

Niste, v., nisten, 1. wie hochb., 2. sich auf seinem Sitze oder im Bette ruh- und schlaflos hin- und her- wenden.

Nit, nita, it, ita, adv., nicht. Mhd. nieht, niht.

No (mit kurzem o), adv., noch. Mhd. nob, noch.

Noch, praepos., 1. nach, 2. gemäß. Noch und noh, noh und noh, nach und nach.

Nochart, nohart, adv., nachher, hernach.

Noh (mit langem o), 1. adj., nahe. Mhd. nach, nahen. 2. adv., nach. Z. B. i kumm' der noh, ich komme dir nach.

Nohre, v., duseln, leicht schlafen; dim. nöhrle, v.

Nomma, adv., irgendwo.

Nommas (noch was), adv., irgend etwas, irgend. Mhd. neizwaz.

Nu, adv., nun, jetzt. Mhd. nu, nuo, nuon, num.

Nu, adv., nur. Nu, fo kumm' un heär, nun, fo komm'
nur her.

Nü, num., neun. Mhd. niun.

Nuele, nüele, v., wühlen. Schweiz. nühle und nule.

Nuppe, v., im Halbschlafe nicken, lat. dormitare. Mhd.
nuben, bayer. gnaupen, naupen = nicken; subst.
Nuppar, m., Halbschläfchen, dim. Nupparle.

Nußjägg, m., Nußhäher; dim. Nußjäggle, scherzw. ein
junges Mädchen, Backfisch.

O.

O, interject. wie hochd.

O, oh, zuweilen on, conjunct., auch. Ahd. auh, mhd.
ouch, ouh.

Oachar, m., Eicher, Eichhorn; dim. Oacharle. Mhd.
eichorne, tirol. Oacher.

Oache, f., Eiche. Tirol. Oach.

Da'm (Dat.), art., einem; mhd. eime.

Da'n (Accus.), art., einen.

Danar, oane, oas, art. u. num., einer, eine, eines.

Oartbreät, n., ein das Gartenbeet einfassendes Bret,
vom alten ort, Ort; Ecke; Gränze, Ende.

Obed, m., Abend. S. abe.

Ober (mit dumpfem o), adj., schneefrei. Mhd. aber.
Lat. apricus; obere, v., vom Schnee befreit werden

Ochsenauge, n. plur., eingeschlagene Eier, der Form
wegen so benannt.

Ohreglonggar, m., sing. u. plur., Ohrgehänge, Ohr-
bommeln; glongge, glonke, v. intr., hangend schwe-
ben, herabhangen.

Orne, v., ordnen, subst. Ornung, f., Ordnung.

Oſtnar, m., Oſtwind.

Otere, f., Natter, plur. Otera. Ahd. nâtara, mhd.
nater, noter, niederd. adder.

Otham, m., Odem, Athem. Ahd. âdum, âtum, âtam,
mhd. âdem.

Ougſte, m., Auguſtmonat. Ougſtereäbe, f., Weinſtock,
deſſen Trauben gegen Ende Auguſt reifen.

P.

Päcke, v., packen, ergreifen.

Pfänder, m., die Spitze des Fürberges bei Bregenz,
3353' hoch mit herrlicher Ausſicht.

Pfil, m., Pfeil. Mhd. pfil. Lat. pilum.

Pfitzuf, adv., ſchnell erregt, aufgebracht; pfitze, v., wie
ein Hauch wegfliegen, unbemerkt verſchwinden,
inepfitze, v., irgendwo ſchnell hineingehen 2c.

Pflenne, v., flennen. Lat. flere.

Pflumm, m., Flaum. Mhd. pflume, lat. pluma.

Pflumme, f., Pflaume. Ahd. phruma, mhd. phlume,
pflumme. Lat. prunum.

Pflutte, f., 1. Waſſerſchnitte, 2. dicke Weibsperſon.

Pfocht, f., Facht, Maaß. Mhd. pfaht, pfacht, Recht,
Geſetz, lat. pactum; pfächte, v., bemeſſen; ein-
ſchränken.

Pfuche, v. intens., von fuche, fauchen.

Pfulbe, m., Pfühl. Lat. pulvinar.

Pfuzge, v., pfauchen, ziſchen, aufziſchen, z. B. wenn
man Waſſer in das Feuer ſchüttet.

Plutzer, m., Irdenkrug, ſteinerner Bierkrug.

Poliſch, adj., polniſch.

Popple, v., fröſteln; verpopple, v., von Kälte durch-
ſchauert werden.

Porte, Poarte, f., Pforte. Mhd. porte.

Portnar, m., Pförtner. Mhd. portenäre.

Porzla (v —), **Porzela** (— v —), n., Porzellan.

Prächte, siehe **brächte.**

Prätschle, v., das Aufbrechen und Enthülsen der Fisolen. Mhd. brazeln, knistern, prasseln.

Pröble, v., etwas versuchen, erproben, erfinden wollen; subst. **Pröblar.**

Prutschenelleg'spiel, n., im Munde des Landvolkes das Marionettenspiel. Ital. pulcinella, franz. polichinel.

Pulvere, v., keifen, zanken mit Gepolter.

R.

Räß, adj., herb, scharf, von scharfem Geschmacke, zu stark gesalzen. Mhd. raeze, engl. race, niederl. ras.

Raggere, v., sich abrackern, abmühen, schinden, hart arbeiten.

Rallemnes, n., ein knolliges, ländliches Geköche aus Mehl und Wasser.

Regele, n. p., Reginchen.

Reschih, (v. —), m., österr. Schnupftabak von geringer Sorte, vom franz. Regie, Verwaltung gewisser Handelszweige, Gefälle, Staatseinkünfte durch den Staat selbst, z. B. die Verwaltung des Tabakes, Salzes 2c.

Riebelesuppe, f., Fastensuppe, wobei der Teig fleißig mit den Händen gerieben werden muß.

Rihe, m., Rist, Fußrücken.

Ring, adv., gering, leicht. Ahd. rinki, ringi, mhd. ringe, ring.

Rite, v., part. g'ritte, reiten. Mhd. riten; **Ritar,** m., Reiter.

Roa, m., Rain, Grasplatz, Anger; der schmale gras=
bewachsene Streif zwischen zwei Feltern. Mhd. rein.

Roaf', f., plur. **Roasa,** Reisen; **roase,** v.

Rodel, m., gewundener Wachsstock der Frauensper=
sonen (rotulus).

Rößles thue, Kinderspiel, wobei eines den Fuhrmann,
das andere das Rößlein vorstellt.

Rösch, adj., frisch, spröde. Ahd. rosk, mhd. rosch, rösch,
rêsch, munter; gäh, abschüssig, spröde; scharf.

Rohwear, n., Rohwerk, sonderlich schwere Arbeit.

Roue, f., plur. **Roua,** (Runen), blutrünstige Hautstellen,
Sugillationen.•

Rost (mit gedehntem o), m., Rost, Hanfrost. Ahd.
rostjan, rösten.

Roth (mit langem bumpfem o), Rath (consilium). Mhd.
rat; **rothe,** v., rathen. Mhd. raten.

Rottle, v., rütteln, schütteln.

Rüebig, adj. u. adv., ruhig, ruhesam; subst. **Rüebigs,** n.
Mhd. ruove, ruowen, Ruhe, ruhen.

Ruede, m., grober, ungeschliffener Mensch (rudis).

Rueder, n., Ruder, plur. **Ruedera.** Mhd. ruober.

Rugguse, rukuse (lautmalend), v., das Ruckſen, Girren
der Tauben, part. g'rugguset.

Rummishorn, Ortsn., Romanshorn am Bodensee;
scherzweise bei Tisch vom Volksmunde mit Hindeu=
tung auf **rumme,** (ausräumen) gebraucht. Mhd.
rummen.

Runkunkel, f., scherzweise ein altes Weib, ein schon von
Abraham a St. Clara gebrauchtes Scherzwort.

S.

S' vor Vocalen für ſe, ſie. Do houd ſ' en g'fange,
da haben ſie ihn gefangen. Mhd. ſ' für ſi, ſe = ſie.

Sacardi, verstümmelt aus **sacre dieu**; verglimpfter Ausdruck für Sakramentsterl.

Sammat, m., Sammet, Sammt. Mhd. samit.

Sankristei, f., Sacristei, lat. **sacristia,** das Zimmer an den Kirchen, worin die gottesdienstlichen Geräth=schaften 2c. aufbewahrt und dem Priester die Kirchen=kleidung durch den Meßner (**sacrista**) angelegt werden.

Schä, Schö, adj. u. adv., schön.

Schalte, f., Schifferstange mit Handhabe (**Schwiebel,** m.) und Doppelhaken zum Weiterstoßen des Fahrzeuges in seichtem Wasser. Ahd. **scalta,** mhd. schalte.

Scharpf, adj., scharf. Ahd. scarf, mhd. scharpf.

Schasmi, m., Jasmin.

Scheäse, f., Zuckererbse (**pisum saccharatum**).

Scheär, m., Maulwurf. Ahd. scëro, mhd. schër.

Schenier', imperat. von **scheniere,** v., genieren.

Schese, f., Chaise, Kutsche.

Schi, m.. Schein. Mhd. schin, Schein, Glanz; v. schine.

Schihuet, m., Scheinhut, Strohhut, das ahd. scatahuot, mhd. schatehuot, schattengebender Hut.

Schildisdobel, f., Schilddublone, Schildlouisd'or, franz. Goldmünze, Carolin, von dem darauf geprägten Wappenschilde so genannt.

Schit, n., Scheit. Ahd. scit, mhd. schit, scheit, Stück gespaltenen Holzes; v. schite, mhd. schiten.

Schlabuche (schlappbauchen), v., heftig athmen bei schlaffem Bauche.

Schlachtat, f., Fleisch= und Speckspende von einem frisch geschlachteten Schweine.

Schlems, Schleäms, adv., schief, quer, schräg; die ur=sprüngliche Bedeutung des hochd. schlimm. **Schlems umme,** quer hinüber.

Schlecht, schlöcht, schlägt, praes. indic.v. schlage, schlagen, Ahd. slahan, mhd. slahen, slachen, schlagen.

Schloßar, m., Schnuller, Zulp, von schloße, v., saugen. **Schloßarbrot**, Inhalt des Schnullers, **Schloßarbue**, m., ein Junge, der sich noch am Schnuller labt.

Schlouste, f., Schleife, Schlinge, Masche, Sprenkel zum Vogelfange.

Schlüffel, **Schliffel**, m , Kosewort für einen lustigen und listigen Jungen.

Schlutte, f., Jacke, kurzes Oberkleid; dim. **Schlüttle**. Synonym mit **Schope** S. dieses. Schweiz. **Schlute**, f., ein weites Frauenkleid für den Oberkörper.

Schmelg, **Schmölg**, f., plur. **Schmelga**, **Schmölga**, Mäd=chen im Vorderbregenzerwalde, ein Wort, wenn es rhätischen, fremden Ursprunges ist, so dürfte nach Prof. Birlinger, Alemania III. S. 66, an smielen, lächeln, erinnert werden. Dim. **Schmell'le, Schmöll'le.**

Schmöllele, v., schmunzeln, still, freundlich, lieblich lächeln.

Schnablig, schnabelschneäll, adj., vorlaut, redselig, ge= schwätzig. **Schnabel**, m., ein vorlautes Mädchen; **aschnable**, v.

Schnadere, v., schnattern wie die Gänse.

Schnatt'rig, adv., schnatternd, z. B. vor Kälte; **schnat= tere**, v., zittern am Leibe, bes. mit den Kinnladen (vor Kälte). -

Schnellar, m., singl. u. plur., Stachelbeeren (baccae grossulariae).

Schnipfle, v., schneiden, etwas mit der Scheere oder einem Messer in sehr kleine Stücke schneiden, schnitzeln. **Schnipfele**, f. u. n., Schnittchen; **Schnipflat, Schnipf= lerei**, f., Schnitzlerei.

Schnogg (mit gedehntem o), m., Schnacke, (culex pipiens).

Schnüerkele, dim. von **Schnüerkel**, m., Schnörkel.

Schnufarle, dim. von **Schnufar**, m., Athemzug; **schnufe**, v., schnaufen.

Schnupfe, v., 1. wie hochd., 2. die Luft mit verstärkter Heftigkeit durch die Nase einziehen, wie es bei Weinenden zu geschehen pflegt.

Schnuzle, m., Schnauzbart, Schnurrbart.

Schoche, m., Haufe. Mhd. schoche, aufgeschichteter Haufe Heues 2c. v. **schoche**, aufhäufen.

Schope, m., dim. **Schöple** (mit gedehntem o), kurzes Oberkleid, Jacke. Ital. **giubba**.

Scholle, m., in der R.-A.: a'n **Scholle lache**, eine helle Lache ausstoßen. Zu schallen, Schall.

Schopf, m., Schoppen, Scheune; dim. **Schöpfle**. Mhd. schopf, scopf, schupha.

Schoppar, m., Todtengräber, von **schoppe**, **verschoppe**, v., anfüllen. Dieser Dienst erfreut sich oft sonderbarer Benennungen. So heißt der Todtengräber in einzelnen Orten des bayrischen Algäus **Todtegrübel**.

Schrägle, dim. von **Schrage**, m., Gestell, Bettstätte. Mhd. schrage.

Schrofe, m., rauher, zerklüfteter Fels, schroffe Felswand. Lat. **scrupus**.

Schübling, m., eine Art dicker Lindauer Würste.

Schuelbilgle, n., Schulbildchen, ein in der Schule als Zeichen des Fleißes erhaltenes Heiligenbildchen; **Bilg**, n., Bild, dim. **Bilgle**.

Schüepele, f., Schuppe, Fischschuppe.

Schühe, v., scheuen, part. g'schohe. Ahd. sciuhen, mhd. schiuhen.

Schüffelespfennig, m., Hohlmünze, Brakteat.

Schüßle, v., fügen, passen, in Ordnung kommen.

Schüttlar, m., Platzregen; **schüttle**, v., rütteln, in Bewegung setzen.

Schuche, v., 1. schustern, 2. scherzw. für gehen, sich beschuht wohin begeben. Mhd. schuohen.

Schwalm, m., Schwalbe, dim. **Schwälmle.** Mhd. swalewe.

Schwere, m., Seufzer, R.-A.: **Ar lot a'n Schwere,** er seufzet tief auf.

Se, Zuruf, wenn man Jemanden etwas reichen, schenken will, das verstümmelte ecce, oder sieh?

Se, pron. pers., 1. sich, 2. sie, sing. u. plur. **Se se,** sie sich, z. B. **ietz hot se se verschnäpst,** jetzt hat sie sich verschnappt, b. i. durch Worte verrathen.

Seäge, m., Segen. Lat. signum. Ahd. segan.

Seäge, f., Säge (serra) und Sägemühle. Ahd. saga. **Seägar,** m., Sägemüller, **Seägare,** f., Sägemüllerin.

Seägeß, f., Sense. Ahd. segensa, mhd. segise.

Seäll, adjectiv-pron., selbst, selber. **Seäll g'tho, seäll ho,** selbst gethan, selbst han, haben.

Seist, sagst, seit, sagt; inf. **säge,** part. **g'seit. I seäg', du seist, ar, sie, ma seit, mir, ihr, sie säget,** ich sage, du sagst ꝛc.

Senz, n. p., Krescenz; dim. Senzele.

Sepha, n. p., Josepha; dim. **Sephele.**

Settig, plur. **settige,** solche, veraltet sothane, b. i. so gethane, so beschaffene.

Si, sin, sine, pron. possess., sein. **As hot si Weäse,** es hat sein Wesen. **Si' (sine) Muetter seit's,** seine Mutter sagt's.

Sid, sit, adv., seit. Ahd. sit, sider. **Sidert, siderthie** (seithin), seither.

Sibe, f., Seide, adj. **sibe,** seiden. Mhd. sibe; siden, sidin.

Simu, n. p., Simon.

Simmer, assimilirt aus sind mer, sind mir; sind wir.

Simnarle, n., eine eingezogene, österreichische Scheide=
münze aus dem J. 1848 u. 1849 im Werthe von
6 krn. C.=M., 7 krn. R.=W. (daher der Name) und
10 krn. Oe. W.

Simne, num., sieben.

Sode, v., verschwenden. Verwandt mit ahd. zatjan,
mhd. zeten.

Som, m., Saum; **some**, v., säumen, einfassen. Mhd.
soum.

Sovel, soviel.

Spage, Spagat, m., Bindfaden. Ital. spago.

Spanne, v., spannen. 1. wie hochd., 2. etwas mit
Spannung erwarten, auf etwas lauern.

Spere, f., plur. **Spera**, (fulcra), Waschseilstütze, aus
zwei Stangen bestehend, die oben durch eine starke
Schnur verbunden sind. **Spere**, v., stützen, lat.
fulcire.

Spiegel, m. 1. wie hochd., 2. Brille.

Spinneboppe, f., Spinne, aus ahd. Spinnaweppi,
Spinnwebe.

Stalliere, v., schmähen, schimpfen. Etwa aus dem
ital. stallare im übertragenen Sinne.

Stasel, n. p., Anastasia; dim. **Stasele**.

Steägele, dim. von **Steäge**, f., Stiege; **steäge**, v., einen
Steg machen, Balken legen. Ahd. stёgä, mhd.
stёge, Stufe, Leiter, Treppe.

Stede, f., umpfählter Landungsplatz (Lände) am Ge=
stade des Sees. Ahd. stadou = landen.

Steffel, m., Staffel, Stufe, ahd. staphal, mhd. stapfel.

Stiesere, v., drängen, heftig zureden, lästig fallen durch
Bitten, tribuliren.

Stiegel, Richerestiegel, f., Bohnenstange. Zu **stede**, v.,
stecken.

Stoa, m., Stein, plur. **Steä**; **steäue, adj.,** steinern. Zu v. **stoh, stân,** stehen; stoaübel, **adj.,** steinübel.

Stoag, f., Steige, Hohlweg, der auf eine Anhöhe führt (ascensus).

Stoare, v., stöbern, aufstöbern. Mhd. storen, stören.

Stoh, v., stehen, part. g'staude. Mhd. stan; gestan.

Store, m., ein theilweise oder ganz abgestandener Baum. Wohl aus dem ahd. staren, starren entstanden.

Strüele, v., untersuchen, erforschen, durchstöbern; cimbr. struln, strualn.

Stubat, f., Stubenbesuch, besond. nächtlicher, Heimgarten. **Stubat ho,** höstube (— — v), v., sich gemüthlich unterhalten.

Stuche, f., schneeweißes Kopftuch, Schleier der leibtragenden Weibspersonen. Ahd. stucha, mhd. stuche; stuchewiß, adj., blendenbweiß.

Stüdele, dim. von **Stude,** f., Staube (frutex). Ahd. stuba, mhd. stube.

Stumparle, n., Kosewort für ein kleines dickes Kind. Dim. von **Stumpe,** m., Stummel.

Stutzohre, v., staunen, ein Volksausdruck vom staunenben Pferde entlehnt.

Süle, n., dim. von **Su,** f.. Sau. Mhd. su, suu, suw. **Du möchtest uff 'ar Su fort,** du möchtest das letzte Fluchtmittel ergreifen und fliehen.

Sünnele, v., sich sonnen; **Sunne,** f., Sonne. Mhd. sunne, sunn.

Summer, m., Sommer. Ahd. sumar, mhd. sumer, summer. **Summervogel,** m., Schmetterling.

Summe, v., säumen, zögern. Mhd. sumen. **Versumme,** v., versäumen. ·

Suust, sus, adv., sonst. Mhd. sus, süs, sust, sunst.

Sufar, m., Saufer, Weinmoft; von **fufe,** v., faufen. Ahd. fúfon, fúfen, fúfan.

Sy, v., feyn, wefen; mhd. fin, **part.** g'fy, gefin, gewēfen.

T.

Tampus, m., wohl nur der fcherzweife latinifirte Dampf (Raufch).

Thei, conj. praes. 1. und 3. pers., ich, er thue; inf. **thue,** thun. Wird ebenfo conjugirt wie **hei.** S. diefes.

Thue, v., thun, praes. i **thue** (ich thue), vor Vocalen mit dem euphonifchen r. Z. B. J **thuer e bedure,** ich bedaure ihn; part. g'tho, **tho,** gethan.

Toag, adj., teig, überreif. **A toage Neäfpel,** eine überreife Mispel.

Töchter, f., Tochter, plur. **Töchtera.** Mhd. tohter, bohter. Griech. ϑυγατηρ.

Tobel, n., das tiefe Bette eines tobenden Bergbaches; Waldthal, Thalfchlucht.

Tore, toore (lautmalend), erbröhnen, wibertönen. Von einem fernen, dumpf rollenden Hochgewitter fagt man: **as toret.**

Treit, praes., trägt u. part. getragen, inf. **träge.** J träg', **du treift,** ar, fie, ma treit, mir, ihr, fie träget. Ich trage, du tragft 2c. Mhd. fie tragent = fie tragen.

Trieter, Trüeter, m., das Rebengeländer am Haufe. Schweizerifch Trüetere. Vom goth. triu, Baum, Holz; griech. δρυς, δρυη?

Trillarei, f., 1. Getrille, Lerchengefang 2c., 2. Ringel= reiten, Ringelfpiel (Carrouffel), in der Kinderfprache.

Tripelfinnig, adj., dreifinnig, wirbelfinnig.

Trogla, plur. von **Trogel,** f., ein an einer Eifenftange

unb langen Leine (Lim) befeſtigtes breihakiges
Werkzeug aus Eiſen der Bodenſeeſchiffleute zur
Aufſuchung unb Emporhebung der Leichen 2c. aus
bem Waſſer. Lat. **tragula.**

Trole, v., rollen, kugeln; aus bem alten **troll,** runb,
gebreht.

Trüege, v., trügen, **part. troge.** Mhb. triegen; trogen.

Trüſche, f., Aalruppe, Rutte, Quappe **(gadus lota).**

Trüeihe, (— v), im übertragenen Sinne gebeihen, fett,
ſtark werden; aus **Truhe** entſtanden.

Trümmle, v., taumeln, ſubst. **Trümmel,** m., Taumel;
Rauſch.

Tſchole, m., treuherziger Menſch.

Tüch', m., plur. Tücken. Mhb. tuc, buck, Tücke, Kunſt=
griff, liſtiger Streich.

Türke, m., türkiſches Korn, Wälſchkorn, Mais.

A.

Ueberleiſt, überlegſt.

Uf, auf in Zuſammenſetzungen. Z. B. **ufgeä, ufueäh,
ufthue,** aufgeben, aufnehmen, aufthun (öffnen).

Ufe, v., neut., aufen, zunehmen, gebeihen, wachſen.

Uff, praepos., auf (ad). **Uff a'n Berg,** auf einen Berg.

Uffar (aufher), adv., herauf.

Uff 'ar, auf einer. **Uff 'ar Weälle,** auf einer Welle.

Uffe (aufhin), adv., hinauf.

Uff e, auf ihn; **uff 'e,** auf ben. **Ar hot e uff e uffe
g'worfe,** er hat ihn auf ihn hinaufgeworfen; **ar
härzt uff 'e Bomm,** er klettert auf ben Baum.

Uffer, uff 'er, auf ber. **Uff 'er Hoad',** auf ber Haibe.

Uffer, uff er, auf ihr; **uff 'er,** auf ber. **Uff 'er Stell',**
alſogleich.

Ug'wahrle, adj., unficher. Mhd. gewahr, Obhut, Sicherheit.

Uhsamle, adv., und **uhsamelig,** adj. u. adv., unheimlich.

Umenand, adv., nach einander.

Um e, um ihn. **Ar hot um e g'briegget,** er hat um ihn geweint.

Um 'e, um den. **Um 'e Bomm ummar,** um den Baum herum.

Ummar, ummer (umher), adv., herum, herüber.

Ummarkeffle, v., herumfchlendern im Lande, wie die Keßlar, Keffelflicker.

Umme (umhin), adv., hinüber.

Umfus, ummefus, umfunft, adv., umfonft. Ahd. vmfus.

Unda, adv., unten. Mhd. unde. S. **dund, dunda.**

Under, praep., unter. Mhd. under. **Under 'em Bode,** unter dem Boden.

Unfchlig, n., Unfchlitt, Infchlitt, Infelt, Talg. Ahd. unslit, unsliht.

Us, uß, 1. praepos., aus, z. B. **us 'em Hus,** aus dem Haufe, 2. in Zufammenfetzungen, z. B. **usgeä,** ausgeben, und 3. adv., z. B. **d' Predig ift us,** die Predigt ift aus. Mhd. uz, uze.

Ufcheniert, ugfcheniert, adj., ungenirt. Franz. gene, f., Wohlftandszwang ꝛc.

Usdenkter, compar. von part. **usdenkt,** ausgedacht, verfchmitzt; **usdenke,** v., erdenken, erfinden.

Ufehr, adj. u. adv., unwillig, übellaunig, unwirfch.

Uffar (ausher), adv., heraus.

Uffem, us 'em, aus dem. **Us 'em Schwäbifche,** aus dem Schwäbifchen. Mhd. uzem = uz dem.

Uffem, us em, aus ihm. **Du bringft niut us em uffar,** du bringft nichts aus ihm heraus.

Uffelo, v., hinauslan, hinauslaffen.

Uſſer, us 'er, aus der. Us 'er Schwiz, aus der Schweiz.

Uſſer, adj., der, die, das äußere, plur. uſſere Z. B. die uſſere Läde, die äußern Fenſterläden.

Uſſetröle, v., hinausſchieben.

B.

Bälledi, n. p., Valentin.

Bef, n. p., Genovefa, dim. Befele.

Berblüemle, v., bemänteln, beſchönigen.

Berchuehle, v., ſchweizeriſch, verkühlen.

Berdammt, adj. u. adv., ſonderlich, überaus. Z. B. a verdammt nette Makd, eine überaus ſchöne Magd.

Berdatteret, erſchrocken; dattere, v., zittern.

Berdwiere, v., verwirren; verirren. Ar iſt im Wald verdwieret, er iſt im Walde verirrt.

Berflixt, verfluederiſch, verfluemet, adj. u. adv., Glimpf= form für verfluecht.

Bergitzle, v., vor Lachen ſchier zerberſten. Bayer. kiche= zen, abgeſtoßene Laute hervorbringen im Lachen, Huſten, Stammeln.

Bergottet, adv., überaus, über die Maßen.

Berhebe, v., verhalten, zurückhalten.

Berheie, v., verderben, zerbrechen. Mhd. verbeien; part. verheit. Vom alten heien, ſtoßen, ſchlagen; daher geheien, plagen, ärgern und verheien.

Berku, verkumme, v., begegnen; part. ebenſo wie inf.

Berleächet, part., zerlechzt, v. leäche, lechzen. Vom mhd. lechen, v., vor Trockenheit Spalten, Ritzen bekommen.

Berls, v., verlaſſen; part. wie infin. Mhd. verlan.

Berlottere, v., verfallen. Vom alten loter, lotter, leichtfettig; nichtsnutzig.

Berlüggere, v., erſpähen, erblicken. Vom mhd. erluo= gen, erſchauen.

Vermüchtele, v., verschimmeln. Vom alten **müchtel, m.,** Schimmel (mucor).

Verschlüpfe, v., ausglitschen.

Verschnelle, v., zerspringen, zerbersten. **Schnelle,** v., knallen.

Vertrunne, part., entronnen; inf. **vertrinne.**

Verwoble, v., verwehen, zerwehen. Vrgl. **woble.**

Verzeichle, v., verleiten.

Verzelle, v., erzählen; subst. **Verzall, m.,** weitläufige Erzählung.

Verzorne, v., in Zorn gerathen, ergrimmen.

Verzußlet, verzoußlet, part. u adj., zerzauset, verworren.

Voarig, adv., vorher, so eben; adj., der, die, das vorige.

Vogelverzall, m., weitläufiges Gespräch über die Vögel.

W.

Wä, adj., schön, stolz; schmuck, festtäglich gekleidet. Mhd. wähe.

Wäger, dim. **wägerle,** wahrlich. Comparat. von **wahr,** schön, gut.

Wäldarkäs, m., Käse aus dem Bregenzerwald.

Waihe, waise, v., wehen, winden, stöbern, stürmen. Mhd. wäjen.

Wase, m., Rasen. Ahd. waso, mhd. wase, was.

Wafferoter, f., Waffernatter. Mhd. nâter, nâtere, nôter. Tirol. atter.

Weähre, v., währen, dauern, fortdauern; part. **g'weähret.**

Weäps, m., Wespe. Ahd. wafsâ, wefsâ, mhd. wefse, webse. **Weäpseneäster,** n. plur., die auch unter dem Namen Schneckennudeln bekannte und beliebte Mehlspeise.

Weäre, v., werben, part. **woare,** geworden.

Weihar, m., Weiher, Teich, dim. **Weiharle**. Ahd. wîari, lat. vivarium.

Welar, **wele**, **welas**, pron. relativ., welcher, welche, welches, plur. **wele**, welche.

Wemmer, assimilirt aus **wend mer**, wollen wir; (sie) wollen mir.

Wender, wend er, wollt ihr. Vrgl. **wölle**.

Wesel, adj., hölzern, z. B. Rettige, Rüben.

Wett', **wött'**, (vellem, velles) conjunct. imperf. des Infin. **wölle**, **welle**, wollen.

Wi, m., Wein. Ahd. wîn.

Wibat, m., Weiberschau, Freierei.

Wicke, f., Spinnrocken der Kunkel und des Spinnrades; scherz. Haupthaar; dim. **Wickele**. Von **wickle**, v., wickeln.

Wied, n., ein Band von gedrehten Weidenruthen. Ahd. wit, wibi, mhd. wit, wib.

Wil, conj., weil.

Wil', f., Weile, Zeitdauer. I ho. nit der **Wil'**, ich habe keine Zeit; a guet' **Wil'**, eine gute Weile, Zeit.

Wimmle, v., weinlesen, lat. vindemiare. **Wimmlat**, m., Weinlese. Aus dem Wurzelwort wîn, Wein, entstanden.

Wislos, adj., verwaist, eig. ohne Lenker, Führer. Vom alten wiselos, wislos, weisellos; vergeßlich, schwachsinnig, verloren.

Wit, adj., weit. Mhd. wit, witt, wyte.

Witt (wilt), willst, von **wölle**, **welle**, v., wollen.

Wittling, m., Witwer, lat. viduus.

Woalle, adv., weiblich, geschwind. Ahd. wꞓbanlich, mhd. weibenlich, weibelich; montavonisch wäbli.

Woare, part., worden, geworden, inf. **weäre**, werden.

Wodle, v., wedeln; wehen. Schwäb. wadlen. **Wodel** m., Wedel; verwodle, v., zerflattern.

Wölle, welle, v., wollen. J will, du witt, ar, fie, ma will, mir, ihr, fie wend, ich will, du willft 2c.

Wöfch', Wefch', f., plur. Wöfcha, Wefcha, Wäfche. Mhd. wefche.

Wolfel, adj., wohlfeil, compar. wölfler, superlat. wölfleft.

Wollasle, dim. von woll, wohl, as, es, wie wasele, von was.

Würge, v., würgen; übermäßig arbeiten. Würgat, f., das Angebinde, Namenstagsgefchenk. J. B. ar hot mer's zuer Würgat g'geä, er hat es mir als N. gegeben.

Wüeft, adj., wüft, häßlich.

Wüft, wift, adv., links, Fuhrmannszuruf an Zugthiere.

Wuethas, n., das wilde Heer, Wuotans-, Wodansheer, die wilde Jagd.

Wüethig, adj. 1. wie hochd., 2. fehr groß, ungeheuer. J. B. a wüethigs Schloß, ein ungemein großes Schloß.

Wuuu', f., Wiefenland. Ahd. wunna, wunni.

Wurmäßig, adj., wurmfräßig.

Z.

Z', zu. Z' Münze, zu München. Im Mhd. z', ze für zuo.

Zable, v., zappeln. Ahd. zabalôn, mhd. zabeln.

Zamfe, v., anlocken, zähmen.

Zattat, Zatte, f., Reihe, plur. Zatta, gr. ταττω, ich reihe, ordne. So Zatte, Zatten, f., ein Schwaden Getreide; zatten, v., das Getreide in Schwaden legen.

Zei, zue, praepos., zu (ad). Zei der, zue der, zu dir; zei em, zue-n-em, zu ihm; zei er, zue-n-er, zu ihr.

Zelle, v., zählen; verzelle, v., erzählen.

Zenne, f., Grimaffe, v. zenne, uszenne. Mhd. zanna,

die Zähne fletschen, weinen. Ahd. zant, zanb, abgeschleift zan, Zahn.

Z'ersches, z'erst, adv., zuerst. Mhd. erste.

Zie, n., Zinn; Zieg'schier, n., Küchengeschirr aus Zinn. Mhd. zin, cin.

Ziegere, f., Quark, bayer. Topfer.

Ziekrut, n., Zinnkraut, Schachtelhalm (equisetum hiemale.

Zinnerrättetthä (— v — v —), n., lautmalende Benennung des Halbmondes bei der türkischen Musik in der Kindersprache, etwa wie das von Ennius gebrauchte taratantara.

Zinsle, Zisle, n., Zeisig (fringilla spinus). Vom alten Zise, Zisel, Zeisig.

Zinstag, Zistag, m., Dienstag. Mhd. zistac, cistac, zistag, aus ziestac, Tag des Ziu, dies Martis.

Zocke, v., 1. eilfertig, ungern und ungeschickt eine Arbeit verrichten. 2. schnell ziehen, reißen, schmerzen. Ahd. zocchon, intensiv. zu ziehen.

Zorne, f., plur. Zorna, Zaine, Korb; dim. Zörnele. Ital. zana, ovaler Korb.

Zottele, n., Kaffeeschüsselchen, Kaffeeschälchen, aus dem ital. ciotola.

Z'sämmet, adv., zusammen.

Z' Schmutz ku, landläufige R.-A.: zum Fette, zu seinem Nutzen, Vortheile kommen.

Z' schnupfet, zu schnupfen; das auslautende t ist der Ueberrest ehemaliger Flexion des Infinitivs. Honder z' eässet und z' trinket? Habt ihr zu essen und zu trinken?

Zue, vrgl. zei.

Züge, m., sing. wie plur., Zeuge (testis).

Zueku, v., zukommen, beikommen.

Zue ſy. zu, geſchloſſen ſein.

Zuehi, zuehe (zuhin), adv., hinzu.

Zuema, zuenam, zue-n-am, zu einem; zue-n-ar, zu
einer. Vrgl. zei.

Zuemache, v., ſchließen, part. zueg'macht.

Zuethne, v., ſchließen, part. zueg'thu, zuetho, zugethan.
Zu 'n zueth'na Wände uſſe, zu geſchloſſenen Wänden
hinaus.

Zumpfer, adj. u. adv., zimpferlich, zimperlich.

Zuſchlüpfarle, n., Zaunköniglein (sylvia troglodytes).

Z' verzellet, zu erzählen. Vrgl. z' ſchnupfet.

Zwä (m.), zwo (f.), zwoa (n.), zwei.

Zwage, v., den Kopf mit Lauge abwaſchen; figürl.
abprügeln.

Zweiar, Zwoiar, m., ehemalige ſüddeutſche Kupfermünze
im Werthe von zwei Pfennigen oder einem halben
Kreuzer.

Inhalt.